最新時事

2025
年度版
速攻!
直前対策

一般常識

監修 unistyle

永岡書店

CONTENTS

本書の特長 ──────── 5
本書の使い方 ────── 6

第 1 章　最新トレンド

1　第2次岸田改造内閣発足 ──── 8

2　2022年参議院議員選挙 ──── 9

3　デジタル改革関連法 ── 10

4　経済安全保障推進法 ── 11

5　民法改正 ──────── 12

6　夫婦別姓 ──────── 13

7　刑法改正 ──────── 14

8　特定商取引法改正 ── 15

9　沖縄復帰50年 ──── 16

10　日本の円安問題 ──── 17

11　日本、安保理非常任理事国入り ──── 18

12　クアッド（QUAD） ── 19

13　IPEF（インド太平洋経済枠組み） ──── 20

14　エリザベス女王死去 ── 21

15　ロシアのウクライナ侵攻 ──── 22

16　SDGs ──────── 23

17　DX ──────── 24

18　暗号資産 ──────── 25

19　メタバース ──────── 26

20　NFT（非代替性トークン） ──── 27

21　はやぶさ2 ──────── 28

22　サブスクリプション ── 29

23　脱炭素社会 ──────── 30

24　教育のデジタル化 ── 31

25　教員免許更新制廃止と教科担任制導入 ──── 32

26　少子高齢化 ──────── 33

27　貧困問題 ──────── 34

28　新型コロナウイルス感染症 ──── 35

29　北京2022オリンピック ──── 36

第2章　最新時事

日本のすがた ……… 38	科学・環境 ……… 78
世界のすがた ……… 42	教養・スポーツ ……… 86
歴史年表 ……… 48	流行 ……… 92
社会 ……… 52	一覧表 ……… 94
政治 ……… 62	時事英語 ……… 102
経済 ……… 70	
国際情勢 ……… 74	

第3章　一般常識

国語

漢字の読み ……… 110
難読漢字 ……… 112
漢字の書き取り ……… 114
間違えやすい漢字 ……… 116
類義語・対義語 ……… 118
同音・同訓異字 ……… 120
熟語 ……… 122
四字熟語 ……… 124
ことわざ・慣用句 ……… 126
文法・語彙 ……… 130
敬語 ……… 132
俳句・和歌・古文 ……… 136
●コラム ……… 141

社会

日本地理 ……… 142
世界地理 ……… 144
日本史 ……… 146
世界史 ……… 152
20世紀の偉人・リーダー ……… 158
政治 ……… 160
経済 ……… 174
国際 ……… 184
社会 ……… 188
●コラム ……… 197

英語

英単語・熟語	198
英文法・構文	206
英会話	210
ことわざ・慣用句	214
●コラム	215

数学

計算問題	216
文章問題	220
関数・グラフ	224
図形・面積	228
順列・確率・集合・数列	232
●コラム	237

理科

物理	238
化学	242
生物	246
地学	250
●コラム	253

文化

文学	254
芸術	258
思想・哲学・宗教	264
●コラム	268

第4章　業界別キーワード

商社・物流	270	エンターテインメント	279
保険	271	旅行・レジャー	280
金融	272	小売り・卸	281
食品・外食	273	アパレル・繊維	282
交通・運輸	274	製造	283
情報・IT	275	コンサルティング・派遣	284
マスコミ・広告	276	医薬品・化粧品	285
電子・精密機器	277	医療・福祉	286
建設・不動産	278	エネルギー・金属	287

※本書の内容は、原則として2022年11月までの情報をもとにしています。

本書の特長

1 最新時事の要点まとめ
最新時事の中でも特に注目すべき事柄は「最新トレンド」として、図表とわかりやすい解説で要点をまとめています。問題に入る前に、まずは時事情報をおさらいしましょう。

2 1問1答形式で知識を確認
最新時事、そして一般常識の国語・社会・英語・数学・理科・文化は1問1答形式で重要事項をチェックできます。厳選された頻出問題約5500問を効率よく学習しましょう。

3 面接でも役に立つ業界別キーワード
第4章では業界別キーワードとして、各業界で近年話題になっている事柄や専門用語をピックアップしています。面接でも話題に上がることがあるので、ポイントを押さえておきましょう。

4 幅広い使い方
一通り勉強した後は、文字が消える赤シートで問題文や解説の中の赤字を消して、穴埋め問題としても活用できます。携帯に便利なコンパクトサイズなので、隙間時間に気軽に学習することができ、試験の直前対策にも適しています。

最新トレンド
2022年に起こった印象的なできごとや、近年注目すべきキーワードの要点を解説しています。筆記試験はもちろん面接でも役立つ最新の時事情報を確認できます。

最新時事
注目すべきニュースや各分野の重要語句、さまざまな賞の受賞記録や人気作品ランキングなどを収めた一覧表、常識として知っておきたい時事英語などで構成されています。

一般常識
筆記試験で出題される可能性の高い各分野の暗記事項を整理しています。繰り返し解いて、重要事項を確実にインプットしましょう。

業界別キーワード
業界別キーワードは面接でも役に立ちます。志望する業界のトレンドや専門用語を理解しておくと、面接でも志望度の高さをアピールできます。

本書の使い方

本書は、「赤シート」を使って、1問で多くの知識が身につくよう工夫しました。本書を効果的に活用し、最新時事と一般常識を攻略してください。以下は、取り組み方の一例です。

付属の赤シートを使います

右側の解答を隠して問題を解く

左側のキーワードを隠して[ ]内にあてはまる言葉を入れる

全体を隠して問題を解く

第1章

最新トレンド

1 第2次岸田改造内閣発足

#政治 #新しい資本主義 #政策断行内閣 #資産所得倍増プラン

概要

2021年11月に召集された特別国会で、第101代首相に選出された岸田文雄自民党総裁は第2次岸田内閣を発足。「成長と分配の好循環」と「コロナ後の新しい社会の開拓」をコンセプトとする「新しい資本主義」を看板政策として掲げ、「全世代型社会保障構築会議」「デジタル田園都市国家構想実現会議」などを次々と発足させました。

2022年6月には、「人への投資」「科学技術・イノベーションへの投資」「スタートアップ（新規創業）への投資」「GX（グリーン・トランスフォーメーション）及びDX（デジタル・トランスフォーメーション）への投資」の4本柱に投資を重点化する「新しい資本主義のグランドデザイン及び実行計画」を閣議決定。8月には、19閣僚のうち14人を交代させる初の内閣改造を行い、この内閣を「政策断行内閣」と名づけています。

>「新しい資本主義」のイメージ

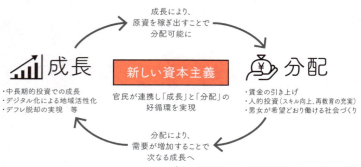

「新しい資本主義のイメージ」（政府広報オンライン）をもとに作成

関連用語

● 資産所得倍増プラン…岸田首相が打ち出した「貯蓄から投資へ」を進めるための計画。NISA（少額投資非課税制度）の抜本的拡充、iDeCo（個人型確定拠出年金）制度の改革、将来受給可能な年金額等の「見える化」といった支援策が打ち出されている。

❷ 2022年参議院議員選挙

#政治 #自民党 #日本維新の会 #改憲勢力 #参議院1人区

概要

2022年7月、第26回参議院議員選挙の投開票が行われ、自民党が改選125議席の過半数となる63議席を単独で確保し大勝しました。自民党が参院選で60議席台を確保したのは2013年以来です。野党では、日本維新の会が比例代表の得票で野党第1党の立憲民主党を上回り、選挙区と合わせて改選6議席から12議席へと倍増しました。

参院選の結果、自民党・公明党の与党に加え、日本維新の会、国民民主党を含めた「改憲勢力」の議席数は非改選の70議席も含めて177議席になりました。これにより、憲法改正の発議に最低限必要となる「3分の2（166議席）以上の議席」を上回りました。

＞ 衆参両院の改憲勢力

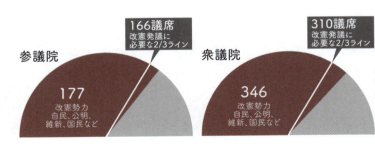

関連用語

- 参議院1人区…参議院議員通常選挙における定数2人・改選数1人の選挙区のこと。参院選において、全体の勝敗を左右する場合が多い。
- 「黄金の3年」…2025年夏の参院選まで、大型国政選挙の審判を受けずに政策を進めることができると予想される期間。

③ デジタル改革関連法

#政治 #デジタル庁 #マイナンバー #マイナポータル

概要

2021年5月、行政手続きのデジタル化などを図り、国民の利便性向上を目指すデジタル改革関連法が成立しました。9月には、各省庁にまたがる関連組織を一元化し、行政サービスを向上させるための司令塔となるデジタル庁が、内閣直属の組織として創設されました。

今後、マイナンバーカードの普及促進、マイナンバーと個人の預貯金口座のひもづけなどが進められます。さらに、住民票や婚姻届、宅地建物の媒介契約に必要な重要事項説明書などへの押印や、領収書やレシートといった受け取り証書などの書面の廃止も、この政策の一環として推進されます。

＞ デジタル改革関連法で実現すること

デジタル庁設置法	デジタル社会形成整備法
・デジタル庁創設（他省庁への勧告権あり） ・システム整備予算を一元管理	・行政手続きの押印を廃止 ・自治体ごとの個人情報保護ルールを統一

公金受取口座登録法・預貯金口座管理法	自治体システム標準化法
・マイナンバーと銀行口座のひもづけを促進 ・迅速な給付や口座照会が可能になる	・国が策定した基準のシステム利用を推進

関連用語

● **マイナンバー制度**…国民全員に12ケタの番号を割り振り、国が個人情報を管理する制度。社会保障・税・災害対策に利用範囲は限定。

● **マイナンバーカード**…申請に基づき交付される顔写真入りのカード。本人確認書類として利用できる。2021年3月から一部医療機関で健康保険証としてプレ運用され、同年10月20日から本格運用された。

● **マイナポータル**…マイナンバーカードを利用し、行政手続きや案内確認がオンラインで利用可能なサイト。2021年10月から特定健康診査の結果が確認可能に。

④ 経済安全保障推進法

#経済 #サプライチェーン #特許 #経済安保

概要

2022年5月、半導体など戦略的に重要性が増す物資の供給網の強化や重要技術の流出防止などを内容とする経済安全保障推進法が成立しました。政府が民間企業の経済活動への介入を深めることで、より国益を守ることを目的としています。

サプライチェーン（供給網）の強化、基幹インフラの安全確保、官民による先端技術開発、特許の非公開の4分野を柱とし、経済や生活に欠かせない重要な産業基盤を強化するとともに、先端技術を育成するための制度が創設されることになっています。一方で、企業の負担増、自由競争の抑制、経済活動の効率性低下などといった弊害が生じる可能性も指摘されています。

経済安全保障推進法のポイント

サプライチェーンの強化

半導体・医薬品・レアアース・蓄電池

【国の関与】企業への調査権限／工場整備や備蓄の際に財政支援

基幹インフラの安全確保

電気・運輸・金融・通信・航空など14分野

【国の関与】国が企業の重要設備を審査し、勧告・命令

官民による先端技術開発

AI・宇宙・海洋・量子・バイオ

【国の関与】官民協議会の設置／研究開発に対する財政支援／参加者に守秘義務

特許の非公開

原子力や武器関連の技術

【国の関与】特許出願を非公開化

関連用語

- **経済安保**…国民の生活や財産を守る安全保障に、経済政策や企業活動を結びつける考え方。
- **保全対象発明**…特許出願された発明のうち、核技術や先進武器技術などに関わる発明。特許非公開制度により指定される予定。

⑤ 民法改正

#政治 #結婚年齢 #選挙権年齢 #国民投票

概要

　民法の改正により、2022年4月から、成年年齢が現行の「20歳以上」から「18歳以上」に引き下げられることになりました。成年年齢の変更は明治9年以来146年ぶりのことです。また、結婚できる年齢も、現行の「男性18歳以上、女性16歳以上」から「男女とも18歳以上」に統一されます。

　民法と併せて関連法が改正されるため、18歳以上であれば、結婚のほか、ローンやクレジットカード契約などが保護者の承諾なしで可能となり、法定代理人抜きで民事裁判を起こせるようになります。

＞ 民法の成年年齢引下げに伴う対応（2022年4月から）

20歳		18歳
国民投票法	→ 2014年	● 国民投票
公職選挙法	→ 2016年	● 選挙権
		● 結婚（男女とも）
● 飲酒・喫煙		● 10年パスポートの取得
● 競馬・競輪・競艇		● ローン契約
● 養子を迎える		● クレジットカード契約
● 国民年金		● 携帯電話の契約
● 少年法の適用		● 性別変更の申し立て
※18、19歳は「特定少年」として特例規定を設ける。		● 国家資格を取る
		● 普通自動車免許（従来同様）

関連用語

● 国民投票…日本国憲法を改正する際に行われる国民による投票のこと。国会が議決した憲法改正案に対し、過半数の国民の賛成があれば、その改正案は成立する。

● 法定代理人…申請者が未成年者の場合、本人に代わって身分上・財産上の監督保護・教育を内容とする権利義務を有する者。

⑥ 夫婦別姓

#政治 #両性の本質的平等 #合憲 #ジェンダー #フェミニズム

概要

夫婦別姓を認めない民法の規定について、2021年6月、最高裁判所大法廷は憲法に違反しないという判断を示しました。「合憲」であるとの判断は、2015年12月の判決に続いて2度目です。

この裁判は、都内の事実婚の夫婦3組が、夫婦別姓を認めない民法と戸籍法の規定は「個人の尊厳」、「両性の本質的平等」などを定めた憲法に違反すると主張し、別姓での婚姻届を受理するよう求める審判を2018年に申し立てたことに始まります。いずれも家庭裁判所と高等裁判所では退けられたため、最高裁判所で争われました。最高裁は「夫婦の姓についてどのような制度をとるのが相当かという問題と、夫婦同姓規定の憲法適合性の問題は次元が異なる」とし、「制度の在り方は国会で議論し、判断されるべきだ」として立法府での議論を促しました。

なお、夫婦別姓を認めていないのは、主な先進国では日本だけです。

> 夫婦別姓をめぐる裁判の構図

> 民法750条　：夫婦は婚姻の際に夫又は妻の氏を称する
> 戸籍法74条　：婚姻しようとする者は夫婦が称する氏を届け出る

【申立人の主張】
別姓での婚姻届を受理しない民法と戸籍法の規定は、両性の本質的平等を定めた憲法24条に反する。

【最高裁決定】
民法の規定は憲法24条に反しない。戸籍法の規定も違反していないのは明らか。民法と戸籍法の規定は「合憲」。

※裁判官15人中4人は「違憲」

関連用語

● **選択的夫婦別姓制度**…結婚の際に、夫婦同姓か夫婦別姓かを選べる制度。1996年に法制審議会がその導入を答申したが、反対議論も多く、審議終了のまま廃案となった。

7 刑法改正

#社会 #侮辱罪 #懲役刑 #禁錮刑 #拘禁刑

概要

インターネット上の誹謗中傷への対策を強化するための侮辱罪の厳罰化と、拘禁刑の創設を柱とする改正刑法が、2022年6月に成立しました。

公然と人を侮辱した行為に適用される侮辱罪に、新たに懲役刑と禁錮刑、罰金刑が加えられ、SNS上での誹謗中傷など悪質な行為への処罰が厳格化されました。罰則の引き上げに伴い、公訴時効も1年から3年に延長されました。2022年7月から施行されています。

また、刑務所などに収容する刑罰のうち、刑務作業の義務がある懲役刑と、その義務がない禁錮刑を廃止し、新たに創設した拘禁刑に一元化されました。拘禁刑では、刑務作業のほか、再犯防止教育や矯正指導を受けることが可能になりました。この背景には、再犯状況の悪化と受刑者の高齢化が挙げられます。刑の種類の変更は、1907(明治40)年の刑法制定以来はじめてのことです。

＞ 侮辱罪の法定刑の比較

	従来	改正法
法定刑	・1日以上30日未満の拘留 ・1万円未満の科料	従来の法定刑に以下を追加 ・1年以下の懲役・禁錮 ・30万円以下の罰金
公訴時効	1年	3年
教唆及び ほう助罪	適用できず	適用可能に

関連用語

- **公然**…不特定または多数の者が直接に認識できる状態のこと。
- **名誉毀損罪**…公然と事実を摘示し、人の社会的評価を低下させる罪。その事実の有無にかかわらない。法定刑は「3年以下の懲役・禁錮」または「50万円以下の罰金」。

⑧ 特定商取引法改正

#社会 #訪問販売 #クーリング・オフ #定期購入

概要

2022年6月、通信販売規制強化などを内容とする改正特定商取引法が施行されました。

クーリング・オフ制度を利用する場合、従来は内容証明郵便等の書面での通知が必要でしたが、電子メールでの通知が可能となりました。その効力は電子メールを「発した時」に発生します。

また、通信販売については、申込み段階において、商取引を行う上で通常必要な基本的事項の表示を事業者に義務付け、誤認させるような表示は禁止されました。また、定期購入でないと誤認させる表示によって消費者が申込みをした場合、取消しが可能となりました。この背景には、詐欺的な定期購入商法による消費者被害が続出していることが挙げられます。

>「定期購入」に関する消費生活相談件数の推移

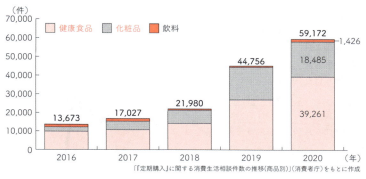

「「定期購入」に関する消費生活相談件数の推移(商品別)」(消費者庁)をもとに作成

関連用語

● **特定商取引法**…訪問販売や通信販売といった特定の取引について、事業者による違法・悪質な勧誘行為などを防止し、消費者取引の公正を確保する法律。

● **クーリング・オフ制度**…訪問販売などで商品を購入した場合、一定期間内であれば無条件で違約金なしで契約解除できる制度。

⑨ 沖縄復帰50年

#時事 #社会 #米軍基地問題 #キャンプ・シュワブ

概要

沖縄県は1945年の沖縄戦以降、アメリカの統治下に置かれていましたが、72年に日本に復帰しました。2022年5月にちょうど50年を迎えたことから「沖縄復帰50周年記念式典」が行われました。式典は、沖縄県宜野湾市と東京をオンラインでつないで開催され、岸田文雄首相は、沖縄の基地負担軽減のため、全力で取り組んでいくことを強調しました。

沖縄県には、全国にある米軍専用施設のうち約7割が集中しており、米軍機の騒音や米軍人による事件・事故が問題となっています。また、米軍基地問題をめぐって、政府との対立が長く続いています。1996年に、宜野湾市にある普天間基地を名護市辺野古のキャンプ・シュワブ沿岸へ移設することを日米間で合意しましたが、あまり進捗はみられていません。

＞ 沖縄県のあゆみと主な米軍基地

1945年4月	米軍が沖縄本島に上陸
8月	太平洋戦争終戦
1952年4月	アメリカの施政権下に
1965年8月	佐藤栄作首相が沖縄訪問
1969年11月	佐藤・ニクソン共同声明で返還合意
1972年5月	沖縄の日本への復帰
1996年4月	日米が米軍普天間基地の返還合意
2010年5月	日米が普天間基地の辺野古移設で最終合意
2019年2月	辺野古埋立ての是非を問う県民投票で反対票多数

関連用語

● オスプレイ…米空軍が配備を進める、垂直離着陸可能な輸送機。日本では、陸上自衛隊の千葉県木更津駐屯地に暫定配備。

10 日本の円安問題

#経済 #外国為替相場 #為替介入 #金融引締め #金利

概要

2022年3月以降、外国為替市場では円安・ドル高が急激に進行し、断続的に年初来高値を更新。2月末に1ドル＝115円台であった円相場は、10月には一時1ドル＝150円台後半を記録し、1990年8月以来32年ぶりとなるバブル経済崩壊後の最安値圏に突入しました。

政府・日本銀行は10月、円安に歯止めをかけるため、東京外国為替市場でドルを売って円を買う「為替介入」を24年ぶりに実施。その直後は若干円高に振れましたが、円は再び下落基調に戻りました。

円安の最も大きな原因としては、日米の金利差拡大が挙げられます。米国のFRB（連邦準備制度理事会）はインフレを抑え込むために金融引締めに転換し金利の引上げを数回にわたり実施しましたが、日本銀行は金融緩和を継続し超低金利状態が続いています。そのため、より金利の高いドルで資産運用をしようと、円を売ってドルを買う動きが強まりました。

＞ 対ドル円相場の推移

関連用語

● 為替介入（外国為替平衡操作）…為替相場の過度な変動を防ぐ目的で中央銀行が行う通貨取引。日本では、財務省の指示の下、日銀が政府短期証券（FB）を発行し民間銀行から円を購入する。

11 日本、安保理非常任理事国入り

#国際 #国連 #拒否権 #国連分担率

概要

2022年6月、日本が国連の安全保障理事会の非常任理事国（任期は2023年1月から2年間）に5年ぶりに選出されました。日本が非常任理事国に選ばれたのは12回目で、加盟国の中で最多です。非常任理事国入りすることで、安保理決議案や議長声明づくりに直接関与できるようになるため、拒否権の発動などから機能不全が深刻化する安保理に対して、実効性ある措置を打ち出すことなどが期待されています。

なお、2021年12月開催の国連総会で、2022〜24年の3年間の国別の国連分担率が決定。日本の通常予算分担率は、従来同様加盟国中3位となりました。

＞ 安保理非常任理事国選出回数と国連通常予算分担率（2022年）

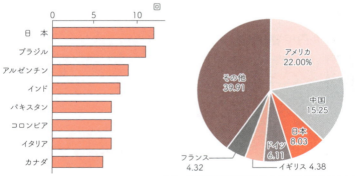

「2020〜2022年国連通常予算分担率・分担金」（外務省）をもとに作成

関連用語

- **非常任理事国**…常任理事国（5か国）とともに安全保障理事会を構成する10か国。総会で選出され、任期は2年（連続再選不可）。
- **拒否権**…安全保障理事会の常任理事国がもつ、重要議案について1か国でも反対すると不成立となる権限。ウクライナ侵攻でも、ロシアは自国に対する決議案で行使し、不成立となった。

12 クアッド（QUAD）

#国際 #外交 #安全保障 #インド太平洋地域 #安倍晋三元首相

概要

クアッド（QUAD）は、Quadrilateral Security Dialogueの略で、日本、米国、オーストラリア、インド4か国による外交・安全保障の枠組みのことです。自由や民主主義、「法の支配」といった共通の価値観をもつ4か国が、インド太平洋地域での協力を確認する場となっています。

もともとの構想は安倍晋三元首相が提唱し、2017年に局長級会合、19年に外相会談が開かれ、21年に初の首脳協議（オンライン）が実現しました。2022年5月には、対面で前年9月以来2回目となる首脳会談が日本で開催され、ロシアのウクライナ侵攻や中国の覇権主義的な動きへの対応が焦点となりました。

> クアッド（QUAD）をめぐる各国の関係

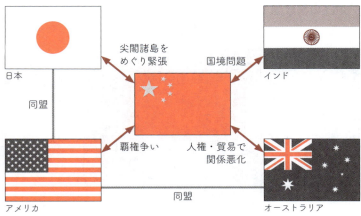

関連用語

● 「自由で開かれたインド・太平洋」構想…「法の支配」に基づく自由で開かれた海上秩序の実現を通してアジアとアフリカの連結性を向上させ、地域全体の安定と繁栄を図ろうとする構想。安倍晋三元首相の外交における功績の一つともいわれる。

13 IPEF（インド太平洋経済枠組み）

#国際 #経済圏構想 #デジタル貿易 #RCEP #TPP

概要

2022年5月、貿易・投資上の共通ルールを設定する新経済圏構想IPEF（インド太平洋経済枠組み）が始動しました。TPPへの復帰に慎重な米バイデン政権が、インド太平洋地域で影響力を増す中国に対抗する新たな枠組みとして発足を主導しました。

協議分野は「貿易」「サプライチェーン」「エネルギー安全保障を含むクリーン経済」「脱汚職など公平な経済」の4本柱で構成されています。半導体を中心としたサプライチェーン（供給網）の強靭化やデジタル貿易のルールづくり、脱炭素化などで緩やかな連携をめざしています。参加国は、クアッド4か国を含めた計14か国で、世界のGDP（国内総生産）の約4割を占めています。

> IPEFの構成国

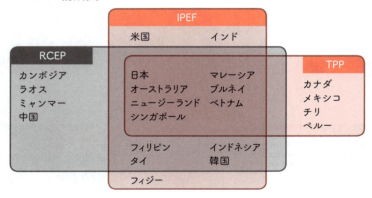

関連用語

- ●TPP（環太平洋パートナーシップ）…2018年に発効した日本を含む計11か国による自由貿易協定。イギリス、中国、台湾が加盟申請中。
- ●RCEP（地域的な包括的経済連携）…2022年1月に発効した日中韓、ASEAN10か国など計15か国による地域的経済連携。

14 エリザベス女王死去

#国際　#イギリス　#チャールズ３世　#バッキンガム宮殿

概要

　2022年９月８日、イギリスのエリザベス女王が96歳で死去しました。1952年に25歳の若さで即位した女王は2022年２月に即位70年を迎え、イギリス君主としての在任期間はヴィクトリア女王を抜いて歴代１位。女王の死去に伴い、長男のチャールズ皇太子が、国王チャールズ３世として即位しました。９月19日にウェストミンスター寺院で行われた女王の国葬には、日本の天皇皇后両陛下も参列しました。

　エリザベス女王の在位中、チャールズ国王と離婚したダイアナ元皇太子妃が事故死した1997年には王室廃止論ももたらされました。一方で、「開かれた王室」を目指し、バッキンガム宮殿を一般公開したり、王室の広報活動に力を入れたりしたことから、国民から敬愛されました。日本には1975年にイギリス君主として初来日し、昭和天皇と面会しました。

＞ エリザベス女王のあゆみ

1926年	即位前の国王ジョージ６世の長女として誕生
1947年	フィリップ殿下と結婚
1948年	チャールズ皇太子を出産
1952年	ジョージ６世が死去し、25歳の若さで即位
1981年	チャールズ皇太子がダイアナ妃と結婚
1996年	皇太子夫妻の離婚が成立
2007年	イギリス史上最高齢の君主に
2021年	夫であるフィリップ殿下が死去
2022年	在位70年、96歳で死去

関連用語

● イギリスの国王・女王…立憲君主制下における元首。旧植民地の国などで構成する英連邦のカナダやオーストラリアの元首、イギリス国教会のトップを兼ねる。

トレンド　最新時事　国語　社会　英語　数学　理科　文化　キーワード

15 ロシアのウクライナ侵攻

#国際 #ロシア #プーチン大統領 #EU #NATO

概要

ロシアのプーチン大統領が2022年2月、陸海空からウクライナへの侵攻を一斉に開始しました。この背景には、ロシアが自国の勢力圏の一部とみなしてきたウクライナが、EU（欧州連合）やNATO（北大西洋条約機構）への加盟を望むようになったことが挙げられます。ロシアによる侵攻が続くなか、欧米諸国の支援を受けたウクライナのゼレンスキー大統領は、「ロシアが占領地から離れるまで交渉はできない」と徹底抗戦の構えをつらぬいています。これに対しプーチン大統領は、10月、ウクライナ東・南部4州を一方的に併合して戒厳令を発令しました。侵攻により、世界の原油生産シェアの約1割を占めるロシアへの経済制裁による供給減が懸念され、原油価格が高騰。また、穀物の輸出大国であるロシア・ウクライナからの食糧輸出が激減し、食糧価格も高騰しています。

＞ ロシアによるウクライナ侵攻の状況

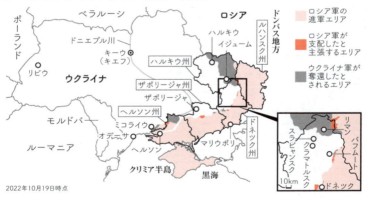

2022年10月19日時点

関連用語

● NATO（北大西洋条約機構）…北アメリカ・ヨーロッパ諸国によって構成される集団安全保障機構。加盟国は30か国。2022年7月、フィンランドとスウェーデンの正式加盟を承認した。

16 SDGs

#国際情勢 #環境問題 #貧困 #差別

トレンド

概要

「SDGs（持続可能な開発目標）」は持続可能な開発に関して2030年までに取り組む世界共通の目標で、2015年に国連総会で採択されました。地球規模の課題を17の領域に分け、17のゴールと169のターゲットが設定されており、国連加盟国は目標を達成する道義的義務を負います。そのため、世界各国で、政府や地方公共団体をはじめ、企業、大学などさまざまな団体を中心に、目標達成に向けた取り組みを進めています。

＞ SDGsの17のゴール

目標 ❶ [貧困] 貧困をなくそう	目標 ❷ [飢餓] 飢餓をゼロに
目標 ❸ [保健] すべての人に健康と福祉を	目標 ❹ [教育] 質の高い教育をみんなに
目標 ❺ [ジェンダー] ジェンダー平等を実現しよう	目標 ❻ [水・衛生] 安全な水とトイレを世界中に
目標 ❼ [エネルギー] エネルギーをみんなに そしてクリーンに	目標 ❽ [経済成長と雇用] 働きがいも経済成長も
目標 ❾ [インフラ、産業化、イノベーション] 産業と技術革新の基盤をつくろう	
目標 ❿ [不平等] 人や国の不平等をなくそう	目標 ⓫ [持続可能な都市] 住み続けられるまちづくりを
目標 ⓬ [持続可能な消費と生産] つくる責任 つかう責任	目標 ⓭ [気候変動] 気候変動に具体的な対策を
目標 ⓮ [海洋資源] 海の豊かさを守ろう	目標 ⓯ [陸上資源] 陸の豊かさも守ろう
目標 ⓰ [平和] 平和と公正をすべての人に	目標 ⓱ [実施手段] パートナーシップで目標を達成しよう

関連用語

● サステナブル…「持続可能な」「ずっと続けていける」という意味。

● ダイバーシティ…多様性のこと。認め合うことが重要とされる。

17 DX

#社会 #科学技術 #デジタル #IT

概要

DX（デジタル・トランスフォーメーション：Digital Transformation）とは、デジタル技術による変革を意味します。2004年、スウェーデンの大学教授によって「ITの浸透が、人々の生活をあらゆる面でより良い方向に変化させる」こととして初めて提唱されました。日本では、2018年に経済産業省が取りまとめた「デジタル・トランスフォーメーション（DX）を推進するためのガイドライン」で、下の図のように定義されています。

経済産業省が発表したDXレポートによると、国内企業のDX化が進まなければ「IT人材の不足」と「古い基幹システム」の2つが障害となり、2025年から2030年までの間に、年間で最大12兆円の経済損失が生じる可能性があると予測。ただし、DXを推進することができれば、2030年の実質GDPにおいて130兆円の押上げが期待できるとしています。

> DXとは（経済産業省のガイドラインによる）

関連用語

- **デジタイゼーション**…局所的なデジタル変換のことで、例えばフィルムカメラがデジタルカメラに変わったような場合。
- **デジタライゼーション**…プロセス全体をデジタル化することで新たな価値を創造すること。例えばデジタルカメラに変わることで、オンライン上で写真データを送受信するしくみが生まれるような場合。この結果として、社会的な影響が生み出されることをDXという。
- **データガバナンス**…データ資産の管理を統制（計画・監視・執行）すること。

18 暗号資産

#社会 #デジタル通貨 #ブロックチェーン #ビットコイン

概要

暗号資産（仮想通貨）とは、デジタル通貨の一種で、インターネット上でやりとりできるお金のことです。不特定の者に対して、商品・サービス代金の支払い等に使用でき、かつ法定通貨（日本円や米国ドル等）と相互に交換できます。2009年に「ビットコイン」がその端緒を開き、現在、6500種類以上存在するといわれています。

取引は取引記録を、暗号技術を用いて分散的に処理・記録するブロックチェーンというしくみで成り立ち、利用者が互いに承認・監視すること（マイニング）で、貨幣としての信用を保っています。一方で、価格が激しく変動することから、投機目的で保有する人が多くなっています。また、取引所の破たんや、暗号資産の流出などが発生するリスクもあります。

> 法定通貨とデジタル通貨

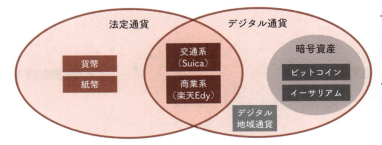

関連用語

- トークン…ビットコインなど既存の暗号資産のブロックチェーンをそのまま利用して生成する通貨。独自のブロックチェーンを持たない。
- トランザクション…暗号資産の取引の記録。複数の支払元と複数の支払先とでやり取りされる送金取引の一連の流れのこと。

19 メタバース

#技術 #仮想空間 #アバター #VR #AR

概要

メタバースとは、meta(超越)とuniverse(宇宙)を組み合わせた造語で、インターネット上に構築された巨大な仮想空間のことをいいます。誰でも、どこからでもアクセスが可能で、ユーザーはアバターと呼ばれる分身を操作することによって仮想空間内を移動し、他の参加者と対面でコミュニケーションすることができます。

VR(仮想現実)やAR(拡張現実)、３Ｄデジタル、ブロックチェーンなどの技術によって構築。仮想空間内には学校や企業の会議室、コンサート会場、商店、ゲームなどを設定でき、アバターとなったユーザーは、授業を受けたり、会議に出席したり、買い物を楽しんだり、物品を出品したりするなど、様々な活用方法があります。

> メタバースの応用例

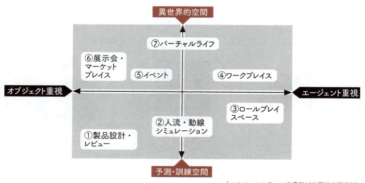

「メタバースの７つの応用型」(三菱総合研究所)

関連用語

- VR(Virtual Reality)…３Ｄ映像などにより現実そのものを人工的につくり出す技術。
- AR(Augmented Reality)…実際の景色や感覚などに、コンピュータでさらに情報を付加する技術。

20 NFT（非代替性トークン）

#技術　#デジタル資産　#ブロックチェーン　#所有権　#Web3

概要

NFT（非代替性トークン）とは、第三者によるコピーやデータ改ざんを不可能にした唯一無二のデジタル資産のことをいいます。暗号資産（仮想通貨）を実現する技術として開発されたブロックチェーン上にデジタルデータ（音楽や映像・画像を数値で表したもの）が記録され、所有権が証明されるようになっています。音楽アルバム、美術作品、電子書籍、ゲームアイテム、仮想空間の土地や住宅の権利、Twitterのツイートなどについて、安全性の高い取引が可能なものとして活用されています。

＞ NFTのしくみ

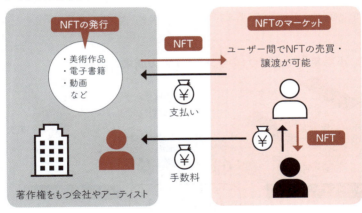

関連用語

- ブロックチェーン…ネットワーク上にある端末どうしを接続し、取引データを、暗号技術を用いて処理するデータベース。同じデータを分散して管理することから「分散型台帳」とも呼ばれ、耐改ざん性・耐障害性に優れる。
- Web3…NFTのような技術がもたらすインターネットの新しいあり方のこと。次世代インターネットとも呼ばれる。

21 はやぶさ2

#技術 #JAXA #小惑星探査機 #小惑星「リュウグウ」 #サンプル

概要

JAXA（宇宙航空研究開発機構）の小惑星探査機「はやぶさ2」は、2018年に小惑星「リュウグウ」に到着し、サンプル（石や砂）を採取。2020年12月に地球に帰還し、小惑星の物質を持ち帰るサンプルリターンに成功しました。

2022年6月には、採取したサンプルから、タンパク質の材料になる23種類のアミノ酸、そして水の成分である水素と酸素が結合した粘土鉱物が検出されました。地球外からもち帰ったアミノ酸を確認するのは初めてで、生命に不可欠な材料であるアミノ酸や水は、地球で形成されたとする仮説と、宇宙で形成され隕石などによって地球へ飛来してきたという仮説があり、今回の成果はその起源を解明するのに役立つと期待されています。

> 小惑星「リュウグウ」のサンプルからの成果

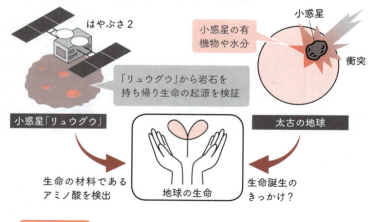

関連用語

● 小惑星「リュウグウ」…地球と火星に近い軌道で太陽を回る、そろばんの玉のような形の小惑星。直径約900mで、岩で覆われている。

22 サブスクリプション

#社会 #科学技術 #動画配信サービス #SaaS

概要

サブスクリプションとは、定額料金を支払うことで、商品やサービスを継続的に購入・利用できるビジネスモデルのことをいいます。スマートフォンの普及やコロナ禍による世界的な「巣ごもり」需要を背景に動画・音楽配信サービスや電子書籍など、当初はデジタル分野で広がりを見せ始めました。近年では衣料品や家電、家具、自動車といった商品に加え、飲食店や美容院などさまざまなサービスで導入されています。

> サブスクリプションサービス市場規模の推移

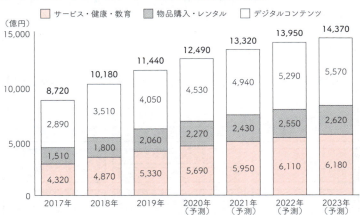

関連用語

- **SaaS（サースまたはサーズ）**…インターネットを介して、クラウド上でソフトウエアの必要な機能を利用する形態。
- **アップセル**…現在顧客が契約しているサービスより高額のサービスにアップグレードすることで、顧客単価をアップさせる営業手法。
- **クロスセル**…現在顧客が契約しているサービスに関連するサービスを紹介し、新たな購買へとつなげて顧客単価をアップさせる営業手法。

23 脱炭素社会

#社会　#地球温暖化　#温室効果ガス　#カーボンニュートラル

概要

　脱炭素社会とは、地球温暖化の原因となる温室効果ガスの実質的な排出量ゼロを実現する社会をいいます。世界の平均気温は2017年時点で工業化以前（1850〜1900年）と比べて約1℃上昇し、それと比例するように地球全体の二酸化炭素濃度も増え続け、1750年と比べて約40％も増加しました。近年、干ばつや熱波、大雨やそれによる洪水など異常気象による被害が多発しており、人間だけでなく動植物など生態系にも大きな影響を及ぼしています。そのため、脱炭素化の取組みが急務となっているのです。

　世界では、パリ協定が2020年1月からスタートしていますが、日本では「2050年カーボンニュートラルに伴うグリーン成長戦略」を2020年12月に策定。2050年の温室効果ガス排出ゼロに向けて、14の成長分野で脱炭素化の目標を設定しました。

＞「2050年カーボンニュートラルに伴うグリーン成長戦略」の14成長分野

エネルギー関連産業	輸送・製造関連産業	家庭・オフィス関連産業
洋上風力・太陽光・地熱産業	自動車・蓄電池産業	住宅・建築物産業／次世代型太陽光産業
	半導体・情報通信産業	
水素・燃料アンモニア産業	船舶産業	資源循環関連産業
	物流・人流・土木インフラ産業	
次世代熱エネルギー産業	食料・農林水産業	ライフスタイル関連産業
	航空機産業	
原子力産業	カーボンリサイクル産業	

関連用語

● 温室効果ガス…地球のまわりを取り囲んでいるガス。主に石炭や石油など化石燃料を燃やすとき発生する二酸化炭素をはじめ、メタン、一酸化二窒素、フロン、三フッ化窒素などがある。

● カーボンニュートラル…温室効果ガスの排出量と吸収量を均衡させること。

24 教育のデジタル化

#社会 #オンライン授業 #1人1台端末 #デジタル教科書

概要

文部科学省では、Society5.0時代を生きるすべての子どもたちの可能性を引き出すような学びを実現するためには、学校現場におけるICT（情報通信技術）の積極的な活用が不可欠という観点から「GIGAスクール構想」を推進しています。そして、2021年4月からは、全国のほとんどの義務教育段階の学校において、児童・生徒の「1人1台端末」及び「高速大容量の通信ネットワーク」の下での学びが本格的にスタートしました。

「端末利活用状況等の実態調査」（2021年7月末時点）によると、全国の公立の小学校等の96.1%、中学校等の96.5%が、「全学年」または「一部の学年」で端末の利活用を開始し、義務教育段階における学習者用端末1台あたりの児童生徒数は1.0人となりました。20年3月1日時点では6.6人だったことから、急速に進んだといえます。

> GIGAスクール構想

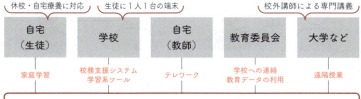

関連用語

- **デジタル教科書**…タブレット端末などのデジタル機器で見ることができる教科書。小中学校・義務教育学校での整備率は10%未満。
- **オンライン教育**…オンライン授業、オンラインによる個別課題学習などのこと。新型コロナウイルス感染拡大による一斉休校をきっかけに、導入が加速化した。

25 教員免許更新制廃止と教科担任制導入

#社会 #教員免許 #更新講習 #教科担任制 #中1ギャップ

概要

文部科学省は、2009年から導入の教員免許更新制を22年7月に廃止し、免許の有効期限や更新講習がなくなりました。教員免許更新制は、教員免許に10年の有効期限を設け、大学などで開設されている講習を30時間以上受講し、更新申請する制度で、教員の資質確保を目的として導入されましたが、未更新の臨時教員や退職教員を活用できない、教員の多忙化をもたらす、などを背景に廃止されることになりました。また、2022年4月から、小学校5・6年生を対象として教科担任制が導入されました。優先的対象教科は外国語、理科、算数、体育の4教科で、追加型、交換型、連携型、T・T型の4つのタイプが想定されています。

教科担任制の運用パターン

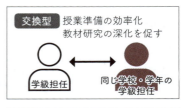
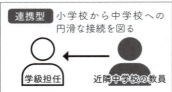

関連用語

- **教科担任制**…1人の教員が特定の教科ごとの授業を受け持ち、複数の学級で教える方法。すでに中学・高校で導入されている。
- **中1ギャップ**…中学進学の際、新しい環境になじめず、授業についていけなくなったり、不登校やいじめが起こったりする現象。

26 少子高齢化

#時事 #社会 #人口問題 #合計特殊出生率 #2050年問題

概要

2021年における15歳未満の年少人口は約1,478万人で、総人口に占める割合は11.8％と前年に引き続き過去最低となりました。合計特殊出生率は1.30と6年連続で低下。出生数も約81.1万人と90万人を割り込み、少子化が進行しています。

一方、65歳以上の高齢者人口は3,640万人で、総人口に占める割合（高齢化率）は29.1％となり、人口は過去最高となりました。総人口に占める75歳以上の後期高齢者の割合も15.0％に達しています。今後も高齢化はさらに進み、2036年には国民の3分の1が高齢者になると予測されています。

> 出生数および合計特殊出生率の年次推移

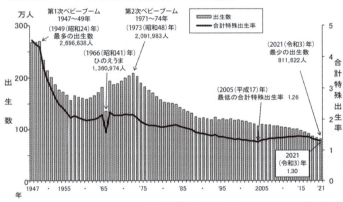

（厚生労働省「令和3年（2021）人口動態統計月報年計（概数）の概況」）

関連用語

- **合計特殊出生率**…1人の女性が生涯に産む子どもの数の平均値。
- **健康寿命**…健康上の問題で日常生活が制限されることなく生活できる期間のこと。平均寿命との差が10歳前後ある。
- **70年定年制**…高齢者雇用安定法の改正により、2021年4月から、70歳までの雇用確保措置を講じることが企業の努力義務に。

27 貧困問題

#社会 #貧困率 #経済格差 #ひとり親 #生活保護

概要

厚生労働省の「2019年国民生活基礎調査」によると、日本の相対的貧困率は15.4％となり、7人に1人が所得の少ない貧困状態にあるといわれています。相対的貧困率とは、国民の年間所得の中央値の半分（貧困線）に満たない者の割合のことで、数値が高いほど経済格差が広がっていることを示します。相対的貧困の約半数がひとり親家庭であることも大きな問題となっており、子どもの貧困率も高い水準で推移しています。

貧困率の年次推移

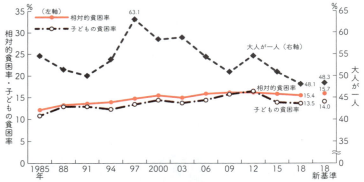

「貧困率の年次推移」厚生労働省（https://www.mhlw.go.jp/toukei/saikin/hw/k-tyosa/k-tyosa19/dl/03.pdf）を加工して作成

関連用語

- **絶対的貧困**…人間として最低限の生活を営むことができない状態のこと。
- **こども食堂**…子どもやその親に、無料または低額で食事を提供する食堂。NPO（非営利組織）が中心となって全国に広がっている。
- **8050問題**…80代（高齢）の親が50代（中高年）のひきこもる子どもの生活を支えるという問題。
- **ベーシックインカム**…所得や年齢に関係なく、すべての人に対する所得保障として、政府が一定金額の現金を支給する制度。

28 新型コロナウイルス感染症

#時事 #社会 #WHO #緊急事態宣言 #PCR検査

概要

　新型コロナウイルス感染症は、2019年12月、中国の湖北省武漢市で出現し、全世界に急速に広がりました。国連のWHO（世界保健機関）は20年3月にパンデミック（世界的大流行）と認定。感染が拡大した国や地域では、ロックダウン（都市封鎖）や外出制限などが行われ、世界経済は深刻なダメージを受けました。流行が拡大して感染者が増えるほど、ウイルスは変異を繰り返すため、2022年に入っても変異株とのたたかいが続いています。

　2021年からは、ワクチンの無料接種が開始され、2022年1月には、ワクチン接種歴（2回以上）や検査結果の陰性を確認することで、飲食店、イベントなどでの行動制限を緩和するワクチン・検査パッケージ制度が創設されました。2022年後半には感染者数が比較的落ち着いてきたため、経済活性化をめざして、全国旅行支援やGo To Eatキャンペーンなどが開始されました。

＞ 過去のパンデミック

発生年	名称	推定死者数
1918年	スペイン風邪	約5000万人
1957年	アジア風邪	約200万人
1968年	香港風邪	約100万人
2009年	新型インフルエンザ	約1万8000人

関連用語

● オーバーシュート…爆発的に感染者が増えること。

● 抗体検査…これまでにウイルスに感染したかどうかを、感染後の体内でつくられるタンパク質（抗体）から調べる検査。

● PCR検査…現在ウイルスに感染しているかどうかを、ウイルス特有の遺伝子配列の有無によって調べる検査。

● ブレイクスルー感染…ワクチン接種をしていても、その予防効果を突破して感染すること。

● 副反応…ワクチン接種後、感染症の発生を防ぐ免疫ができる（主作用）が、この時に起こる反応（発熱、頭痛、接種部位の痛みなど）をいう。

29 北京2022オリンピック

#スポーツ #オリンピック #外交的ボイコット

概要

2022年2月に北京2022オリンピック（第24回冬季五輪北京大会）が開催されました。アジアでの冬季五輪は1972年札幌、1998年長野、2018年平昌（韓国）に続いて4度目です。北京での五輪は2008年夏季大会に続いて2度目で、北京は夏・冬ともに開催した史上初の都市となりました。

オリンピックには91の国と地域から約2900選手が参加し、冬季五輪史上最多の7競技109種目が実施されました。日本は金3個、銀6個、銅9個の計18個のメダルを獲得し、前回の平昌大会の計13個を大きく上回って、冬季五輪最多のメダル数となりました。

> **冬季五輪　日本の獲得メダル数の推移**

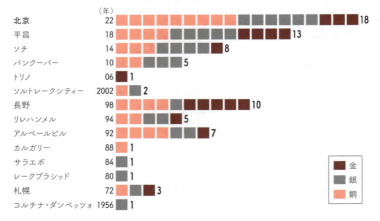

関連用語

● **外交的ボイコット**…北京2022オリンピックで見られた、政府関係者などを開会式・閉会式に派遣しない方針のこと。米国が、中国による新疆ウイグル自治区での少数民族に対する人権侵害に抗議するとして表明し、イギリスやカナダなどもこれに追随した。

第2章

最新時事

最新時事 日本のすがた

問題 次の◯◯◯にあてはまる語句を答えなさい。

▼解答と解説

1 47都道府県で2番目に人口が多いのは[神奈川県]。[鳥取県]に次いで2番目に人口が少ないのは◯◯◯である。

島根県
鳥取県が約55万人、島根県が約67万人。ちなみに東京都世田谷区は約94万人。

2 3大工業地帯とは、北から[京浜]、[中京]、[阪神]の各工業地帯をさすが、これらは◯◯◯ベルトに位置する。

太平洋
日本の基幹産業が集積している。

3 都道府県別の米の生産量は◯◯◯、[北海道]、秋田県の順に多く、みかんは◯◯◯、[静岡県]、愛媛県の順に多く生産されている。

新潟県、和歌山県

4 東京から九州に向けて鉄道のみで進む際に、必ず通らなければならない都道府県は◯◯◯と山口県である。

兵庫県
ともに瀬戸内海と日本海に面している。

5 東北6県で県名と県庁所在地の地名が異なるのは◯◯◯と◯◯◯の2県だが、九州[7]県はすべて一致している。

岩手県、宮城県

6 日本にある世界遺産は2022年の時点で合計[25]件だが、世界遺産が最も多い都道府県は◯◯◯、◯◯◯、◯◯◯である。

岩手県、奈良県、鹿児島県
岩手県、奈良県、鹿児島県がそれぞれ3件で最多。全国で文化遺産20件、自然遺産5件。

7 日本の農家は、[兼業]農家が多く、耕作面積が[狭い]こともあって、土地生産性は高いが、◯◯◯は低いのが特徴である。

労働生産性
つまり、投入労働量に対する生産量が少ない。

8 漁業は、沿岸、[沖合]、遠洋漁業に分けられるが、近年の日本ではどれも低迷し、養殖や◯◯◯漁業の割合が高くなってきている。

栽培
魚介類を人為的に育成し、後に自然に戻して漁獲量の増大を図る。

9 日本の山林は全体の約3割が[国有林]であるが、林業は停滞しており、山林国にもかかわらず世界有数の木材◯◯◯国である。

輸入
海外の安い木材が流入し、林業産出額は長らく低迷していたが、近年は住宅需要の伸びに伴い増加し、木材自給率も回復傾向にある。

10 日本の食料自給率は、カロリーベースで ▢ ％であり、先進国中最低の水準である。

38
2021年度概算。

11 日本は主なエネルギー源である石油、石炭、▢ をほぼ輸入に頼っており、石炭はその約60％を［オーストラリア］から輸入している。

天然ガス
資源を外国に依存しているので、戦乱などがあると影響を受けやすい。

12 日本の発電量の内訳のうち最も多いのは ▢ 発電であり、発電所は電力需要の多い工業地域や大都市に近い平野の［臨海部］に立地している。

火力
次いで多いのは、太陽光、水力発電、原子力である。

13 現代の日本の工業は先端技術をもとに ▢ 集約型産業が発展したため、［臨空港］型を指向した企業立地が多い。

知識
先端技術ビジネスは広い場所を必要としないが、好アクセスが求められる。

14 九州は臨空港型立地の［集積回路］（IC）工場が増えたことから、シリコンバレーにならい ▢ と呼ばれている。

シリコンアイランド
新たな雇用につながるので工場の誘致が進んでいる。

15 1990年代以降、慢性的に続いた［円高］で企業は海外移転を余儀なくされたため、国内では産業の ▢ が問題となっている。

空洞化
日本の高度な技術が流出し、国益が大きく損なわれている。

16 ［有田焼（伊万里焼）］は ▢ 県、［信楽焼］は ▢ 県で作られている伝統的陶磁器である。

佐賀、滋賀
伝統的陶磁器では、石川県の九谷焼、愛知県の瀬戸焼・常滑焼、京都府の京焼・清水焼、山口県の萩焼なども有名。

17 豪雪地帯の多い東北地方は伝統的工芸が盛んで、［南部鉄器］は ▢ 県、［大館曲げわっぱ］は ▢ 県の伝統的工芸品である。

岩手、秋田
東北地方の伝統的工芸品では、青森県の津軽塗、山形県の天童将棋駒、福島県の会津塗なども有名。

18 日本は世界有数の工業国で、特に［重化学］工業が発達したが、その反面、大気汚染、▢、▢ などの公害が問題化した。

水質汚濁、土壌汚染
（騒音、地盤沈下、悪臭も可）

19 日本の人口は2021年10月の時点で約1億［2550］万人であるが、そのうちの65歳以上の年齢層が占める割合は約 ▢ ％である。

29
4人に1人以上が65歳以上の高齢者ということになる。

☑ 各都道府県の基本情報

都道府県	都道府県庁所在地	主な特徴
北海道	札幌市	農業生産額全国1位。バブル崩壊後の不況が深刻で、夕張市は2007年に財政再建団体へ。
青森県	青森市	縄文時代の三内丸山遺跡がある。原子力発電関連の施設が多い。
岩手県	盛岡市	北海道に次ぐ面積。太平洋沿岸はリアス式海岸。
秋田県	秋田市	日本酒の産地として有名。青森県との県境にある世界遺産・白神山地でも知られる。
宮城県	仙台市	東北の都。仙台の七夕まつりが有名。2011年の東日本大震災で甚大な被害を被る。
山形県	山形市	豊かな自然を反映した各種工芸品と、サクランボや西洋ナシが有名。
福島県	福島市	浜通り、中通り、会津に分かれる。東日本大震災で甚大な被害を被る。原発問題は日本の課題。
茨城県	水戸市	沿海部が工業地化している一方、内陸部の産業は農業が中心となっている。
栃木県	宇都宮市	世界遺産にもなった日光の他にも那須など多くの観光地がある。
群馬県	前橋市	尾瀬、浅間山などの大自然、草津、伊香保などの温泉でも知られる。
埼玉県	さいたま市	人口約734万人で、南部は東京のベッドタウン。近郊農業が盛ん。
東京都	新宿区	有数の世界都市で、中心部には国家機関や大企業が集積する。
千葉県	千葉市	全国で唯一海抜500m以上の山地がない都道府県。近郊農業、漁業の他、工業も発達している。
神奈川県	横浜市	川崎市を中心に京浜工業地帯が展開し、横浜市は海運の拠点。古都鎌倉は観光地としても有名。
新潟県	新潟市	新潟市は日本海側最大の都市。米、酒、洋食器などの生産で知られる。
富山県	富山市	海と山河に恵まれ、自然産物が豊富。チューリップも有名。
石川県	金沢市	旧加賀藩で金沢市は北陸の中心地。機械メーカーが活況。
福井県	福井市	鯖江市は世界品質の眼鏡フレームで知られ、観光では東尋坊が有名。
山梨県	甲府市	武田信玄で知られる旧甲斐国。良質なブドウやモモなどの果樹とワインの生産で有名。
長野県	長野市	大規模な山岳地帯のため可住地面積は狭いが、平均寿命が長い。
岐阜県	岐阜市	北部の飛騨山脈は列島の背骨。南部は名古屋の商業圏内。
静岡県	静岡市	富士山、伊豆半島と茶の生産で有名。浜松市は工業都市。

愛知県	名古屋市	人口約750万人で中部日本の中心。中京工業地帯の中心でもある。豊田市は有名な企業城下町。
三重県	津市	中京工業地帯の一端を担い、真珠の養殖も盛ん。伊勢神宮は古くから崇敬されている。
滋賀県	大津市	国内最大の湖である琵琶湖を囲む。古来、交通の要衝で史跡も多い。
京都府	京都市	随所に観光スポットがあり、外国人観光客の来訪も多い。伝統産業とハイテク産業が並存。
大阪府	大阪市	西日本の中心地で、長く経済の中心地でもあった。近年は、東京一極集中の是正に向けた取り組みも。
兵庫県	神戸市	神戸市は大港湾都市で阪神地帯は大工業地帯だが、日本海側は産業に乏しい。有馬温泉、宝塚など。
奈良県	奈良市	多数の古代遺跡が存在。大阪のベッドタウン。
和歌山県	和歌山市	徳川御三家の旧紀州藩。みかんの生産は全国1位（2021年）。
鳥取県	鳥取市	日本でいちばん人口が少ない（約55万人）。砂丘と梨で有名。
島根県	松江市	出雲大社、石見銀山が有名で、多くの観光客が訪れる。
岡山県	岡山市	瀬戸内海側は工業地帯だが、内陸部は桃などの農産物が豊富。
広島県	広島市	中国地方の中心地。造船、自動車産業の他、牡蠣の養殖も有名。
山口県	山口市	萩焼などの陶器、秋吉台や秋芳洞が有名。
徳島県	徳島市	産業は停滞気味。阿波踊りが全国的に知られる。
香川県	高松市	日本でいちばん面積が小さい。讃岐うどん、小豆島のオリーブが有名。
愛媛県	松山市	産業は停滞気味。道後温泉や夏目漱石、正岡子規などで有名。
高知県	高知市	海岸線は長く、山地が多い。野菜の促成栽培が盛ん。四万十川は日本最後の清流といわれる。
福岡県	福岡市	九州地方の中心地。政令指定都市の福岡市、北九州市は、北九州工業地域のかなめ。
佐賀県	佐賀市	有田焼や唐津焼などの陶磁器生産で有名。養殖のりの生産高は全国1位（2019年）。
長崎県	長崎市	古くから中国や西洋との貿易で栄えた。現在は造船業が盛ん。
熊本県	熊本市	阿蘇山や、天草諸島を有する。中九州の中心地。
大分県	大分市	由布院や別府など多くの温泉地を有する。源泉の数は日本一。
宮崎県	宮崎市	プロ野球のキャンプ地として有名。畜産業や野菜・果樹の促成栽培も盛ん。
鹿児島県	鹿児島市	肉用牛や豚の飼育頭数、サツマイモの生産は日本有数。屋久島、種子島など、豊かな自然を有する。
沖縄県	那覇市	かつての琉球王国。現在は県内に多くの米軍基地があり、県民の大きな負担となっている。

最新時事 世界のすがた

問題 次の ▢ にあてはまる語句を答えなさい。

▼解答と解説

1 2021年時点で世界には、日本を含め [196] の、日本が承認している国家があるが、その面積の大きさの順は [ロシア]、▢、▢。

カナダ、アメリカ
中国、ブラジルと続く。

2 世界の人口は2021年時点で、約▢億人であり、2050年には約97億人になると予測されている。

79
世界人口は、1800年代初めに10億人を超え、1960年ごろに30億人、1999年に60億人に達した。

3 世界人口を地域別でみると、2021年時点で最も多いのは▢で、以下 [アフリカ]、ヨーロッパ、ラテンアメリカの順。

アジア
世界人口の約60%を占める。

4 人口の多い国は2021年時点で、[中国]、[インド]、▢、▢、[パキスタン] の順である。

アメリカ、インドネシア
インドネシアの人口は日本の約2倍の約2.7億人。

5 世界の三大宗教を信者の多い順に並べると、[キリスト教]、[イスラム教]、▢となる。

仏教
単純に信者の数だけを見れば仏教よりもヒンドゥー教の方が多い。

6 世界で母国語として使用する人口が最も多い言語は▢であり、ついで [スペイン語]、[英語]、ヒンディー語の順である。

中国語
日本語は第13位。

7 世界で三大穀物とされているのは、コメ、小麦と、▢である。

トウモロコシ
バイオエタノールの原料としても利用されている。

8 2020年時点で、三大穀物のうち中国、インド、[バングラデシュ] の順で生産量が多い穀物は▢である。

コメ
4、5位にはインドネシア、ベトナムと続く。

9 三大穀物のうち、2020年時点で [中国]、インド、ロシアの順で生産量が多い穀物は▢である。

小麦
4～6位にはアメリカ、カナダ、フランスと続く。

10 コーヒー豆について、2020年時点で生産量が多い国を順番に並べると、[ブラジル]、▢、コロンビアである。

ベトナム
4、5位にはインドネシア、エチオピアと続く。

11 中国では人口の大部分を[漢]民族が占め、他の少数民族はチベットや新疆（しんきょう）ウイグル自治区などの◯◯を形成している場合もある。

自治区
チベット自治区では激しい独立運動が展開されている。

12 中国では人口が上海に代表される、東部の[沿海部]に集中し、内陸部との間に◯◯が広がっている。

経済格差
大きな社会問題となっている。

13 中国は共産主義国であるが、近年、香港に隣接する[深圳（シンセン）]などの５つの地域に◯◯を設け、外国資本で急発展している。

経済特区
1979年に深圳及び珠海（チューハイ）、汕頭（スワトウ）、厦門（アモイ）、1988年に海南省が指定された。

14 アジアNIEsとは、アジアで工業化が進んだ国家・地域であり、[韓国]、台湾、◯◯、◯◯をさす。

香港、シンガポール

15 台湾は[台北]を中心都市とする島で、近年、ハイテク産業などが発展しているが、日本とは正式な◯◯はない。

国交
中国が台湾を自国領土と主張しているため。

16 朝鮮半島はほぼ北緯[38]度線で分断されており、韓国は◯◯を、北朝鮮は◯◯をそれぞれ首都としている。

ソウル、ピョンヤン
朝鮮戦争(1950年勃発)は現在、休戦中である。

17 フィリピンは◯◯を宗主国としていたため、[カトリック]教徒が多い。[緑の革命]で農産物の収穫量が増加したが、現在は停滞。

スペイン
後にアメリカが支配した。緑の革命は穀物などの品種改良運動。

18 特定の一次産品の輸出のみに依存した経済構造を◯◯といい、[開発途上国]に多い。

モノカルチャー経済
経済基盤が脆弱な国家に多い。

19 タイは日本と同様に仏教国だが、流派は[上座部]仏教である。◯◯の輸出量は2020年時点で世界第３位である。

コメ
タイでは浮き稲という独特の栽培法が行われている。

20 マレーシアは[イスラム教]を国教とする多民族国家で、◯◯政策で先住民マレー系を優先している。

ブミプトラ
「土地の子」という意味。

21 インドネシアは、石油や◯◯などの地下資源に恵まれており、[OPEC]（石油輸出国機構）にも加盟していた。

天然ガス
一般には、メタンなどの可燃性のガスをいう。

トレンド
最新時事
国語
社会
英語
数学
理科
文化
キーワード

43

22	長く[イギリス]の植民地であったインドは、独立に際し宗教の違いで、現インド、□□□、セイロンに分離して独立した。	**パキスタン** セイロンは現スリランカ。
23	インドは[仏]教の発祥国だが、現在では、国民の多くが□□□教を信仰している。	**ヒンドゥー** キリスト教、イスラム教に続いて、信者数は世界で3番目に多い。
24	インドでは□□□制度という身分制度が存在するが、[IT]業界はその制度の影響を受けにくく活況を呈している。	**カースト** 21世紀の現代でもインド社会に根づき、同国の発展を遅らせている。
25	2021年時点で原油の生産国を生産量の多い順に並べると、[アメリカ]、□□□、ロシアである。	**サウジアラビア** サウード家による君主国家である。
26	イスラム教は大多数の[スンニ]派と、少数の□□□派に大きく分かれ、激しく対立している。	**シーア** イランがシーア派の代表格である。
27	ヨーロッパは北西部に□□□民族が多く、南部には□□□民族、そして東部には[スラブ]民族が多く分布している。	**ゲルマン、ラテン**
28	[マーストリヒト]条約に基づいて発足したEUについて、2020年に□□□が離脱したため、加盟国は[27]か国となった。	**イギリス** 2016年に行われた国民投票で、離脱賛成が多数。翌年、正式に離脱を表明。
29	EU諸国は経済関係を深めるために単一通貨[ユーロ]を使っているが、□□□、□□□などは加わっていない。	**スウェーデン、ポーランドなど**
30	ユーロの通貨政策を担当する欧州中央銀行[ECB]の本部はドイツの□□□にある。	**フランクフルト** 古くから金融業が盛んだった。
31	フランスは農業大国だが、中西部の盆地などでは[混合農業]が、南部では□□□農業が広く行われている。	**地中海式** フランスは北西部と南部では気候が大きく異なる。
32	海岸線から少し沖に突き出た岩山にある有名な巡礼地である[モン・サン・ミシェル]がある国は□□□である。	**フランス** 1979年、世界遺産に登録された。
33	通称ユーロポートと呼ばれる港は、[オランダ]の□□□にある。	**ロッテルダム** アムステルダムに続く第2の港湾都市。

34 ［ドイツ］は欧州最大の工業国だが、かつてその中心となっていたのは□□□地帯である。

ルール工業
高名な炭田を有することで知られる。

35 ［旧ソ連］から独立したウクライナには世界有数の□□□地帯があり、巨大な穀倉地帯となっている。

黒土
肥沃で穀物生産に適しており、世界的な穀倉地帯である。

36 ロシアでは20世紀初頭に革命で［社会］主義国のソビエト連邦が成立したが、1980年代に□□□氏がペレストロイカを行った。

ミハイル・ゴルバチョフ
ノーベル平和賞を受賞するが、現在では評価が分かれる。

37 アメリカには現在［50］もの州があるが、最後に合衆国に加わったのは□□□州である。

ハワイ
アメリカ合衆国に加盟したのは1959年。

38 多数の人種から構成されるアメリカは、「人種の［サラダ・ボウル］」といわれるが、近年は□□□系の人口が増えている。

ヒスパニック
スペインを旧宗主国とする国々からの移民。

39 都市の中心部が荒廃し［スラム］化する傾向を□□□問題といい、近年、多くの大都市の課題となっている。

インナーシティ
発祥地のロンドンではこれを見事に克服した。

40 現代のアメリカの農業は、［穀物］メジャーと呼ばれる企業が、生産・加工・流通を独占しており、その形態は□□□と呼ばれる。

アグリビジネス
巨大化した農業関連産業。アメリカの穀物商社。

41 アフリカ州は鉱産資源に恵まれ、2019年時点で［プラチナ］やマンガンは□□□共和国、コバルトは□□□共和国が世界で最も生産量が多い。

南アフリカ、コンゴ民主
マンガンやコバルトはレアメタル（希少金属）と呼ばれる。

42 人口が10万人以上の世界の国々のうち、2020年時点で、1人あたり［GNI］（国民総所得）が最も多い国は□□□である。

スイス
第2位はルクセンブルク、第3位はノルウェー。

43 南アフリカでは、［アパルトヘイト］と呼ばれる人種隔離政策が行われていたが、1994年に撤廃を主張する□□□氏が大統領に選出された。

ネルソン・マンデラ
27年間の獄中生活を経て、1993年ノーベル平和賞受賞。2013年12月に死去。

トレンド / 最新時事 / 国語 / 社会 / 英語 / 数学 / 理科 / 文化 / キーワード

✓ 各国の基本情報

地域	国名	首都	主な民族	主な言語
アジア・オセアニア	☐ 中華人民共和国	北京	漢民族、少数民族	中国語
	☐ 朝鮮民主主義人民共和国	平壌	朝鮮民族	朝鮮語
	☐ 大韓民国	ソウル	朝鮮民族	韓国語
	☐ ベトナム	ハノイ	キン族など	ベトナム語
	☐ シンガポール	シンガポール	多民族	マレー語など
	☐ インドネシア	ジャカルタ	多民族	インドネシア語
	☐ マレーシア	クアラルンプール	マレー系、中国系など	マレー語など
	☐ インド	ニューデリー	多民族	ヒンディー語など
	☐ オーストラリア	キャンベラ	欧州系など	英語
南北アメリカ	☐ アメリカ	ワシントンD.C.	多民族	英語など
	☐ カナダ	オタワ	欧州系など	英語、仏語など
	☐ ブラジル	ブラジリア	ポルトガル系など	ポルトガル語
	☐ アルゼンチン	ブエノスアイレス	欧州系、メスティーソなど	スペイン語
欧州・ロシア	☐ イギリス	ロンドン	多民族	英語
	☐ フランス	パリ	多民族	フランス語など
	☐ ドイツ	ベルリン	ドイツ民族など	ドイツ語
	☐ イタリア	ローマ	イタリア民族など	イタリア語など
	☐ ロシア	モスクワ	ロシア民族など	ロシア語など
中東・アフリカ	☐ エジプト	カイロ	アラブ民族など	アラビア語
	☐ 南アフリカ	プレトリア	バントゥー系など	英語、アフリカーンス語など
	☐ サウジアラビア	リヤド	アラブ民族など	アラビア語

通貨	基本情報
人民元	21世紀に入って急速な経済成長を遂げ、GDPは世界2位(2020年)。14億を超える人口を有する大国へ。しかし共産党の独裁で貧富の差が拡大し政情不安が増大。
北朝鮮・ウォン	日本統治から独立後、金日成一族の世襲政治。中国の影響下にあるものの労働党の独裁政治で経済は大いに疲弊。瀬戸際外交を展開するも政治不安。
ウォン	1997年のアジア通貨危機でIMFの管理下におかれた。その後、回復したものの、財閥優遇で格差が拡大。日本同様、深刻な少子化が進む。
ドン	ベトナム戦争などで疲弊したが、ドイモイ(刷新)政策で高成長を維持。
シンガポール・ドル	アジアの金融センターとして発展。近年では石油精製、造船、電子などの工業化が進展。一方政治面では一党独裁で民主化は遅れている。
ルピア	コーヒー豆や石油の輸出で知られる。人口は約2.7億人(2021年)で世界4位。オランダが旧宗主国。イスラム教が盛んだが、バリ島はヒンドゥー教徒の島。
リンギット	イスラム教を国教とする立憲君主国。産業は天然ゴムやすずの輸出が中心だったが、近年では機械類が主力となっている。ブミプトラ政策が有名。
インド・ルピー	人口14億人以上。中国よりも工業化が遅れているため、次なる巨大マーケットに。古くからのカースト制度が根強く、近代化を阻害している。
オーストラリア・ドル	かつては人種差別(白豪)政策が行われていたが現在は解消。世界有数の羊毛生産国。鉱物などの産出も豊富。中国が最大の貿易相手国。
USドル	経済や文化でも世界に大きな影響を与えている。一方で莫大な軍事費による財政悪化やホームレス人口の増加による治安悪化が懸念される。
カナダ・ドル	世界2位の広大な国土と豊かな資源を有し、農業では小麦などの穀物、工業では自動車や航空機産業が盛ん。国内にケベック独立問題を抱える。
レアル	BRICSの一角を占める新興工業国で高成長を維持している。鉱産資源や農産品にも恵まれ、さらなる発展も望まれるが経済格差や貧困問題も抱える。
アルゼンチン・ペソ	かつては軍部が政治を左右していたが、現在の民主化政権のもとで高成長を続ける。ラテンアメリカ文学やアルゼンチン・タンゴで有名。
スターリング・ポンド	かつての世界帝国だが、現在もロンドンは金融などで存在感を示す。2012年のオリンピックを開催するも、EU離脱により経済は停滞気味。
ユーロ	EU最大の農業国。芸術の国として知られる。観光、自動車、原子力産業も盛んだが、一方で若年層の失業率が高く社会問題化している。
ユーロ	欧州最大の工業国。自然科学研究だけでなく文化、中でも音楽については世界のトップレベルの水準を保持している。好調な経済でユーロ圏を支えている。
ユーロ	多くの古代遺跡もあり観光などで潤うが、ユーロ圏における労働生産性は低い上に若年層の失業率が高止まりするなど、経済の先行きに不安が残る。
ロシア・ルーブル	ソ連崩壊後も周辺諸国に強い影響力を有し、世界最大級の産油国でもあり、資源は豊富。一方で経済成長は鈍化気味で庶民の不満も根強い。
エジプト・ポンド	世界で有数の古い歴史をもつ。ナイル川がもたらす肥沃な土地で農業が盛ん。世界的な観光地でスエズ運河の収益も大きいが、「アラブの春」で政情不安定。
ランド	1991年までアパルトヘイト政策が行われていたが、現在は撤廃されている。金とダイヤモンドの世界的な産地で経済成長が続いている。アフリカ最大級の経済大国。
サウディ・リヤル	石油埋蔵量は世界2位(2020年)で産出量は2位(2021年)。君主制で厳格なイスラム教義を国の根幹としている。

最新時事

歴史年表① 日本史

	西暦	出来事
縄文	約1万2000年前〜前4世紀頃	・現在の日本列島の形になる ・狩猟・採集による暮らし　縄文土器の使用
弥生	前4世紀〜3世紀頃	・大陸から稲作が伝わり、金属器の使用が始まる ・57年 倭の奴国王、後漢に朝貢（『後漢書』東夷伝） ・239年 卑弥呼、魏に遣使（『魏志』倭人伝）
飛鳥	6世紀中頃	・百済から仏教が伝わる
	593年	・聖徳太子が推古天皇の摂政に就任
	607年	・小野妹子が遣隋使として派遣される
	645年	・中大兄皇子と中臣鎌足が蘇我氏を滅ぼし、政治改革を始める（大化の改新）
	672年	・大海人皇子が壬申の乱で勝利
	701年	・大宝律令が制定される（律令制度の成立）
奈良	710年	・平城京に遷都
	712年	・古事記の成立　（日本書紀は720年）
	741年	・聖武天皇が全国に国分寺・国分尼寺の建立を命じる
	752年	・東大寺の大仏開眼式
	770年頃	・万葉集が完成
平安	794年	・平安京に遷都（桓武天皇）
	935年	・平将門の乱が起こる
	1016年	・藤原道長が摂政となる（摂関政治）
	1086年	・白河上皇が院政を開始（武士の登用）
	1156年	・保元の乱　1159年に平治の乱（武士の躍進）
	1167年	・平清盛が武士として初めて太政大臣に任じられる
鎌倉	1192年	・源頼朝が征夷大将軍に任じられる
	1221年	・後鳥羽上皇が挙兵するが幕府に鎮圧される（承久の乱）
	1274年	・蒙古の襲来（元寇　1281年に再度襲来）
南北朝	1334年	・後醍醐天皇による建武の新政が始まる
室町	1338年	・足利尊氏が征夷大将軍に任じられ幕府を開く
	1467年	・将軍家や管領家の相続争いで応仁の乱へ（戦国時代へ）
戦国・安土桃山	1543年	・ポルトガル人により鉄砲が伝わる
	1549年	・イエズス会のザビエルがキリスト教を伝える
	1573年	・織田信長が足利義昭を追放（室町幕府の滅亡）
	1575年	・信長が鉄砲隊で武田の騎馬軍団を粉砕する（長篠の戦い）
	1582年	・明智光秀が信長を討つ（本能寺の変）
	1590年	・豊臣秀吉が小田原の北条氏を滅ぼす（天下統一）
	1592年	・秀吉の朝鮮出兵（1597年に再度出兵）
	1600年	・徳川家康が関ヶ原の戦いで石田三成率いる西軍を破る

	西暦	出来事
江戸	1603年	・家康が征夷大将軍に任じられ、江戸に幕府を開く
	1685年	・5代将軍・徳川綱吉が生類憐みの令を出す
	1716年	・8代将軍・徳川吉宗が改革を行う(享保の改革)
	1787年	・老中・松平定信が改革を行う(寛政の改革)
	1841年	・老中・水野忠邦が改革を行う(天保の改革)
	1853年	・ペリーが黒船で浦賀に来航
	1860年	・大老・井伊直弼が暗殺される(桜田門外の変)
	1867年	・15代将軍・徳川慶喜が朝廷に政権を返還(大政奉還)
明治	1871年	・廃藩置県の実施(中央集権化が目的)
	1877年	・新政府に不満をもつ士族が西郷隆盛を盟主に反乱(西南戦争)
	1889年	・大日本帝国憲法の発布
	1894年	・日清戦争が始まる(翌年に三国干渉)
	1901年	・八幡製鉄所が操業開始(工業国化)
	1904年	・日露戦争が始まる 翌年ポーツマス条約締結
	1910年	・日本が韓国を併合
大正	1918年	・シベリア出兵 米騒動(社会主義運動が活発化)
	1923年	・関東大震災
昭和	1929年	・世界恐慌が起こる
	1931年	・満州事変が勃発
	1932年	・青年将校らが犬養毅首相を暗殺(五・一五事件)
	1936年	・青年将校らによるクーデター未遂事件(二・二六事件)
	1941年	・日本軍がアメリカの真珠湾を攻撃(太平洋戦争勃発)
	1945年	・日本がポツダム宣言を受け入れ終戦
	1946年	・日本国憲法の公布
	1950年	・朝鮮戦争が始まる(特需景気)
	1951年	・サンフランシスコ平和条約で国際社会に復帰
	1960年	・日米安保条約改定により国内で騒乱(安保闘争)
	1972年	・沖縄返還
	1985年	・プラザ合意(急激な円高 バブル景気へ)
平成	1990年代	・平成不況 デフレ経済へ
	2001年	・小泉純一郎内閣発足 「聖域なき構造改革」を掲げる
	2009年	・民主党内閣が発足
	2011年	・東日本大震災、福島第1原発事故が起こる
	2012年	・自民・公明連立が政権を奪還 第2次安倍晋三内閣が発足
	2016年	・オバマ米大統領が広島訪問
令和	2020年	・緊急事態宣言(新型コロナウイルス) 菅義偉内閣が発足
	2021年	・岸田文雄内閣が発足「新しい資本主義実現会議」など

最新時事 歴史年表② 世界史

西暦	出来事
前5世紀	ペルシア戦争（ギリシアとアケメネス朝ペルシア）ギリシア勝利
前334年	アレクサンドロス大王の東方遠征が始まる
前221年	秦王政が中国を統一　始皇帝と称する
前27年	オクタウィアヌスが初代ローマ皇帝に即位
395年	ローマ帝国が東西分裂
476年	西ローマ帝国滅亡
589年	隋が中国を統一
610年頃	預言者ムハンマド（マホメット）がイスラム教を創始
712年	唐の玄宗皇帝が即位　中国
800年	カール大帝がローマ皇帝の帝冠を授かる（西ローマ帝国の復興）
843年	ベルダン条約でフランク王国が三分される
962年	東フランクでオットー1世が即位　神聖ローマ帝国の起源
1066年	ノルマン人がイングランドを征服　イギリス
1096年	第1回十字軍の派遣
1215年	ジョン王が大憲章（マグナ・カルタ）を承認　イギリス
1219年	チンギス・ハンが西征を開始　モンゴル
1265年	イギリス議会が創設される
1275年	マルコ・ポーロが元の上都に到着　中国
1302年	フィリップ4世が三部会を召集　フランス
1339年	百年戦争が始まる　イギリス／フランス
1368年	朱元璋が明を建国　中国
1378年	教会大分裂（1417年まで）　イタリア
1455年	ばら戦争が始まる　イギリス
1492年	コロンブスが西インド諸島に到達
1517年	ルターの宗教改革が始まる　ドイツ
1522年	マゼラン隊が世界周航から帰還
1536年	カルヴァンがジュネーブで宗教改革を開始　スイス
1556年	ムガル帝国でアクバル帝が即位　インド
1562年	ユグノー戦争勃発　フランス
1572年	サン・バルテルミの虐殺　フランス
1598年	ナントの勅令　フランス
1616年	清が建国される　中国
1628年	議会がチャールズ1世に「権利の請願」を提出　イギリス
1642年	清教徒革命が始まる（1649年まで）　イギリス
1649年	クロムウェルが共和政を行う（1660年まで）　イギリス

西暦	出来事
1687年	ニュートンが「万有引力の法則」を発表 イギリス
1688年	名誉革命 が始まる イギリス
1689年	ネルチンスク条約 中国／ロシア
18世紀後半	産業革命 が始まる イギリス
1775年	アメリカ独立戦争 が始まる
1789年	フランス革命 が始まる
1804年	ナポレオンが皇帝に即位 フランス
1815年	ワーテルローの戦い（ナポレオン失脚） フランス
1830年	七月革命 フランス
1840年	清とイギリスが アヘン戦争（1842年まで） 中国／イギリス
1851年	太平天国の乱 中国
1861年	南北戦争 が始まる アメリカ
1869年	スエズ運河 が開通 エジプト
1879年	エジソンが白熱灯を発明 アメリカ
1896年	第1回 近代オリンピック ギリシア
1904年	日露戦争 が始まる 日本／ロシア
1911年	辛亥革命 中国
1914年	サライェヴォ事件 を機に 第一次世界大戦 が勃発
1917年	ロシア革命
1920年	国際連盟 が発足
1931年	満州事変 中国
1938年	ミュンヘン会談 ドイツ／イギリス／フランス／イタリア
1945年	第2次世界大戦 終結　国際連合 が発足
1950年	朝鮮戦争 が始まる
1962年	キューバ危機 キューバ／アメリカ／ソ連
1966年	文化大革命 が始まる 中国
1969年	アメリカの アポロ11号 が月面着陸
1975年	ベトナム戦争 終結 ベトナム
1980年	イラン・イラク戦争 が始まる
1986年	チェルノブイリ原発事故 ウクライナ
1989年	天安門事件 中国
2001年	同時多発テロ事件 アメリカ
2003年	イラク戦争 が始まる
2008年	リーマン・ショック アメリカ
2011年	民主化運動「アラブの春」 中東／北アフリカ地域
2020年	世界保健機関（WHO）が パンデミック宣言
2022年	ロシアのウクライナ軍事侵攻 ロシア／ウクライナ

最新時事 社会① 健康・医療

問題 次の ___ にあてはまる語句を答えなさい。

▼解答と解説

1. ワクチン・検査 ___ は、接種歴、検査結果の[陰性]のいずれかを確認することで、飲食店等での行動制限を緩和するものである。

パッケージ制度
新型コロナウイルスの感染拡大を防止しながら、日常生活や社会経済活動を維持できるようにすることを目的とする。

2. [ワクチン]接種をしていても、その予防効果を突破して感染することを ___ 感染という。

ブレイクスルー
原因としては、ウイルスの伝播性の高まり、ワクチンの効果の低下などがあげられる。

3. ヒトの皮膚細胞などの体細胞に遺伝子操作を加えてつくられた ___ は、神経・骨・内臓などさまざまな細胞に分化する能力をもつ。

iPS細胞
万能細胞の一種で、人工多能性幹細胞のことである。

4. 受精卵の一部を取り出し、それを培養して作製される ___ は、拒絶反応や倫理的な問題がある。

ES細胞
万能細胞の一種で、胚性幹細胞のことである。

5. 人工的に培養した細胞、組織を用い、疾病や事故などで機能が低下した臓器や組織を再生させる医療方法を ___ という。

再生医療
その手段としてiPS細胞が期待されている。

6. 保険診療と保険がきかない保険外診療（[自由]診療）を併用する診療を ___ といい、現在日本では原則として認められていない。

混合診療
安全性や効果が確認できた先進医療などを受診した場合には、例外的に保険が適用されることになっている（保険外併用療養費制度）。

7. ___ 診療では、スマートフォンなどで、医師による診療や[薬]の処方を受けることができる。

オンライン
2022年1月より初診でもオンライン診療を受けられるようになった。

8. 市販薬や大衆薬などとも呼ばれる、薬局やドラッグストアで販売される[一般用]医薬品を、 ___ 医薬品という。

OTC
処方箋が必要な医療用医薬品（処方薬）や要指導医薬品とは区別される。

9. 事故などで負傷者が多数出た場合、緊急度や重症度によって振り分けし、治療や搬送の優先順位を決めることを ___ という。

トリアージ
より多くの人命を救うために行われる。

10 _____とは、心停止状態に陥ったとき、心臓に[電気ショック]を与えて正常な状態に戻す自動体外式除細動器のことである。

AED
日本では、2004年から一般市民による使用が可能となった。

11 2010年に施行された改正[臓器移植法]により、_____歳からの臓器提供が可能となった。

0
本人が拒否の意思表示をしていない限り、家族の承諾のみで臓器提供が可能。

12 _____診断とは、体外受精をして得られた受精卵の一部を採取して、染色体の[増殖]の本数や構造に異常がないかを調べる検査である。

着床前
夫婦のどちらかに染色体の構造異常が認められた場合などに行うことができる。

13 妊婦の血液検査だけで、ダウン症など3種類の胎児の染色体異常を診断する_____が始まった。

新型出生前診断
2022年より年齢制限がなくなり、すべての妊婦が検査を受けられるようになった。

14 日本人の死因で最も多いのは2021年時点で_____であり、次いで[心疾患]、老衰、脳血管疾患の順となっている。

がん（悪性新生物）
2011年に、肺炎が脳血管疾患よりも多くなった。

15 [小麦]や乳製品など特定の起因物質により生じる、全身性かつ重度の急性アレルギー反応を_____という。

アナフィラキシー
じんましんなどの他、呼吸困難や意識障害などの症状を伴う場合がある。

16 抗インフルエンザウイルス薬の1つである_____は、[エボラ出血熱]の治療薬として注目されている。

アビガン
一般名は「ファビピラビル」で、富士フイルムホールディングスの子会社が開発した。

17 [受動喫煙]対策強化のため改正された_____により、学校や病院などは敷地内全面禁煙となった。

健康増進法
飲食店、会社、ホテルなどは原則として屋内禁煙。

18 _____は世界的な移植医療のシンボルであり、[ドナー]（臓器提供者）とレシピエント（移植希望者）の「命のつながり」を表している。

グリーンリボン
マークの色は「成長と生命のつながり」を表している。

19 [アフリカ]大陸で地域的に発生していた_____の感染症が2022年に欧米を中心として流行した。

サル痘
急性発疹が主症状で、天然痘ワクチンが有効とされる。

トレンド / 最新時事 / 国語 / 社会 / 英語 / 数学 / 理科 / 文化 / キーワード

最新時事 # 社会② 災害

問題 次の ☐ にあてはまる語句を答えなさい。

▼解答と解説

1 静岡県の[駿河]湾から九州沖までのびる海底の深い溝を ☐ といい、日本列島に巨大地震を起こすと懸念されている。

南海トラフ
マグニチュード8クラスの巨大地震が、約100年から200年ごとに発生。

2 ☐ は、地震そのものの大きさ(規模)を表すもので、1増えると地震のエネルギーが約[32]倍になる。

マグニチュード
これに対し、震度は揺れの強さを表す。

3 地震の際、地下水位の高い砂地盤が液体状になる現象を ☐ 現象といい、2011年の[東日本大震災]では東京湾周辺でも発生した。

液状化
海岸や川の近くや埋立地などで起こりやすい。

4 大きな揺れの前に震度や震源を予測して発表される ☐ では、2018年から[PLUM]法と呼ばれる手法が導入されている。

緊急地震速報
PLUM法は、巨大地震が発生した際でも精度よく震度が求められる新しい予想手法。

5 2015年12月、日本の提案に基づき、国連総会は[11月5日]を国連の共通記念日「世界 ☐ の日」とする決議を全会一致で採択した。

津波
1854年11月5日に和歌山県で起きた大津波の際、村人が稲わらに火をつけて村民を避難させ、多くの人命が救われたという逸話から。

6 令和4年6月北海道・東北豪雨では、次々と[積乱雲]が発生して ☐ ができ甚大な被害をもたらした。

線状降水帯
数時間にわたり同じ場所に停滞し、激しい雨を降らせ続ける。発生原因の1つにバックビルディング現象があげられる。

7 通常は雨を降らせるとすぐに消える[積乱雲]が、同じ場所で繰り返し発生する ☐ 現象が起こることで、豪雨災害を引き起こす。

バックビルディング
風上側で次々と積乱雲が発生してビルのように立ち並び、激しい雨が長時間降り続く。

8 ☐ とは、予測が困難な[積乱雲]の急速な発達により引き起こされる大雨のこと。短時間の局地的なものが多い。

ゲリラ豪雨
河川の氾濫や土砂崩れ、家屋や道路の浸水など大きな災害につながるおそれもある。

9 著しく異常かつ激甚な非常災害のことを ☐ といい、指定されると被災者の生活再建のため行政上の[特例措置]が適用される。

特定非常災害
阪神・淡路大震災(1995年)、東日本大震災(2011年)、熊本地震(2016年)、西日本豪雨(2018年)、令和2年7月豪雨などがこれに指定された。

10 強い地吹雪や[暴風雪]などによって視界が白一色となり、方向や高度、地形の把握が困難になる現象を[　　]という。

ホワイトアウト
主に冬山でみられるが、平地で発生する場合もある。

11 回転する上昇気流を伴う巨大な積乱雲は[　　]と呼ばれ、[竜巻]など大規模な突風災害を引き起こす可能性がある。

スーパーセル
上空と地表の気温差が大きいほど発生・発達しやすい。

12 全国49の活火山を対象として、火山活動の状況に応じて気象庁が発表する[　　]レベルは、[5]段階に区分されている。

噴火警戒
レベル4・5の場合、特別警報が発令される。

13 災害時に[市区町村]が発令してきた避難勧告は、2021年5月に廃止され、[　　]に一本化された。

避難指示
この指示により、危険な場所から全員が必ず避難すべきとされている。

14 [警戒]レベル5の「災害発生情報」は、2021年5月から[　　]に名称変更された。

緊急安全確保
すでに災害が発生・切迫した状況で、命の危険があり、ただちに安全を確保する必要がある場合に発令される。

15 [　　]は、最大限の警戒を呼びかけるため、警報の基準をはるかに超える大災害が起こると予想される場合に発表される。

特別警報
2013年9月、台風18号の列島縦断に際し、運用開始以来初の警報が発表された。

16 [人工衛星]や地上回線を通じて、緊急地震速報などの緊急情報を国から地方公共団体に伝える全国瞬時警報システムを[　　]という。

J-ALERT
緊急地震速報、津波警報、武力攻撃事態といった情報が対象。

17 「[　　]コール」は、離れた場所に暮らす高齢者等の防災情報を、家族がスマートフォン[アプリ]等により入手し、直接電話をかけて避難を呼びかける取組みである。

逃げなきゃ
事前に登録しておくことで、特定地域の防災情報をプッシュ型で受け取れるようになっている。

18 [　　]は、地震や台風などによる著しい災害のうち、被災地域や被災者に助成や財政援助が特に必要とされる災害に適用される法律である。

激甚災害法
正式名称は「激甚災害に対処するための特別の財政援助等に関する法律」で、1962年施行。

19 大規模自然災害等のさまざまな国民国家的リスクに対応する国家の[リスクマネジメント]を[　　]という。

国土強靱化（ナショナル・レジリエンス）
2014年6月には、国土強靱化基本計画が閣議決定された。

トレンド

最新時事

国語

社会

英語

数学

理科

文化

キーワード

55

最新時事

社会③ 国民生活・社会問題

問題 次の □ にあてはまる語句を答えなさい。

▼解答と解説

1 ［OECD］（経済協力開発機構）による □ （国際学習到達度調査）は、15歳を対象として３年に１度実施されている。

PISA
読解力、数学的リテラシー、科学的リテラシーの３分野について調査する。

2 ［学習指導要領］改訂により、小学校では従来の「外国語活動（英語）」が小５から正式な教科「□」に格上げされた。

外国語科
「外国語活動（英語）」の授業開始時期が、小５から小３に前倒しされた。

3 従来、「教科外の活動」と位置付けられていた「□」が、［教科書］を用いて授業を行う特別の教科となった。

道徳
小学校では2018年度から、中学校では2019年度からそれぞれ実施された。

4 ［文部科学省］は、2009年から導入の教員免許□制を22年７月に廃止した。

更新
廃止により、免許の有効期限や更新講習がなくなった。

5 2022年４月から、小学校［5・6］年生を対象として □ 担任制が導入された。

教科
優先的対象教科は、外国語、理科、算数、体育の４教科である。

6 □ 構想とは、全国の小中学生向けの１人１台端末と、高速大容量の通信［ネットワーク］を一体的に整備する構想である。

GIGAスクール
オンライン授業推進のため、計画を前倒しし、2021年に「１人１台端末」は達成された。

7 世界トップレベルへ成長できる大学を □ 大学と認定し、10兆円規模の［ファンド］の運用益で支援する仕組みが創設された。

国際卓越研究
国際競争力の強化と技術革新の創出が目的。財政投融資を主な財源とした大学ファンドの運用が2022年３月に開始された。

8 近年、本来大人が担う［家事］や介護などを日常的に行っている18歳未満の □ の存在が発覚し、問題視されている。

ヤングケアラー
文部科学省と厚生労働省は2021年３月、早期に発見して適切な支援につなげるため、連携プロジェクトチームを設置した。

9 国民の等価可処分所得を順に並べたとき中央値の半分（［貧困線］）に満たない者の割合を示す □ が、日本は先進諸国の中でも高い水準となっている。

相対的貧困率
特に、母子家庭の貧困率が高くなっている。

10 □ とは、人種や民族、宗教などを理由に［差別］意識や偏見を抱き、激しい言葉で誹謗（ひぼう）・中傷することをいう。

ヘイトスピーチ
日本では2016年６月にヘイトスピーチ対策法が施行。

11 ◻ ［　　　］（性的少数者）のカップルを公的に認める［パートナーシップ］制度を導入する自治体が増加傾向にある。

LGBT
レズビアン（女性同性愛者）、ゲイ（男性同性愛者）、バイセクシュアル（両性愛者）、トランスジェンダー（身体的性別と性自認が異なる）の頭文字をとった性的少数者の総称。

12 ◻ 世界経済フォーラムによる男女格差を測る［　　　］指数で、日本は先進国の中で［低］水準にある。

ジェンダー・ギャップ
2022年は146か国中116位。

13 ◻ 2018年成立の［民法］改正により、成年年齢が満［　　　］歳に引下げられることになったが、飲酒や喫煙、競馬・競輪などのギャンブルは現行通りとされている。

18
2022年4月から。結婚できる年齢は、現行の「男性18歳以上、女性16歳以上」が「男女とも18歳以上」に統一される。

14 ◻ 民法の債権法部分の改正により、［　　　］が従来の年5％から年［3］％に引き下げられた。

法定利率
法律上定められた利率のこと。金銭の貸借の利息、遅延損害金などで特に利率の定めのない場合に適用される。

15 ◻ 無条件で解約する［　　　］制度は、書面だけでなく［電子メール］での通知が可能となった。

クーリング・オフ
特定商取引法の改正による。

16 ◻ 2021年の1年間に全国の警察が認知した［　　　］犯は、［56］万8148件。前年に続き、100万件を下回る件数となった。

刑法
戦後最少更新となった前年からさらに8.5％減。19年連続の減少である。

17 ◻ 捨てられる食品の削減や［フードバンク］への活動支援などについて定めた［　　　］削減推進法が2019年10月に施行された。

食品ロス
食べ残しや売れ残り、期限が近いなどの理由で捨てられてしまう食品のこと。

18 ◻ 近年、［定額］料金を支払うことで、商品やサービスを継続的に購入・利用できる［　　　］の需要が拡大している。

サブスクリプション
当初は、動画・音楽配信サービスや電子書籍などデジタル分野から始まった。

19 ◻ 電力供給の予備率が［3］％を下回ると予想される場合に発令される［　　　］警報が、2022年3月に初めて発令された。

電力需給ひっ迫
2022年3月、東北電力エリア・東京電力エリアで電力需給がひっ迫するとして発令された。

20 ◻ 2022年9月、政府は「佐渡島の［　　　］」（新潟県）の世界［文化］遺産登録に向けて、推薦書の暫定版を再提出した。

金山
2022年2月に、ユネスコ（国連教育科学文化機関）から書類の不備が指摘されていた。

トレンド｜最新時事｜国語｜社会｜英語｜数学｜理科｜文化｜キーワード

21 新型パスポートの査証ページには、江戸時代の浮世絵師□の代表作［冨嶽三十六景］が背景に描かれている。

葛飾北斎
複雑なデザインを採用することで偽造防止を強化するほか、日本文化を発信するねらいもある。

22 世界の航空路線網において、多くの航空路線が集まり、乗り継ぎにも便利な拠点となる空港を□空港という。

ハブ
ニューヨークのジョン・F・ケネディ国際空港や、韓国の仁川国際空港など。

23 □協定とは、2国間の航空路線や便数、運賃などに関して、航空会社が自由に決めることができるようにする政府間協定である。

オープンスカイ
日本は2019年現在、33か国・地域と締結している。

24 □とは、機種の統一化や機内サービスの簡素化などによりコストを削減し、低運賃を実現した航空会社のことである。

LCC（格安航空会社）
日本でもピーチ・アビエーションやジェットスター・ジャパンなどが運航中。

25 車間距離不保持や危険な車線変更などといった□運転は、改正［道路交通法］により厳罰が科されることになった。

あおり
妨害運転罪として新たに規定された。適用された場合、すぐに免許取り消しとなり、3年以下の懲役または50万円以下の罰金が科される。

26 2020年3月、東京の山手線で30番目の駅となる□駅が［品川］〜田町駅間に開業した。

高輪ゲートウェイ
山手線では新駅の開業は49年ぶり。

27 時速500kmで走行する［リニアモーターカー］により、東京〜大阪間を約1時間で結ぶ□新幹線の建設が2014年12月に開始された。

中央（リニア中央）
2027年に東京〜名古屋間の開業を目指していたが遅れる見込み。

28 全国新幹線鉄道整備法に基づき整備計画が定められている、北海道・東北（盛岡〜青森）・北陸新幹線などの5線を□新幹線という。

整備
東北新幹線と九州新幹線の鹿児島ルートは全線開業済み。

29 ［佐賀］県の武雄温泉駅と長崎駅を結ぶ□が2022年9月に開業した。

西九州新幹線
九州新幹線の西九州ルート（福岡市・長崎市間）のうちの一部で、列車名は「かもめ」。

30 □□ □□□ナンバーとは、対象市町村の区域を限って独自の地名をつけることが[国土交通]省によって認められたナンバープレートである。

ご当地
2018年5月には、新たに「知床」(北海道)、「松戸」(千葉県)、「伊勢志摩」(三重県)などの導入が決定し、2020年5月11日より交付が開始された。

31 □□ ガソリンで動くエンジンと[電気]で動くモーターの2つの動力を組み合わせて走る自動車を□□□という。

ハイブリッドカー
トヨタのプリウスなど。

32 □□ 車載の水素と空気中の[酸素]を化学的に反応させて電気を発生させることにより、モーターで走行する自動車を□□□自動車という。

燃料電池
発電の際に水しか排出せず、「究極のエコカー」として注目されている。

33 □□ [脱炭素]社会の実現に向けて、世界では□□□(電気自動車)などの電動車にシフトする動きが加速している。

EV
日本は、乗用車の新車販売を2035年までにすべて電動車にするという目標を設定。

34 □□ 究極のクリーンエネルギー車といわれる[燃料電池自動車]の普及促進のため、車に燃料を補給する□□□の整備が本格化してきた。

水素ステーション
工場で製造した水素を輸送して貯蔵するオフサイト型と、原料(灯油、LPG、天然ガスなど)からその場で製造するオンサイト型がある。

35 □□ 人工知能([AI])を利用した自動車の□□□システムの研究・開発を、官民が連携して進めている。

自動運転
自動運転システムは、運転者が運転するレベル0から、完全運転自動化のレベル5まで6段階の定義がある。

36 □□ 2019年8月、□□□自動車とスズキの資本提携が発表された。[自動運転]など、新技術の共同研究に取り組む。

トヨタ
トヨタはダイハツ工業(子会社)、日野自動車、スバル、マツダと提携。自動車業界は、自動運転や電気自動車(EV)などの開発競争が激化している。

37 □□ 無人で遠隔操縦や自動制御ができる□□□は、[航空法]の改正により、住宅密集地や空港周辺などでの無許可の飛行が禁止された。

ドローン
一般的に日本では、複数のプロペラをもつマルチコプターをさす。普及に伴い、墜落事故などが多発したことを受けて飛行に関する法整備がなされた。

38 □□ ドライバーの安全運転を支援するため、先進技術を利用したシステムを搭載した自動車を□□□(先進安全自動車)という。

ASV
衝突被害軽減ブレーキや、ふらつき警告などが実用化されている。

39 □□ □□□とは、[カーナビ]を活用して渋滞や交通規制などの情報を伝える道路交通情報通信システムのことである。

VICS
FM多重放送と各道路上に設置されたビーコンによって伝達される。

59

最新時事 社会④ 少子高齢化・社会保障

問題 次の ［　　］にあてはまる語句を答えなさい。

▼解答と解説

1 2021年の1人の女性が生涯に産む子どもの数の平均値を示す［　　］は、6年連続で低下して［1.30］となった。

合計特殊出生率
人口を同じ水準に保つのに必要とされる人口置換水準の2.07を下回り、低い水準にある。

2 人口1000人あたりの出生数を［　　］といい、近年日本では8‰（パーミル）前後で推移している。

出生率
2021年の出生児数は過去最少の81万人。

3 総人口に占める0～14歳の［　　］人口の割合は低下し続けており、2021年は11.8％であった。

年少
1997年以降、高齢者人口（65歳以上人口）の割合を下回っている。

4 総人口に占める［65］歳以上の高齢者の割合を［　　］率といい、2021年は29.1％だった。

高齢化
2060年には38％になると予測されている。

5 高齢者のうち75歳以上の者を［　　］といい、総人口に占める割合は、2021年は［15.0］％であった。

後期高齢者
国民の6人に1人がこれにあたる。

6 日常的に介護を必要とせず、健康で自立した生活ができる生存期間のことを［　　］という。

健康寿命
厚生労働省の発表によると、2019年は男性72.68歳、女性は75.38歳。

7 国を支えてきた［団塊の世代］が［　　］年頃までに75歳以上の後期高齢者になることで、介護・医療費が急増し、社会保障財政のバランスが崩れることが懸念される問題を［　　］年問題という。

2025
団塊の世代は、1947～49年生まれの人々のこと。

8 判断能力の不十分な認知症高齢者や知的障害者などの財産や契約を法的に保護し、支援する制度を［　　］制度という。

成年後見
判断能力の程度などにより、後見、保佐、補助の3つの段階に分けられる。

9 認知症の人への支援を強化する新［　　］が2015年1月に策定され、認知症［サポーター］の養成などの施策を進めることになっている。

オレンジプラン
認知症施策推進総合戦略のこと。「団塊の世代」がすべて後期高齢者（75歳以上）になる2025年までを対象期間としている。

10 ［75］歳以上の高齢ドライバーの□□検査を強化した改正道路交通法が2017年3月に施行された。

認知機能
免許更新時などに認知機能検査を受け、「認知症の恐れがある」と判定された場合は、医師の診断を受けなければならなくなった。

11 □□は個人型［確定］拠出年金の通称名で、自分が拠出した掛金を自分で運用し、資産を形成する年金制度である。

iDeCo
60歳以降に、年金または一時金として受け取ることができる。

12 国民が1年間に費やした医療費の総額を示す□□費は、2019年度に44兆円を上回り過去最高を更新した。

国民医療
都道府県別に1人あたり医療費をみると、最高の高知県は最低の千葉県の約1.5倍。

13 同一の医療機関などで1か月の窓口負担が自己負担の上限額を超えた場合、その超えた分が払い戻される制度を□□制度という。

高額療養費
窓口で多額の自己負担を立て替えて支払う必要がないしくみが導入された。

14 □□受給者数は1995年を底に増加に転じ、2011年に現行制度下で過去最高となって以降、［200］万人を超えている。

生活保護
受給者世帯のうち、高齢者世帯が約5割を占める。

15 2022年4月、［公的年金］の受給開始時期の上限が、従来の70歳から□□へ引き上げられた。

75歳
受給開始時期を繰り下げた場合、その年数に応じて増額された年金を受け取ることが可能。

16 □□とは、80代の親が50代の［ひきこもり］の子の生活を支える状況から生じる問題である。

8050問題
経済的にも精神的にも行き詰まってしまう状態をさす。

17 保護者の仕事の有無にかかわらず、0歳から就学前の子どもを受け入れ、教育・保育・子育て支援を行う施設を□□という。

認定こども園
都道府県から認定を受ける。

18 改正［育児・介護休業法］により、2022年10月、最長4週間取得可能な□□育休（出生時育児休業）が新設された。

産後パパ
2022年10月から、男女とも育児休業を2回まで分割取得することも可能となった。

19 虐待などを理由に［児童養護］施設などで育った若者への自立支援を原則□□歳までとする制限が、2024年4月に撤廃される。

18
従来「18歳の壁」といわれてきた年齢上限が、改正児童福祉法により撤廃される。

最新時事 政治① 政治の動向

問題 次の◻︎にあてはまる語句を答えなさい。

▼解答と解説

1 2022年8月、◻︎首相が第2次[改造内閣]を発足させ、「政策断行内閣」と名づけた。

岸田文雄
第2次改造内閣では、留任や再登板を含む閣僚経験者が半数を占めた。

2 岸田首相が看板政策として掲げる「◻︎」は、「成長と分配の[好循環]」と「コロナ後の新しい社会の開拓」をコンセプトとする。

新しい資本主義
2022年6月には、「新しい資本主義のグランドデザイン及び実行計画」を閣議決定した。

3 行政サービスの◻︎化の司令塔となる◻︎庁が、[内閣]直属の組織として2021年9月に発足した。

デジタル
各省庁にまたがる関連組織を一元化し、自治体システム共通化に向けた調整も担当。

4 こどもや若者が自分らしく成長できる社会を目指し、◻︎が[内閣府]の外局として2023年4月に新設される予定である。

こども家庭庁
首相直属の機関と位置づけられ、事務に関して内閣府特命担当大臣が置かれる。

5 感染症対策を一元的に担う司令塔として、内閣感染症◻︎が[内閣官房]に創設される予定である。

危機管理統括庁
これまで厚生労働省と内閣官房に分かれていた担当部門を一元化。

6 2022年7月、◻︎元首相が[参議院]選挙の街頭応援演説中に銃撃され、死亡した。

安倍晋三
民意が分断される中、2022年9月に国葬が行われた。

7 自国と密接な関係にある外国に対する武力攻撃を、自国への攻撃とみなして実力で阻止する◻︎は、[国連憲章]で認められている。

集団的自衛権
歴代内閣は、その行使は禁じられるとしてきたが、2014年7月に安倍内閣は閣議決定により、憲法解釈を変更して容認した。

8 ◻︎はアメリカ軍の最新鋭輸送機の愛称で、千葉県の[木更津]駐屯地に暫定配備されている。

オスプレイ
2022年10月には、北海道で陸上自衛隊と米海兵隊による共同訓練が行われた。

9 2022年5月、沖縄が日本へ復帰してちょうど◻︎年を迎えたことから、[記念式典]が行われた。

50
沖縄には、全国にある米軍専用施設のうち約7割が集中している。

10 AIなど最先端技術を活用した先端都市を◻︎といい、その構想実現に向けた改正[国家戦略特区法]が2020年9月に施行された。

スーパーシティ
様々なデータを分野横断的に収集・整理して「データ連携基盤（都市OS）」を構築し、住民福祉・利便向上を図る。

11 ［　　　］構想は、デジタル化によって地方を［活性化］させ、地方と都市の差を縮めようとする構想である。

デジタル田園都市
岸田首相が2021年10月の所信表明演説で、看板政策である「新しい資本主義」における成長戦略の第2の柱として位置づけた。

12 2022年5月、半導体など戦略的に重要性が増す物資の［サプライチェーン］（供給網）の強化などを内容とする［　　　］が成立した。

経済安全保障推進法
政府が民間企業の経済活動への介入を深めることで、より国益を守ることを目的としている。

13 国や地方公共団体に対し、自社の女性活躍に関する［情報公開］を義務づける［　　　］の対象範囲が2022年4月に拡大された。

女性活躍推進法
2022年4月から、従来、努力義務とされていた「常時雇用する労働者が101人以上300人以下」の企業も対象となった。

14 2019年4月施行の改正［入管難民法］では、外国人労働者に単純労働を認め、［　　　］1号・2号という在留資格を新設した。

特定技能
介護、外食、建設など14業種に限られている。改正に伴い、法務省の入国管理局を格上げし、出入国在留管理庁が設置された。

15 漫画や書籍、ソフトウエアのプログラムなどの［海賊］版対策を強化するため、改正［　　　］が2020年10月に完全施行された。

著作権法
違法ダウンロードとなる対象を、従来の音楽と映像から、漫画や書籍、新聞、論文、ソフトウエアのプログラムなどすべての著作物に拡大した。

16 2020年3月、改正［　　　］が成立し、個人データの利用停止を本人が企業に求めることができる［使わせない権利］が盛り込まれた。

個人情報保護法
不適正な利用の禁止、漏洩報告なども規定し、罰則も強化された。

17 2021年5月成立の改正［少年法］では、18、19歳を［　　　］とし、成人と同様の刑事手続きをとる検察官送致（逆送）の対象犯罪を拡大した。

特定少年
本名や顔写真の報道を禁じる規定も、起訴された段階で解禁されることとなった。

18 インターネット上の誹謗中傷への対策を強化するため、［　　　］に［懲役刑］と禁錮刑、罰金刑が新たに加えられた。

侮辱罪
公然と人を侮辱した行為に適用される。2022年7月施行の改正刑法により厳罰化された。

19 刑務作業の義務がある［懲役刑］と、義務がない禁錮刑が廃止され、新たに創設した［　　　］に一元化されることになった。

拘禁刑
刑の種類の変更は、1907（明治40）年の刑法制定以来はじめて。

トレンド

最新時事

国語

社会

英語

数学

理科

文化

キーワード

最新時事 政治② 立法・行政・司法

問題 次の ▢ にあてはまる語句を答えなさい。

▼解答と解説

1 ▢ とは、政治家、閣僚の不信任を表明し、政治責任を問うもので、[参議院] などで議決される。

問責決議
衆議院の内閣不信任決議案のような法的拘束力はない。

2 国政調査権に基づき、特定の問題の真相を明らかにするため、[国会] が証人の出頭を求め、証言を行わせる制度を ▢ という。

証人喚問
証人は正当な理由なく、出頭や証言を拒否すると罰せられる。うそをついた場合は、議院証言法に基づき偽証罪に問われる。

3 内閣総理大臣が衆議院・参議院の本会議場において行う演説を ▢ 演説といい、国政全般の方針や重点課題について説明する。

所信表明
臨時国会や特別国会の冒頭などで行われる。

4 内閣総理大臣が [憲法68条] に基づいて閣僚の全部または一部を入れ替えることを ▢ といい、人事刷新などを目的として行われる。

内閣改造
国会で指名された新首相が内閣を組織する組閣とは区別される。

5 [党首討論] は、与野党の党首どうしが直接に質疑応答を行うイギリスの ▢ タイムをモデルとする。

クエスチョン
イギリス議会で週に1回、30分間行われる。

6 自衛隊が使う装備の開発や調達、海外への武器輸出などを一元管理する ▢ 庁が [防衛省] の外局として2015年10月に発足した。

防衛装備
各部署が個別に開発や調達などを行ってきたこれまでの体制が改められた。

7 東日本大震災からの復興施策を統括する省庁として、2012年2月に ▢ 庁が発足した。

復興
長は内閣総理大臣。設置期限は2031年3月末。

8 2022年、日本が独立を回復した [サンフランシスコ] 講和条約と同日に締結された ▢ が、改定から63年を迎えた。

日米安全保障条約
1960年の改定（新安保条約）で、米軍の日本防衛義務が明記された。

9 日本国憲法改正には、衆参各議院の総議員の ▢ 以上の賛成による発議が必要だが、現在の自民党・[公明党] 数はそれに満たない。

3分の2
日本国憲法の改正には、国会の発議後、国民投票で過半数の賛成が必要である。

64

10 日本国憲法を[改正]する際に、必要な手続きである国民投票に関して規定した法律を[　　]法といい、2010年に施行された。

憲法改正国民投票
2014年6月に改正され、投票権年齢が現行の20歳以上から、2018年6月21日以降は18歳以上へと引き下げられた。

11 国民一人ひとりに[12]ケタの固有の番号を割り振り、社会保障や所得の情報をまとめて管理する制度を[　　]制という。

マイナンバー（個人番号）
2016年1月、本格的に運用が開始され、社会保障などの手続きや管理に用いられている。

12 [　　]は、子育てをはじめとする行政手続きの検索やオンライン申請が[ワンストップ]で可能な自分専用のサイトである。

マイナポータル
e-Tax（国税電子申告・納税システム）やねんきんネットなど、外部サイトとも連携している。

13 重大な[刑事]事件の裁判に、抽選で選ばれた国民が裁判官とともに参加する[　　]制度は、2009年に導入された。

裁判員
被告人の有罪・無罪の事実認定と量刑の判断を行う。

14 2018年6月、捜査機関に他人の犯罪を明かす[見返り]に、自らの刑事処分を軽くする[　　]がスタート。

司法取引
自らの刑を軽くするため、うその供述をして無実の人を巻き込む冤罪の危険性も指摘されている。

15 改正組織犯罪処罰法が2017年6月成立し、犯罪を計画段階で処罰できる「[　　]」の趣旨を含む「[テロ等準備罪]」が新設された。

共謀罪
「組織的犯罪集団」を対象に、277の犯罪を計画し、実行に向けた準備をした段階で処罰する内容。

16 知的財産権全般に関する訴訟を専門的に扱う[　　]裁判所が[東京高等]裁判所内に設置された。

知的財産高等

17 国民に対して法的支援を行う中心的な機関である日本司法支援センターの愛称を[　　]という。

法テラス
総合法律支援法に基づく。

18 [　　]を認めない民法の規定について、2021年6月、最高裁判所は[合憲]との判断を下した。

夫婦別姓
合憲判断は、2015年12月の判決に続いて2度目。

19 海外に住む日本人が最高裁判所裁判官の[　　]に投票できないことについて、最高裁は2022年5月、[違憲]判決を下した。

国民審査
一審・二審とも違憲判決を下していた。

トレンド

最新時事

国語

社会

英語

数学

理科

文化

キーワード

最新時事 政治③ 地方自治・選挙制度

問題 次の □ にあてはまる語句を答えなさい。

▼解答と解説

1 2012年4月、□市が九州で3番目の政令指定都市に移行し、全国の政令指定都市は計[20]市となった。

熊本
九州の政令指定都市には、他に、福岡市、北九州市がある。

2 □は、産業の国際競争力強化のため、国が定めた区域において[規制改革]等の施策を総合的・集中的に推進する制度である。

国家戦略特区
全国で10地区が認定されており、400を超える認定事業が行われている。

3 国家公務員の給与水準を100とした場合の地方公務員の給与水準を示す□指数は、2021年には99.0（全国地方公共団体の平均値）であった。

ラスパイレス

4 国や[地方公共団体]と民間企業の共同出資により設立された法人を□といい、全国的に経営が悪化しているところも多い。

第三セクター

5 民間の資金や経営能力を活用して、公共施設の建設・管理など社会資本整備を行うことを□という。

PFI
国や地方公共団体の事業コストの削減、質の高いサービスの提供を目指す。

6 財政状況が著しく悪化し、国の管理のもとで赤字の解消を目指す地方公共団体を□といい、2021年現在[夕張市]のみである。

財政再生団体
自治体財政健全化法に基づく。

7 □とは、[議員報酬]とは別に、地方議会の議員が行う政策立案活動を支援するために認められている経費のことをいう。

政務活動費
自治体によって、その額は異なる。調査研究費、研修費、会議費、広報広聴費、資料作成費などが主な項目。

8 衆議院議員選挙では、全国を□ブロックとする比例代表選挙で□名が選出される。

11、176

9 参議院議員選挙では、都道府県単位の□選挙で[148]名、全国を一単位とする□選挙で[100]名が選出される。

選挙区、比例代表
ただし、2016年夏の参議院議員選挙からは合区が導入され、島根・鳥取と徳島・高知の選挙区がそれぞれ統合された。

10 衆議院議員選挙小選挙区では、各都道府県に［1］議席を配分し、残りの議席を人口に比例して配分する□□方式が事実上存続している。

1人別枠
2011年の最高裁判決では、違憲であるとされ、2016年1月、衆議院議長の諮問機関はその廃止を意味するアダムズ方式の採用を答申した。

11 □□方式とは、各都道府県の［人口］をある数で割り、商の小数点以下を切り上げて定数を決める、選挙の議席配分方法である。

アダムズ
2020年の国勢調査結果に基づき、2022年以降の衆議院選挙で導入される予定。

12 参議院では、都道府県単位の選挙区を統合する□□が導入され、鳥取と［島根］、徳島と高知が1つの選挙区になっている。

合区
全体の定数が「10増10減」された。

13 参議院比例代表選挙に設けられた□□では、候補者に当選順位がついた［拘束名簿式］により優先的に当選者が決定する。

特定枠
従来は、個人名票の獲得順に当選者が決定する非拘束名簿式のみであった。

14 □□が最大3.00倍の下で行われた2019年の参議院議員選挙について、最高裁判所は2020年11月に［合憲］と判断した。

一票の格差
議員1人あたりの有権者数が選挙区により異なることによって生じる。

15 2016年6月、選挙権年齢を「満20歳以上」から「満□□歳以上」に引き下げる改正［公職選挙法］が施行された。また、被選挙権年齢についても引き下げが議論されている。

18
選挙権年齢の引き下げは、「満25歳以上」から「満20歳以上」に引き下げられた1945年以来。現行の被選挙権年齢は、衆議院が満25歳以上、参議院が満30歳以上。

16 2016年6月、公職選挙の投票日に、指定された投票所以外に駅などの「□□」でも投票できるよう定めた［公職選挙法］が施行された。

共通投票所
利便性を向上させ、投票率上昇を目指す。

17 ［政党助成］法は、所属国会議員数が5人以上などの要件を満たす政治団体を政党とし、国庫から□□を支給するとしている。

政党交付金
総額は、直近の国勢調査人口に250円をかけた額が基準となる。

18 ［政治資金規正］法の改正により、国会議員関連の政治団体には、□□円以上の領収書の保管が義務づけられている。

1
人件費を除く1万1円以上の支出については、領収書の写しの提出が義務づけられている。

19 □□では、国政選挙や地方選挙において、男女の候補者数ができる限り均等になるようにすることを［政党］に求めている。

候補者男女均等法
参議院における女性議員の割合は約28％（2022年7月現在）にすぎない。

トレンド

最新時事

国語

社会

英語

数学

理科

文化

キーワード

最新時事 政治④ 外交

問題 次の ☐ にあてはまる語句を答えなさい。

▼解答と解説

1 2019年2月、日本とEUの日欧 ☐ が発効し、農林水産分野では全体の約[8]割で輸入関税を撤廃することになっている。

EPA
世界のGDPの約3割、世界貿易の約4割を占める。

2 2020年1月、☐ が発効され、アメリカから日本に輸入される多くの農産物の関税が[TPP11]と同水準に引き下げられた。

日米貿易協定
両国合わせて世界のGDP(国内総生産)の約3割を占める経済大国同士の貿易協定。

3 安倍晋三元首相が提唱した「自由で開かれた ☐ 戦略」は、[法の支配]に基づく外交戦略である。

インド太平洋
2021年、米国・ドイツなどとの2プラス2(外務・防衛閣僚会合)で、国際秩序を脅かす中国の行動に共同で対処する方針を確認した。

4 2022年7月、☐ (EPCC)ともよばれる日米経済政策協議委員会の初会合が、アメリカの首都[ワシントン]で開催された。

経済版2プラス2
日米の外務・経済閣僚が、経済分野の議論を行う新たな枠組み。

5 官邸主導で外交・安全保障戦略を推進するために設置された[国家安全保障]会議は、日本版 ☐ とも呼ばれる。

NSC
2014年1月には、事務局である国家安全保障局が発足。

6 東シナ海南部の ☐ は沖縄県に属する島であるが、周辺地域の資源をめぐり、[中国]や台湾が領有権を主張している。

尖閣諸島
5つの島々からなるが、日本は2012年に魚釣島など3つの島について国有化した。

7 2020年4月以降、中国公船が[尖閣諸島]周辺海域で、無断で他国の領海内に侵入する ☐ を断続的に繰り返している。

領海侵犯
領海とは国の主権が及ぶ海域で、一般に海岸から12海里以内の海域である。

8 2020年4月、尖閣諸島など国境離島の警備にあたる[沖縄]県警初の専門部隊 ☐ が発足した。

国境離島警備隊
高度な訓練を受けた警察官で構成され、自動小銃や防護衣を装備し大型ヘリコプターも配備されている。

9 隠岐諸島北西に位置する ☐ は島根県に属する小島であるが、現在、[韓国]が不法に占拠している。

竹島
日本は国際司法裁判所への共同提訴をもちかけたが、韓国はこれに応じず、提訴には至っていない。

10 中国や韓国との間で外交問題となっている、領海の外側で領土の沿岸から[200]海里までの海域を□水域という。

排他的経済
水産資源や鉱産資源を沿岸国のものとすることが認められている。

11 □とは、領空侵犯に備えるため、各国が[領空]の外側に設定する空域のことで、圏内に入る航空機には事前通告を求めることになっている。

防空識別圏
国際法上の規定ではなく、各国が国内法において定めている。

12 沖縄県宜野湾市の米軍普天間基地の[名護]市辺野古への移設は、2006年に日米間で合意された米軍再編実施のための□に基づく。

ロードマップ
外務・防衛担当閣僚会合（2プラス2）で合意された。2021年4月には辺野古南側の陸地化が完了。

13 在日米軍の駐留経費について、日本側負担のうちの一部費用を□予算といい、[防衛]省予算として計上されている。

思いやり
1978年から続いている。

14 沖縄県では、米兵による事件や事故が相次いでいることから、県側は□協定の改定を強く要望している。

日米地位
1960年発効。事件を起こした米兵の身柄などについて規定した条項があり、捜査が十分にできないなどの問題がある。

15 弾道ミサイルなどが日本領域に飛来するおそれがある場合、それを破壊するよう防衛大臣が[自衛隊]に出す命令を□という。

破壊措置命令
自衛隊法に基づく。2009年3月に初めて発令された。

16 開発途上国の経済開発や福祉の向上を目的として、先進国の政府機関が行う経済援助を政府開発援助（□）という。

ODA
2015年2月、政府は12年ぶりにODA大綱を改定し、開発協力大綱と改称。非軍事分野に限り、他国軍への支援を認めた。

17 2017年5月、□で行われていた[国連平和維持活動]（PKO）が終了し、派遣されていた陸上自衛隊の全部隊が帰還した。

南スーダン
2011年に独立。日本は南スーダンを支援するため、12年から道路などインフラの整備を任務とする施設部隊を派遣していた。

18 2019年8月、韓国は日本との軍事情報包括保護協定「□」を破棄することを表明したが、自動延長された。

GSOMIA（ジーソミア）
複数国間で秘密軍事情報を提供し合う際に、第三国への漏洩を防ぐために結ばれる協定。

19 ウクライナの□大統領が、2022年3月、日本の国会で[オンライン]による演説を行った。

ゼレンスキー
外国首脳がオンラインで国会演説を行うのは、憲政史上初めて。

> **最新時事**

経済① 金融・労働

問題 次の ☐ にあてはまる語句を答えなさい。

▼解答と解説

1 2016年2月から、金融機関が余っている資金を[日本銀行]に預ける際の金利を ☐ にする政策が日本で初めて導入された。

マイナス
金融機関の企業・個人への融資を促す政策で、経済の活性化がねらい。普通預金や住宅ローンの金利なども引き下げられる。

2 日本銀行が、市場への貨幣供給量を増やすため、資産買い入れ量やその方針を変更する金融政策を ☐ という。

量的・質的金融緩和
2013年4月開始。異次元緩和と呼ばれる大規模な金融緩和は、長期化による副作用を懸念して、18年7月、一部修正が発表された。

3 政府・日本銀行は[円安]に歯止めをかけるため、東京外国為替市場でドルを売って円を買う ☐ (外国為替平衡操作)を2022年10月に実施した。

為替介入
為替相場の過度な変動を防ぐ目的で中央銀行が行う通貨取引のこと。24年ぶりに実施。

4 ☐ とは、[インフレーション](物価上昇)とスタグネーション(景気停滞)が同時におきている状況をいう。

スタグフレーション
日本では、1970年代の石油危機のときにおこったが、再来の可能性が懸念されている。

5 富裕層と[貧困]層との経済格差といった、経済の二極化が進んでいる状態を ☐ 経済という。

K字
業績回復が顕著な大企業製造業(家電や自動車など)と、低迷が続くサービス業(飲食業や観光業)との格差が拡大している。

6 企業が[短期]資金を調達する目的で公開市場で発行される無担保の約束手形を ☐ という。

CP(コマーシャルペーパー)
無担保であることから、発行できるのは優良企業に限られる。

7 2014年1月に始まった、個人投資家を対象に、一定額まで証券投資の配当や譲渡益を非課税とする制度を ☐ という。

NISA(少額投資非課税制度)
専用口座を開設し、その利用限度額(非課税枠)は年間120万円までで、非課税期間は最長5年間。2018年、年間の非課税投資枠40万円、最長投資期間20年のつみたてNISA開始。

8 企業の環境、社会、[ガバナンス]に対する姿勢を評価して投資する ☐ 投資が世界の潮流になりつつある。

ESG
大きな資産を超長期で運用する機関投資家を中心に普及している。

9 ☐ ファンディングとは、ある目的のために、不特定多数の人々から[インターネット]経由で資金調達する手法である。

クラウド
リターンの形態により、寄付型、投資型、購入型などがある。

10 需要と[供給]に合わせて、商品・サービスの価格を柔軟に変動させる □□□ プライシングは、利益を最大化する手法である。

ダイナミック
具体例としては、航空運賃や宿泊料金などがあげられる。

11 [金融]関連のサービスで、情報技術（IT）を用いて、新たなサービスを生み出していくことを □□□ という。

フィンテック
2016年2月、三菱東京UFJ銀行（現・三菱UFJ銀行）が、自行内で流通する仮想通貨を開発中と報じられるなど、大手金融機関でも導入を目指している。

12 □□□ は紙幣・硬貨を使わない決済方法で、クレジットカードのほか、PayPayや交通系ICカードの[電子マネー]などの手段がある。

キャッシュレス決済
政府は2027年までにその比率を4割に引き上げる目標を掲げている。

13 □□□ はインターネット上で取引される、財産的な価値がある電子データで、[ブロックチェーン]というしくみを利用している。

暗号資産（仮想通貨）
「ビットコイン」や「イーサリアム」が代表格。価格が激しく変動しやすいため、投機目的で購入する人も多い。

14 [東京]証券取引所は、2022年4月、市場を □□□ 市場、スタンダード市場、グロース市場の3つの新しい市場区分に再編した。

プライム
グロース市場は、高い成長可能性を有する企業向けの市場で、従来のマザーズとJASDAQの銘柄が移行した。

15 個人や企業がモノや場所を、インターネットを通じて[有料]で貸し借りするビジネスを □□□ という。

シェアリングエコノミー
カーシェアリングや、空き家などを貸し出す民泊サービス、レンタルスペース、フリーマーケットアプリなどが代表例。

16 働き方改革関連法では、[残業時間]は「月 □□□ 時間、年360時間」と規定され、上限を超えた企業には罰則が科される。

45
繁忙期でも「単月100時間未満」とし、年間上限は「720時間以内」とされた。

17 勤務間 □□□ 制度は、勤務と勤務の間に一定の休息時間を確保する制度であるが、企業の[努力]義務とされている。

インターバル
休息時間は10〜11時間程度が望ましいとされている。

18 [高齢者雇用安定法]などの改正により、企業に □□□ 歳までの雇用確保が2021年4月から義務づけられることになった。

70
生産年齢人口（15〜64歳）の減少に伴い、経済や社会保障の担い手を増やすねらいがある。

19 [テレワーク]等を活用し、普段の職場や自宅とは異なる場所で仕事をしつつ、自分の時間も楽しむことを □□□ という。

ワーケーション
Work（仕事）とVacation（休暇）を組み合わせた造語。

最新時事

経済② 税制・財政

問題 次の ▢ にあてはまる語句を答えなさい。

▼解答と解説

1 本来の標準税率より低い税率のことを ▢ といい、消費税増税に伴う低所得者の負担軽減のために導入された。

軽減税率

2 ある一定の条件を満たした場合に〔発動〕することをあらかじめ定めている条項を ▢ という。

トリガー
価格の安定化を図ることが目的。揮発油税（ガソリン税）の引下げなどが想定されている。

3 政府は2022年1月から、燃油価格の高騰を抑制するため、燃料油価格激変緩和 ▢ を〔石油〕元売り会社に支給している。

補助金
2022年4月25日の週から、全国平均ガソリン価格が1リットル168円程度の場合、1リットルあたりの上限を35円に拡充。

4 同じ業界の企業が事前に申し合わせ、消費税の増税分を必ず上乗せすることなどを決める消費税転嫁 ▢ は〔独占禁止法〕上認められる。

カルテル
1989年の消費税導入時にも行われた。

5 取引した商品ごとに税率や税額を明記した〔請求書〕の発行を義務づける ▢ 制度が2023年10月から導入される予定である。

インボイス
消費税をめぐる経理の透明化を目的としている。

6 ▢ が改正され、〔帳簿〕書類を電子的に保存する際の手続について抜本的な見直しがなされた。

電子帳簿保存法
2022年1月に施行された。

7 2019年1月、▢ （出国税）の徴収が始まった。日本からの出国者に1人〔1000〕円が課される。2歳未満は非課税。

国際観光旅客税
飛行機や船のチケット代に上乗せされ、観光振興に活用される。国税では27年ぶりとなる新税。

8 政府は、2024年度前半をめどに紙幣のデザインを刷新すると発表。1万円札の図柄は ▢ 、5千円札は〔津田梅子〕、千円札は北里柴三郎。

渋沢栄一
「日本の資本主義の父」と呼ばれる実業家。津田梅子は津田塾大学の創設者。北里柴三郎は「日本近代医学の父」として知られる。

9 自動車の購入時に取得価額に対して課税される〔自動車取得税〕が2019年10月に廃止され、新たに ▢ という税が導入された。

環境性能割
自動車の燃費性能に応じて登録車は0〜3％、軽自動車は0〜2％課税され、燃費のよい車ほど税が軽減されるしくみになっている。

10 2018年から、納税者の所得が合計〔1000万〕円を超える場合、合計所得が38万円以下の配偶者がいる納税者を対象とする□□□が適用されなくなった。

配偶者控除
所得税で最高38万円、住民税で最高33万円が所得金額から控除される。

11 法律に定められた範囲内で税負担を減少させようとする「〔節税〕」と、違法に税を免れる「脱税」との境目にあたる行為を□□□という。

租税回避
近年、国際的に問題となっているが、法律の定めがなければ課税されることはないという租税法律主義のもとでは、合法となる。

12 2021年度予算における国の一般会計歳入の内訳では、「〔租税〕及び印紙収入」の割合が最も高く、次に「□□□」の割合が高い。

公債金
国債を発行して借りたお金のこと。

13 2022年度予算における国の一般会計歳出で、最も高い割合を占めている経費は□□□である。

社会保障関係費
一般会計歳出では、他に国債費、地方交付税交付金等の占める割合が高い。

14 国税の内訳をみると、□□□、消費税、法人税の3税目の割合が高くなっている。

所得税
3税目のうち、消費税が30%以上を占めて最も割合が高い。

15 2022年度予算における新規〔国債〕発行額は約37兆円と2年ぶりに減少し、一般会計に占める公債発行の割合である□□□は約34%となった。

公債依存度
歳出の半分近くを借金に頼ることになった。

16 □□□とは政府がすべての個人に対し、生活に最低限必要な現金を無条件で毎月支給する制度で、〔フィンランド〕では2年にわたって実施された。

ベーシックインカム（BI）
年金や生活保護などの社会保障を廃止して、支給するという案もある。

17 国債発行を除く歳入から、国債費を除く歳出を差し引いた収支を□□□といい、日本では大幅な〔赤字〕が続いている。

プライマリーバランス（基礎的財政収支）
財政健全化の目安とされる。

18 国債の大量発行により〔利子率〕が上昇し、民間の資金調達が抑制される現象を□□□という。

クラウディングアウト
押しのけ効果とも呼ばれる。

19 自分が応援したい自治体に寄付することで、寄付した額から一定の自己負担金を除いた全額が、〔所得税〕・住民税から控除されるしくみを□□□納税という。

ふるさと
寄付を受けた自治体が、お礼として地元の特産品を寄付者へ贈るようになったことから、寄付する人が急増している。

トレンド　最新時事　国語　社会　英語　数学　理科　文化　キーワード

最新時事 国際情勢

問題 次の ▢ にあてはまる語句を答えなさい。

▼解答と解説

1 日本は、2020年末まで国際連合の主要機関の1つである ▢ の非常任理事国を務めていたが、その任期は〔2〕年間である。

安全保障理事会
常任理事国5か国と非常任理事国10か国で構成される。

2 現在の第9代国連事務総長は、〔ポルトガル〕出身の ▢ 氏で、再任されて2期目に入った。

アントニオ・グテーレス
2022年8月に来日し、広島市で開催された平和記念式典に出席。

3 2022年2月、ロシアのウクライナ侵攻に関し、国連で「〔平和〕のための結集」決議に基づき ▢ が開かれた。

緊急特別総会
ここでの決議に、法的拘束力はない。

4 2021年、世界には約8900万人の〔難民〕がいるとされ、その保護にあたっているのが ▢ （国連難民高等弁務官事務所）である。

UNHCR
故緒方貞子氏は1991〜2000年に国連難民高等弁務官を務めた。

5 2015年に国連〔総会〕で採択された ▢ （持続可能な開発目標）は、2030年までに取り組む世界的な目標である。

SDGs
貧困・飢餓の撲滅、環境保護、社会の平等、紛争の防止など17のゴールと169のターゲットから成る。

6 2022年8月、世界の核軍縮の方向性を協議する ▢ （核拡散防止条約）の〔再検討〕会議が開催された。

NPT
核保有国を含む191の国と地域が加盟。

7 核兵器の〔開発〕、保有、使用、威嚇を全面的に禁止する ▢ が2021年1月に発効した。

核兵器禁止条約
アメリカの「核の傘」に依存する日本は参加していない。

8 〔北京〕2022オリンピックでは、政府関係者を開会式などに派遣しない外交的 ▢ がみられた。

ボイコット
米国が中国による新疆ウイグル自治区での少数民族に対する人権侵害に抗議して表明。

9 2021年の ▢ （先進7か国首脳会議）は、6月に〔イギリス〕のコーンウォールで開催され、首脳宣言では台湾問題に言及した。

G7サミット
アメリカ、イギリス、フランス、ドイツ、イタリア、カナダ、日本の7か国とEUの首脳が参加し、1975年以降毎年開催。

10 ▢ （金融・世界経済に関する首脳会合）には、G7に中国・インドなど〔新興国〕を加えた20の国・地域が参加している。

G20サミット
リーマン・ショックをきっかけに発生した世界金融危機の打開策を協議するため、2008年に初めて開催された。

11 1989年に発足した◻◻◻（アジア太平洋経済協力）には、日本、アメリカ、中国など[21]の国・地域が参加している。

APEC
2021年の首脳会議は、11月にニュージーランド主催によりオンライン形式で開催された。

12 ◻◻◻（環太平洋パートナーシップ）協定は、離脱した[アメリカ]を除く11か国により、2018年12月に発効した。

TPP
太平洋地域で高い貿易自由化を目標とする包括的な協定である。

13 ◻◻◻とは、経済発展が著しいブラジル、ロシア、インド、中国、[南アフリカ共和国]の5か国をさす。

BRICS
世界全体に占める割合は、国土面積が約3割、人口は約4割である。

14 ◻◻◻は、日本、米国、オーストラリア、[インド]の4か国による外交・安全保障の枠組みである。

クアッド（QUAD）
2022年5月には、対面で昨年9月以来2回目となる首脳会談が日本で開催された。

15 2022年5月、貿易・投資上の共通ルールを設定する◻◻◻（インド太平洋経済枠組み）がアメリカの[バイデン]大統領主導の下、始動した。

IPEF
TPPへの復帰に慎重なバイデン大統領が、インド太平洋地域で影響力を増す中国に対抗する新たな枠組みとして主導した。

16 ロシアの[プーチン]大統領が2022年2月、陸海空から◻◻◻への侵攻を一斉に開始した。

ウクライナ
EU（欧州連合）やNATO（北大西洋条約機構）への加盟を望むようになったことが背景。

17 ◻◻◻は、ロシアの侵略を受けるウクライナに対して[アメリカ]が供与した高機動ロケット砲システムである。

ハイマース
高機動ロケット砲システムのことで、長射程の阻止砲撃用として用いられる。

18 アメリカで、2020年11月実施の大統領選挙で勝利した、[民主党]の◻◻◻氏が、21年1月に第46代大統領に就任した。

ジョー・バイデン
前トランプ政権の「米国第一主義」から脱却し、国際協調路線に回帰する姿勢を明示。

19 アメリカ大統領候補を選ぶため、3月頃に[予備選]や党員集会が各州で実施されるが、それらが集中する日は◻◻◻と呼ばれる。

スーパーチューズデー
特定の候補者が多数の州で勝利し、選挙戦の流れが決定することも多い。

20 かつて◻◻◻（北米自由貿易協定）と呼ばれた、アメリカ、カナダ、[メキシコ]3か国間の自由貿易協定は2020年7月に名称変更された。

NAFTA
新協定はUSMCA（アメリカ・メキシコ・カナダ協定）という。アメリカ内での雇用・生産の増産を目指すことが柱。

トレンド

最新時事

国語

社会

英語

数学

理科

文化

キーワード

75

21 アメリカの中央銀行にあたる☐（米連邦準備制度理事会）は、2021年11月、［量的緩和策］の縮小開始を決定した。

FRB
政策金利のFF（フェデラル・ファンド）金利の誘導目標を0.00〜0.25%とする金融政策の現状維持も決定。

22 ☐は、アメリカの主要IT企業、グーグル、アップル、フェイスブック、［アマゾン］の4社の頭文字を取った略語である。

GAFA（ガーファ）
マイクロソフトを加えて「GAFAM」と呼ぶ場合もある。フェイスブックは2021年10月よりメタ（Meta）に社名変更した。

23 ☐（北大西洋条約機構）は北アメリカ・ヨーロッパ諸国で構成される軍事同盟で、2022年7月、フィンランドと［スウェーデン］の加盟を承認した。

NATO
加盟国は30か国。軍事同盟として1949年に結成されたが、現在は政治同盟としても機能している。

24 2022年6月、☐（欧州連合）は、［ウクライナ］とモルドヴァを加盟候補国に承認した。

EU
2020年1月にイギリスが離脱し、現在は27か国が加盟。

25 2022年2月に即位［70］年を迎えたイギリスの☐女王が、9月に96歳で死去した。

エリザベス
在任期間はヴィクトリア女王を抜いて歴代1位。

26 イギリスで、2019年に［メイ］元首相に代わり就任した☐元首相は、2020年、イグ・ノーベル医学教育学賞を受賞した。

ボリス・ジョンソン
当時の保守党党首で、EUからの離脱を主導した。2022年9月5日に首相退任。

27 イギリスでは、2022年10月、［トラス］首相に代わり、☐保守党党首が新首相に就任した。

スナク
インド系イギリス人のヒンドゥー教徒で、下院初当選から7年で首相に就任した。

28 イタリアでは、2022年10月、極右政党「イタリアの［同胞］」の☐党首が新首相に就任した。

メローニ
イタリア初の女性首相。

29 2022年4月、フランス大統領選の決選投票で、中道派の現職☐氏が急進右派・国民連合の［ルペン］候補を下し、再選された。

マクロン
フランスで大統領が再選されるのは20年ぶり。

30 EUの中央銀行である☐（欧州中央銀行）は、コロナ危機に対応しPEPP（［パンデミック］緊急購入プログラム）を導入している。

ECB
ユーロ圏における金融政策の実施や通貨の発行などを担っている。

31 ☐（東南アジア諸国連合）では、2015年に［AEC］が創設され、2021年の貿易自由化率はほぼ100%である。

ASEAN
1967年に創設され、現在の加盟国は東南アジア10か国。6億人の単一市場や共生社会の実現を目指している。

32 2020年11月、〔ASEAN〕10か国、日中韓、オーストラリア、ニュージーランドの15か国は、経済連携協定である□□□に合意した。

RCEP（地域的な包括的経済連携）
人口やGDPは世界全体の約3割を占め、発効すれば世界最大規模の自由貿易圏となる。

33 □□□は中国の〔習近平〕国家主席が提唱する広域経済圏構想で、160以上の国・国際機関が中国政府との協力文書に調印している。

一帯一路
アジアとヨーロッパを陸路と海路でつなぐ貿易圏。

34 〔中国〕で、急激な人口増加を防ぐため、1979年から続けられてきた人口抑制策である「□□□」が2016年1月に正式に廃止された。

一人っ子政策
超高齢化が進展し、労働人口の減少が懸念されるため、夫婦1組につき子ども2人の出産が提唱されることになった。

35 中国は軍事力を背景に、現在、〔中華民国〕が実効支配する□□□海峡などの海洋への進出を推し進めている。

台湾
2021年6月に開催されたG7サミットにおいても、海峡の平和の重要性が強調された。

36 □□□は中国北西部に住む〔少数〕民族で、長らく中国政府から強制収容などの弾圧を受けてきたことが明らかにされた。

ウイグル族
中国による人権侵害に対し、2021年3月、EUやアメリカなどが制裁を発動。

37 中国の一部である〔香港〕に、中国本土とは異なる制度を適用する制度を□□□という。

一国二制度
中国が香港とマカオの主権を回復し、台湾との統一を実現するため、1978年に打ち出した方針。

38 2021年2月、□□□では国民民主連盟（NLD）の〔アウン・サン・スー・チー〕らを国軍が一斉に拘束するクーデタが起こった。

ミャンマー
2021年8月には、ミン・アウン・フラインを暫定首相とする暫定政権（ミャンマー連邦共和国暫定政府）が発足。

39 韓国では、2022年5月、〔保守系〕最大野党「国民の力」の□□□が新大統領に就任した。

尹錫悦
元検事総長で、朴槿恵元大統領の収賄・汚職に関する捜査を主導した。

40 フィリピンでは、2022年6月、〔インフラ〕投資の拡大、中国重視の外交などを掲げた□□□元上院議員が新大統領に就任した。

マルコス（フェルディナンド・マルコス・ジュニア）
父親も元大統領で、1965年から約20年にわたり独裁体制を敷いた。

41 □□□は、深刻な経済危機に見舞われ、2022年7月には、国が「〔破たん〕」したとの宣言がなされた。

スリランカ
外貨不足から、物資が極度に不足してインフレが加速した。

トレンド
最新時事
国語
社会
英語
数学
理科
文化
キーワード

最新時事 科学・環境① 宇宙開発

問題 次の◻にあてはまる語句を答えなさい。

▼解答と解説

1 ISSとも呼ばれる◻は、巨大な有人実験施設で、日本など世界15か国が参加して地上から約400km上空に建設された。

国際宇宙ステーション
地球や天体の観測、実験、研究などが行われている。

2 ISSには、日本が初めて開発した実験施設である「◻」が接続されている。

きぼう
船内実験室と船外実験プラットフォームの2つの実験スペースからなる。

3 ◻（宇宙航空研究開発機構）は、日本の宇宙開発政策を一貫して担う独立行政法人である。

JAXA
探査機や衛星打ち上げロケットの打ち上げなどを行う。

4 JAXAの探査機「◻」が小惑星「[リュウグウ]」から持ち帰ったサンプルから、水の成分やアミノ酸が検出されたと2022年6月に発表された。

はやぶさ2
地球外からもち帰ったアミノ酸を確認するのは初めて。水の成分である水素と酸素が結合した粘土鉱物も検出された。

5 2020年11月、アメリカの民間企業[スペースX]が宇宙船「◻」を打ち上げ、ISSとのドッキングに成功した。

クルードラゴン
スペースXは決済サービスベンチャー企業PayPalの創業者イーロン・マスクによって、2002年に設立された。

6 JAXAの◻宇宙飛行士は、2020年11月に打ち上げられたクルードラゴンに搭乗し、[ISS]での長期滞在を経て21年5月に帰還。

野口聡一
通算宇宙滞在時間は、若田光一宇宙飛行士に次ぎ日本人宇宙飛行士で2番目となった。

7 JAXAの◻宇宙飛行士は、2021年4月に打ち上げられた[クルードラゴン]に搭乗し、ISSに到着した。

星出彰彦
ISS到着後、滞在中の野口聡一飛行士と再会した。日本人宇宙飛行士がISSに同時滞在するのは、2010年の野口飛行士と山崎直子飛行士以来11年ぶり。

8 JAXAと三菱重工業が次期基幹ロケットとして開発中の◻は[液体燃料]ロケットで、2022年度内に打ち上げられる予定である。

H3
現在運用中のH-IIAロケット、H-IIBロケットの後継機。柔軟性、高信頼性、低価格の実現を目指す。

9 ◻は高性能と低コストの両立を目指す[固体燃料]ロケットで、2013年の初打ち上げ以降、5回の打ち上げに成功している。

イプシロン
改良型の「イプシロンS」は、初号機が2023年に打ち上げられる予定。

78

10 [文部科学省]は、研究課題の設定の段階から民間企業も巻き込んだ□□□型の宇宙探査研究を進めている。

オープンイノベーション
従来はJAXAのニーズに基づく発注型であったが、利用ニーズに基づく参加型を目指す。

11 2020年5月、自衛隊初の宇宙領域専門部隊である□□□が[航空自衛隊]に新編された。

宇宙作戦隊
宇宙ゴミや不審衛星の監視を主な任務とする。

12 2020年2月、JAXAは□□□の衛星「フォボス」に着陸する探査計画[MMX]を発表した。

火星
火星の衛星探査は世界初で、2024年の打ち上げを目指している。

13 日本初の宇宙スタートアップ企業である□□□は、[ランダー](月着陸船)を2022年11月に打ち上げる予定である。

ispace
民間月面探査プログラム「HAKUTO-R」ミッション1と名づけられている。

14 [NASA](米航空宇宙局)が中心となり日本など18か国が参加する国際宇宙探査計画を□□□計画という。

アルテミス
月面有人探査と将来の火星探査を目指す。

15 アルテミス計画において、日本は、[月]を周回する有人宇宙基地「□□□」の国際住居棟の機器を提供するなどして協力することを予定している。

ゲートウェイ
H3ロケットによる物資・燃料の補給面でも協力。

16 2022年5月、国際研究グループが天の川銀河の中心にある、「[いて座Aスター]」とも呼ばれる超大質量の□□□の撮影に初めて成功した。

ブラックホール
地球規模の電波望遠鏡ネットワークを使って撮影された。

17 2022年8月、[NASA](米航空宇宙局)などが打ち上げた世界最大のジェイムズ・ウェッブ□□□(JWST)が撮影した太陽系外惑星の画像が公開された。

宇宙望遠鏡
画像には、海王星の環などが詳細に写し出されている。

18 軌道上にある不要な人工物体のことを□□□(宇宙ごみ)といい、[高速]で移動しているため、回収や制御が難しいとされている。

デブリ
具体的には、人工衛星を打ち上げた際のロケット上段の残骸や、運用を終え軌道上に残された人工衛星、それらが衝突した後の破片など。

19 □□□は、宇宙誕生のビッグバン直後、あらゆる物質に質量をもたらしたとされる粒子である。

ヒッグス粒子
2012年7月、欧州合同原子核研究機構(CERN)が発見したと発表。

トレンド

最新時事

国語

社会

英語

数学

理科

文化

キーワード

最新時事 科学・環境② 情報技術

問題 次の □ にあてはまる語句を答えなさい。

▼解答と解説

1 □ とは、パソコンやスマートフォン、ICカードなど、あらゆる電子機器から発信され、記録、蓄積された大量のデータのことをいう。

ビッグデータ
これらのデータを分析・解析し活用することが、企業競争力の向上に不可欠とされている。

2 □ とは、パソコンやスマートフォンだけでなく、身の回りのあらゆるモノがインターネットを通じてつながることをいう。

IoT（インターネットオブシングス、モノのインターネット）

3 狩猟社会、農耕社会、[工業]社会、情報社会に続く人類史上5番目の社会を □ （Society5.0）という。

超スマート社会
仮想空間（サイバー空間）と現実空間（フィジカル空間）を高度に融合させたシステムを用いて実現させる「人間中心の社会」。

4 AIが人間の知能を超え、社会が加速度的に変化する転換点のことを □ といい、[2045年]問題ともいわれる。

シンギュラリティ
アメリカのレイ・カーツワイル博士は「2029年にAIが人間並みの知能を備え、2045年に技術的特異点が来る」と主張している。

5 □ は、ブロックチェーンを基盤とした新しいインターネットの概念で、[分散型]インターネット、次世代インターネットとも呼ばれている。

Web3
データの改ざんリスクが低い、情報流出のリスクが低いといった特長をもつ。

6 □ とは、[AI]（人工知能）やビッグデータなどを活用したデジタル化による組織・ビジネスモデルの改革のこと。

DX（デジタル・トランスフォーメーション）
スウェーデンの大学教授が2004年に提唱。

7 現実の風景にバーチャルの[視覚]情報を重ねて表示する □ （拡張現実）により、目の前の世界を仮想的に拡張することができる。

AR
Augmented Reality（オーグメンテッド・リアリティ）の略。

8 コンピュータで人工的な環境を作り、その場にいるかのように感じさせる □ （仮想現実）技術が、ゲーム機などに実用化されている。

VR
Virtual Reality（バーチャル・リアリティ）の略。

9 　＿＿は、インターネット上に構築された巨大な仮想空間のことで、ユーザーは[アバター]と呼ばれる分身を操作することで仮想空間内を移動する。

メタバース
meta（超越）とuniverse（宇宙）を組み合わせた造語。

10 　＿＿（非代替性トークン）は、データ改ざんを不可能にした唯一無二の[デジタル]資産のことである。

NFT
ブロックチェーン上に音楽や映像などのデジタルデータが記録され、所有権を証明。

11 既存の[ブロックチェーン]技術を用いて発行される電子的な証票や、セキュリティを認証するものを＿＿という。

トークン
「しるし」「証拠」といった意味を持つ言葉。

12 　＿＿は[検索エンジン最適化]のことで、検索した際にキーワードが上位表示されるようにWebサイトを構築することをいう。

SEO
キーワードにより検索順位を上位に表示させ、自分のサイトに誘導する方法。

13 インターネットやパソコンなどの情報通信技術（[ICT]）を利用できる者とできない者との間に生じる格差を＿＿という。

デジタル・ディバイド（情報格差）
経済格差拡大の要因となる。

14 コンピュータに、人間の知的な行動をさせようとする研究や技術を[人工知能]（＿＿）という。

AI
人工知能（AI）の研究は1950年代から続いており、「機械学習」が実用化された現在は、第3次人工知能ブームとされる。

15 　＿＿は、通信回線で送受信される音声や動画などの[マルチメディア]データを、受信しながら同時に再生を行う技術である。

ストリーミング
ダウンロードを待たずに、映像や音声を視聴できる。

16 コンピュータウイルスやワーム、[トロイ]の木馬など、悪意あるソフトウエアをまとめて＿＿という。

マルウェア
感染経路として、メールの添付ファイル、不正サイトへのアクセスなどがあげられる。

17 　＿＿は、感染したコンピュータをロックしたり、ファイルを[暗号化]したりすることで使用不能にし、復旧と引き換えに金銭を要求する。

ランサムウェア
「ランサム（身代金）」と「ソフトウェア」を組み合わせた造語。

18 量子力学の現象を利用し[並列計算]を実現する＿＿について、2021年7月、東京大学とIBMが商用稼働を開始した。

量子コンピュータ
古典コンピュータで解くことのできない複雑な計算が可能。

19 新型スーパーコンピュータ「＿＿」は、[計算]速度を競う世界ランキング「TOP500」で2年にわたり1位だったが、2022年5月に2位に転落した。

富岳
理化学研究所と富士通が共同開発したスパコン。産業利用などで重視される別のランキングでは首位を維持した。

トレンド

最新時事

国語

社会

英語

数学

理科

文化

キーワード

最新時事 科学・環境③ 環境・エネルギー

問題 次の　　　にあてはまる語句を答えなさい。

▼解答と解説

1 2020年12月、日本政府は、「2050年カーボンニュートラルに伴う　　　」を策定し、14の成長分野で[脱炭素]の目標を設定した。

グリーン成長戦略
14の成長分野には、自動車や蓄電池、洋上風力発電などがあげられる。

2 2013年から始まった地球温暖化に関する　　　の第2約束期間は2020年までとされていたが、日本はこれに参加しなかった。

京都議定書
アメリカや中国が参加せず、公平性、実効性に欠けるともいわれた。

3 2020年1月、気候変動枠組条約第21回締約国会議（[COP21]）で採択された、2020年以降の新たな地球温暖化対策の枠組み（　　　）がスタートした。

パリ協定
今世紀後半に温室効果ガス排出量を実質ゼロとすることを目指す。

4 2021年4月、[バイデン]米政権主催による　　　が、40か国・地域の首脳が参加してオンライン形式で行われた。

気候変動サミット
日本は温室効果ガス排出量を2030年までに13年比で46%の削減とする目標を掲示。

5 2022年4月、　　　（気候変動に関する政府間パネル）作業部会が、2025年までに[温室効果]ガスを減少に転じさせるべきとする報告書を公表した。

IPCC
第6次評価報告書で、太陽光や風力などの再生可能エネルギーの活用拡大を提唱した。

6 　　　（国際エネルギー機関）は2021年5月、気候変動対策として2050年までに[カーボンニュートラル]の目標を達成するための工程表を発表。

IEA
カーボンニュートラルとは、温室効果ガスの排出量を実質ゼロにすること。

7 　　　は二酸化炭素を回収し、地中深くに貯留する技術で、2022年5月に[経済産業]省がロードマップを公表。

CCS
排出量と同量を貯留すれば温室効果ガス排出量を実質ゼロとみなせる。

8 EUは、2022年3月、環境規制の緩い国からの輸入品に事実上の[関税]をかける　　　調整措置（CBAM）を導入することで基本合意した。

炭素国境
炭素税の差がある国同士で輸出入をする際、差額を関税として徴収する仕組み。

9 海洋プラスチックごみによる[海洋汚染]を防止するため、2022年4月、「プラスチック　　　法」が施行された。

資源循環促進
ワンウェイ（使い捨て）プラスチックの使用合理化などが盛り込まれている。

10 排出された二酸化炭素について、これを吸収する森林の育成など、別の手段で埋め合わせをするという考え方を◯◯という。

カーボンオフセット

11 ◯◯とは、製品のライフサイクル全体を通して排出された温室効果ガスを二酸化炭素に換算し、ラベルなどで表示するしくみである。

カーボンフットプリント（CFP）
消費者が製品を選択する際の1つの指標となる。

12 食料の生産地から消費地までの輸送量と輸送距離を掛けて計算される◯◯は、食生活の環境への負荷を示す。

フードマイレージ

13 大きさが5mm以下の微小なプラスチックを◯◯といい、これによる[海洋汚染]が地球規模で広がっている。

マイクロプラスチック

14 「◯◯」は、川崎重工業が2019年12月に進水式を行った、世界初の[液化]水素の運搬船である。

すいそ ふろんてぃあ
水素は、燃焼時に二酸化炭素を排出しない次世代エネルギーとして期待されている。

15 2022年10月、IUCN（国際自然保護連合）は最新の「◯◯」を発表した。絶滅のおそれがある[絶滅危惧種]は約4万1500種にのぼる。

レッドリスト
絶滅のおそれのある野生生物の種のリスト。国際的にはIUCNが作成。

16 [地球温暖化]や災害の防止などのため、森林整備などの財源にあてる◯◯税が、現在多くの地方自治体で導入されている。

森林環境
国レベルでもその導入が検討されている。

17 ◯◯とは、世界的に貴重な火山や地質、断層などの地質遺産を含む自然公園のことで、ユネスコが支援する団体によって認定される。

世界ジオパーク
日本からは、洞爺湖・有珠山（北海道）、島原半島（長崎県）など、9地域が認定。

18 2022年6月、[NPO]法人の理事・呉地正行氏が、国際的に重要な湿地保全に貢献した個人・団体に贈られる「湿地保全◯◯賞」を受賞した。

ラムサール
日本人の受賞は3人目。

19 1日の最高気温が30度以上になった日を◯◯といい、特に最高気温が35度以上になった日を◯◯という。

真夏日、猛暑日

20 ☐ ［　　　］は、気温、湿度、輻射熱を取り入れた［WBGT］（暑さ指数）を用い、危険な暑さが予想される場合に警戒を呼びかけるものである。

熱中症警戒アラート
2020年7月に関東甲信地方で試行され、2021年4月から運用開始。

21 ☐ 自然環境や歴史文化を体験して学び、その地域の自然環境や文化の保全に責任をもつという観光のあり方を［　　　］という。

エコツーリズム
環境省では、持続可能な社会の構築の手段として推進している。

22 ☐ 情報技術（［IT］）を活用して、電力の流れを供給側・需要側の両方から制御し、最適化できる送電網を［　　　］という。

スマートグリッド
次世代送電網ともいわれる。

23 ☐ ［　　　］は熱電併給とも呼ばれ、燃料を用いて発電し、その際に発生する廃熱を利用する省エネルギーシステムである。

コージェネレーション

24 ☐ 化石資源を除く、動植物に由来する有機物を利用するエネルギーを［　　　］という。

バイオマスエネルギー
全体でみると二酸化炭素量が増加しないカーボンニュートラルという特性をもつ。

25 ☐ 天然ガスの主成分であるメタンが水と結合してできた［　　　］は、シャーベット状の物質で、日本近海にも多く分布するとされる。

メタンハイドレート
2013年3月には愛知県渥美半島沖の海底でメタンガスにして取り出す世界初の実験に成功。

26 ☐ 地下深くにある頁岩（けつがん）と呼ばれる泥岩層に含まれている石油を［　　　］といい、日本でも2014年に秋田県鮎川油ガス田で商業生産を開始した。

シェールオイル
同じ層から採取される天然ガスをシェールガスという。どちらも2000年代から採取が本格化し、世界のエネルギー事情を革命的に変えた。

27 ☐ ［　　　］は、埋蔵量が少ないか、純粋なものを取り出すことが経済的・技術的に困難な金属の総称で、流通量が少ない。

レアメタル（希少金属）
携帯電話や自動車、薄型テレビなどの製造に欠かせない素材。

28 ☐ 2020年7月、［経済産業省］の委託を受けた民間企業が、［　　　］リッチクラストの掘削試験に世界で初めて成功した。

コバルト
日本の排他的経済水域内にある南鳥島南方で掘削された。

29 ☐ 希土類元素とも呼ばれる［　　　］は、世界の生産量の9割以上を［中国］が占めている。

レアアース
レアメタルのうちの、一部の元素をさす。

30 廃棄されるIT製品や家電製品には、リサイクル可能な希少金属が含まれていることから、これらを鉱山に見立てて□□と呼んでいる。

都市鉱山
金、銀、インジウムなど。

31 太陽光、水力、風力など、自然界の現象から取り出すことができ、何度でも利用できるエネルギーを□□という。

再生可能エネルギー
化石燃料（石油、石炭など）のように限りある資源とは異なる。

32 シリコン半導体などに光があたると電気が発生する現象を利用した発電方法を□□といい、2021年時点での日本の導入量は世界第4位である。

太陽光発電
中国、アメリカ、インドなどで生産量が多い。

33 風の力で風車を回し、その回転運動を発電機に伝えて電気を起こす□□は、風況に恵まれた［東北］地方での設置割合が高い。

風力発電

34 地中深くから取り出した蒸気で直接タービンを回す□□で、国内最大の発電所は大分県の［八丁原(はっちょうばる)］発電所である。

地熱発電
地下のマグマの熱エネルギーを利用した発電方法である。

35 2021年10月に閣議決定された新しい「エネルギー基本計画」で［原子力発電］は「重要な□□電源」と位置づけられた。

ベースロード
発電コストが低く、昼夜を問わず継続的・安定的に発電できる電源。天然ガス火力は「ミドル電源」、石油火力は「ピーク電源」と位置づけ。

36 2030年の電源構成（□□）について目安とすべき具体的数値を定めた計画では、［再生可能エネルギー］を現在の2倍にするとしている。

エネルギーミックス
再生可能エネルギーを現在の2倍の「22〜24%」に増やし、原子力も原発再稼働により「20〜22%」を確保して、二酸化炭素を抑制するとしている。

37 □□とは、使用済み核燃料から取り出したプルトニウムとウランを混ぜた［MOX］燃料を原発で利用する核燃料サイクルである。

プルサーマル
2011年の福島第1原発事故を受けて、計画は一時見合わせにされていた。

38 未来の社会のことも考えた資源の有効利用、［環境保全］と経済発展を両立させる□□の実現が課題となっている。

持続可能な社会

トレンド
最新時事
国語
社会
英語
数学
理科
文化
キーワード

最新時事 教養・スポーツ① 芸能

問題 次の ◻ にあてはまる語句を答えなさい。

▼解答と解説

1 アメリカで発達した黒人霊歌に、ブルース、ジャズなどの要素が加わって生まれた ◻ は、「神の言葉」という意味をもつ。

ゴスペル

2 混声四部合唱は、高い方からソプラノ、[アルト](以上女声)、 ◻ 、バス(以上男声)の順に分けられる。

テノール
女声三部合唱ではメゾソプラノ、男声三部合唱ではバリトンが加わる。

3 ピアノ五重奏は、ピアノ、第1バイオリン、第2バイオリン、 ◻ 、[チェロ]で編成される。

ビオラ
第2バイオリンのかわりにコントラバスが入る場合もある。

4 ◻ は[フランス]のポピュラー音楽、 ◻ は[イタリア]のポピュラー音楽である。

シャンソン、カンツォーネ
ヨーロッパの民族音楽では、スペインのフラメンコ、アルプス地方のヨーデルも知られている。

5 [五木の子守唄]は ◻ 県、[よさこい節]は ◻ 県の代表的な民謡である。

熊本、高知

6 アメリカの音楽産業関係者によって創設された世界最大の音楽の祭典を ◻ 賞という。

グラミー
1989年には坂本龍一、2001年には喜多郎が受賞。2011年には日本人4人が同時受賞した。

7 2017年6月、日本音楽著作権協会(◻)は、音楽教室での演奏について、[著作権料]を徴収すると発表したが、2022年10月に最高裁判決でその訴えは退けられた。

JASRAC
音楽著作物の使用料を徴収し、著作権者に分配している。音楽教室側は、教室での演奏には著作権法に定める演奏権が及ばないと主張。

8 音楽界最大の祭典であるグラミー賞で2022年、 ◻ が年間最優秀アルバム賞をはじめ[5冠]を達成した。

ジョン・バティステ
アメリカ・ルイジアナ州出身のミュージシャン。

9 ［ブロードウェイ］で上演された新作の演劇とミュージカルの中から選ばれる賞を　　賞といい、アメリカ演劇界最高の栄誉とされる。

トニー

10 ユネスコ（［国連教育科学文化機関］）に認定された世界各地の伝統芸能や祭礼、伝統工芸技術などを　　遺産という。

無形文化
日本からは、能楽、歌舞伎、和食などが登録。

11 歌舞伎舞踊の伴奏音楽である　　は、江戸時代に誕生し、歌舞伎の変遷とともに発達した。

長唄
三味線音楽の1つ。

12 三大国劇と呼ばれているのは、能楽、歌舞伎、　　の3つである。

人形浄瑠璃（文楽）
江戸時代に近松門左衛門が『曽根崎心中』などをつくり、竹本義太夫が上演。

13 平安時代に確立された宮中での祭典や神前結婚式などの際に奏でられる合奏音楽を　　という。

雅楽
久米舞、東遊、催馬楽など。

14 寄席の最後の演目を務めることのできる最も高い位をもつ者を　　という。

真打
前座、二つ目、真打の順に昇進する。

15 重要無形文化財保持者は　　とも呼ばれ、芸能・工芸技術の2分野に分かれて認定される。

人間国宝
芸能分野は、雅楽、能楽、文楽、歌舞伎、組踊、音楽、舞踊、演芸の8種別。

16 浅利慶太氏が代表を務めた　　の代表作として『CATS』『［オペラ座］の怪人』などがある。

劇団四季

17 宝塚歌劇団は［阪急電鉄］が直営して運営している劇団であり、花組、月組、　　組、星組、宙組の各組がある。

雪

18 　　は、バスター・キートン、ハロルド・ロイドとともに「世界の三大喜劇王」と呼ばれている。

チャールズ・チャップリン
『ライムライト』『モダン・タイムス』『黄金狂時代』などが代表作。

19 三大バレエとは、『　　』『くるみ割り人形』『眠れる森の美女』であり、いずれもロシアの［チャイコフスキー］が作曲した。

白鳥の湖

最新時事 教養・スポーツ② 文化

問題 次の 　 にあてはまる語句を答えなさい。

▼解答と解説

1 　 賞は、新人による純文学作品に与えられる文学賞で、第1回の受賞作は〔石川達三〕の『蒼氓』であった。

芥川
2022年上半期は、高瀬隼子『おいしいごはんが食べられますように』が受賞。

2 直木賞は、小説家・直木 　 の業績を記念して創設され、新人及び中堅作家による大衆文学作品に与えられる。

三十五
2022年上半期は、窪美澄『夜に星を放つ』が受賞。

3 全国の新刊を扱う書店の店員が「いちばん！　売りたい本」を選ぶ賞を 　 という。

本屋大賞
2022年大賞受賞作は、逢坂冬馬『同志少女よ、敵を撃て』が受賞。

4 アメリカの世界最大規模の映画賞をアカデミー賞といい、日本からは 　 監督の『羅生門』が初受賞した。

黒澤明
1952年に現在の外国語映画賞を受賞。

5 　 国際映画祭、　 国際映画祭、　 国際映画祭は、世界三大映画祭と呼ばれる。

カンヌ、ベネチア、ベルリン

6 2022年のカンヌ国際映画祭で是枝裕和監督の『　 』が〔コンペティション〕部門にノミネートされた。

ベイビー・ブローカー
是枝裕和監督が初めて手がけた韓国映画。

7 2022年の米アカデミー賞で、　 監督の『ドライブ・マイ・カー』が〔国際長編映画賞〕を受賞した。

濱口竜介
『ドライブ・マイ・カー』は村上春樹の短編小説を映画化したもの。

8 2020年9月、〔ベネチア〕国際映画祭で 　 監督の『スパイの妻』が、金獅子賞に次ぐ銀獅子賞（監督賞）に輝いた。

黒沢清
映画界の巨匠、黒澤明監督にちなみ「もう一人のクロサワ」とも称されている。

9 アメリカの優れた映画・テレビドラマに贈られる 　 賞は、ハリウッドの外国人映画記者協会の会員によって選ばれる。

ゴールデン・グローブ
2007年には渡辺謙主演の『硫黄島からの手紙』が外国語映画賞を受賞。

10 国民栄誉賞を初めて受賞したのは、756本塁打を打ち、ホームラン世界新記録を達成したプロ野球選手の［　　］氏である。

王貞治
第1回ワールド・ベースボール・クラシック日本代表の優勝監督。

11 ［芥見下々］原作のダークファンタジー・バトル漫画を映画化した『劇場版［　　］0』が2021年12月に公開された。

呪術廻戦
2021年12月から半年間、世界70か国以上で公開され大ヒットに。

12 2022年上半期の映画興行収入ランキングでは、1位が『名探偵［　　］ハロウィンの花嫁』、2位が『［トップガン］マーヴェリック』となった。

コナン
2022年上半期において、10作品が20億円を突破した。

13 ［　　］は1963年放送開始のNHKによる歴史ドラマシリーズで、2023年は［松本潤］主演、古沢良太脚本の『どうする家康』が放送予定である。

大河ドラマ
『どうする家康』では、織田信長役を岡田准一、お市役を北川景子が演じる。

14 2022年7月、2025年に開催される予定の大阪・［関西］万博の公式キャラクターの愛称が「［　　］」に決定された。

ミャクミャク
「脈々」と受け継がれてきた人間の文化や歴史を未来に伝えるという希望が込められている。

15 将棋七冠とは、［　　］、名人、王位、王座、棋王、王将、棋聖のことをいう。

竜王
将棋七冠はタイトル戦ともいう。

16 将棋棋士の［　　］が、2022年2月、史上最年少記録となる19歳で［五冠］を達成し、9月には「王位戦」を制し、10期連続でタイトルを獲得・防衛した。

藤井聡太
2016年に史上最年少（14歳2か月）でプロ入りし、そのまま無敗で公式戦最多連勝記録（29連勝）を樹立した。

17 2021年の「今年の漢字」には、東京オリンピック・パラリンピックでの日本人選手のメダル獲得などにより、「［　　］」が選ばれた。

金
日本漢字能力検定協会がその年の世相を表す漢字を全国から募集し発表。2020年は「密」だった。

18 2021年7月、「北海道・北東北の［　　］遺跡群」が［ユネスコ］（国連教育科学文化機関）の世界文化遺産に登録された。

縄文
三内丸山遺跡（青森市）やストーンサークルを主体とした「大湯環状列石」（秋田県鹿角市）などが含まれている。

19 2021年7月、「奄美大島、徳之島、沖縄島北部及び［　　］」がユネスコの世界［自然］遺産に登録された。

西表島
ヤンバルクイナやイリオモテヤマネコなど貴重な固有種が数多く根づいており、その生物多様性が評価された。

トレンド / 最新時事 / 国語 / 社会 / 英語 / 数学 / 理科 / 文化 / キーワード

教養・スポーツ③ スポーツ

最新時事

問題 次の　　　にあてはまる語句を答えなさい。

▼解答と解説

1 　　　は国際オリンピック委員会の略称であり、その本部はスイスのローザンヌに置かれている。

IOC
オリンピック運動の最高機関。

2 夏季オリンピックの開催地は、2024年がフランスの　　　、28年がアメリカの[ロサンゼルス]である。

パリ
パリとロサンゼルスは2024年大会に立候補していたが、2都市が24年と28年に振り分けられた。

3 [北京]2022オリンピックでは、スピードスケート女子の　　　選手が金1個を含む計4個のメダルを獲得した。

高木美帆
通算7個のメダル保持者となり、夏冬通じた日本女子の最多記録を塗りかえた。

4 冬季オリンピックの開催地は2026年が　　　のミラノで、2030年開催に向け[札幌]市が招致を目指している。

イタリア

5 　　　（国際サッカー連盟）主催の国別対抗国際大会を[ワールドカップ（W杯）]といい、4年に1度開催される。

FIFA
第1回大会で優勝したのは開催国のウルグアイ。

6 プロサッカーでイタリアのトップリーグを　　　、ドイツのトップリーグを　　　という。

セリエA、ブンデスリーガ
イングランドはプレミアリーグ、スペインはラ・リーガ。

7 　　　は日本初の女子プロサッカーリーグで、2021年9月に開幕。[なでしこ]リーグの上位に位置し、11クラブでスタートした。

WEリーグ
女子サッカー全体の発展はもちろん、リーグを核に関わる"私たちみんな"が活躍する社会を目指すという理念も込めて命名された。

8 プロ野球選手が、一定条件を満たせば所属球団の拘束なしに他球団と自由に交渉・契約できる制度を　　　という。

フリーエージェント（FA）制度
日本では1993年に創設。

9 日本の球団に所属するプロ野球選手が、球団の許可を得た上で、入札でメジャーリーグの移籍先を決める方法を　　　という。

ポスティングシステム
選手との契約が成立した米球団は、選手を手放した球団に落札額を支払う。

10 2018年春から、高校野球の春・夏の甲子園大会で、　　　制が採用された。

タイブレーク
決着を早めるため、延長戦13回以降で走者を置いて攻撃を始める。

11 2022年4月、ロッテの[佐々木朗希]選手が、相手チームの打者を一度も出塁させずに勝利する◯◯◯（完全試合）を日本プロ野球史上最年少で達成。

パーフェクトゲーム
槙原寛己（巨人）選手以来28年ぶりで球界16人目。

12 [グランドスラム]といわれるテニスの4大大会は、全英オープン（◯◯◯）、全仏オープン、全米オープン、全豪オープン。

ウィンブルドン

13 [メジャートーナメント]ともいわれるゴルフの4大大会は、全米オープン、全英オープン、全米プロ、◯◯◯の4つである。

マスターズ

14 アメリカのアメリカンフットボール・プロチームの優勝決定戦を◯◯◯という。

スーパーボウル

15 水泳のメドレーリレーは、背泳ぎ→平泳ぎ→◯◯◯→自由形の順で泳ぐ。

バタフライ
個人メドレーは、バタフライ→背泳ぎ→平泳ぎ→自由形の順。

16 コンピュータゲームを用いた◯◯◯には格闘ゲーム、シューティングゲーム（[FPS]）、MOBAなどがある。

eスポーツ
2018年にインドネシアで開かれたアジア競技大会で、初めて公開競技として実施された。

17 「二刀流」として知られる、米大リーグ[ロサンゼルス・エンゼルス]所属の◯◯◯選手は2022年、投手で15勝し、打者では34本塁打を放った。

大谷翔平
2021年には、満票でア・リーグの最優秀選手賞を獲得。

18 米MLB（メジャーリーグ）は、打順に入った先発投手が降板後も[DH]（指名打者）として出場を続けることができる◯◯◯を2022年に導入した。

大谷ルール
現時点では大谷翔平選手しか該当しないため、この名で呼ばれている。

19 日本フィギュアスケート界の象徴的存在である◯◯◯選手は、2022年7月、競技会から引退し、[プロアスリート]に転向すると発表した。

羽生結弦
冬季オリンピック2連覇、GPファイナル最多4連覇という偉業を果たしている。

20 2022年1月に行われた東京箱根間往復大学駅伝競走（◯◯◯）で、[青山学院大学]が2年ぶり6度目の総合優勝を果たした。

箱根駅伝
10月の出雲全日本大学選抜駅伝競走（出雲駅伝）、11月の全日本大学駅伝とあわせて「学生三大駅伝」と呼ばれる。

トレンド

最新時事

国語

社会

英語

数学

理科

文化

キーワード

最新時事 流行

問題 次の　　にあてはまる語句を答えなさい。

▼解答と解説

1 2022年11月、スタジオジブリの世界を表現した「　　」が［愛・地球博］記念公園内にオープンした。

ジブリパーク
青春の丘、ジブリの大倉庫、もののけの里、魔女の谷、どんどこ森の5つのエリアができる。

2 好きなことや好きな料理をし、一人でキャンプを楽しむ　　が人気で、一人専用の［テントサイト］を設けるキャンプ場も増加した。

ソロキャンプ
2020年新語・流行語大賞のトップテン入りを果たした。

3 　　では、自分で［テント］やキャンプ道具などを用意しなくても、豪華なアウトドアを楽しむことができる。

グランピング
「魅惑的な」という意味の「グラマラス」と「キャンピング」をかけ合わせた造語。

4 YouTubeの［ストリーミング］配信中に利用可能な投げ銭機能の　　では、お金を直接、配信者に渡すことができる。

スーパーチャット（スパチャ）
「チャンネル登録者数1000人以上」など一定の条件がある。

5 CGなどで作られた架空の［キャラクター］を用いて動画を配信する　　ユーチューバーが、2017年頃から人気を集めている。

バーチャル
VTuber（ブイチューバー）とも呼ばれる。

6 スマホなどのデバイスにコンテンツを［ダウンロード］して再生できる音声配信サービスを　　という。

ポッドキャスト
近年、国内外で第2次ブームがおこっている。

7 「　　」は、2022年9月に発売された［ニンテンドースイッチ］用アクションシューティングゲームである。

スプラトゥーン3
発売後3日間の国内販売本数としては、『あつまれ どうぶつの森』を大きく上回り過去最高を記録。

8 遠藤達哉による漫画『　　』は、ウェブ漫画誌『少年ジャンプ＋』（［集英社］）に連載中であるが、同誌史上初の大ヒット作となった。

SPY×FAMILY
2022年4月からはテレビアニメが放送されている。

9 大画面・高画質を追求した　　テレビは、表示パネルの画素数がフルハイビジョンの4倍ある。

4K
50型以上の大画面の販売が好調。

10 ［　　　］とは、専用のスクリーンではなく建物や物体、空間などに、プロジェクタで映像を映し出す手法をいう。

プロジェクションマッピング

11 1989～1999年代中盤に流行したグッズや、ファッション、娯楽などを懐かしむ［文化的］風潮を［　　　］という。

平成レトロ
ルーズソックス、厚底ブーツ、プリクラ、ガラケーなど。

12 ［インターネット］が普及してきた1990年代後半～2010年代序盤生まれの若者を［　　　］世代という。

Z
一方、1980年代～90年代半ば生まれの若者をミレニアル世代という。

13 ［　　　］は、観光ではなく、ホテルの滞在自体を目的とした新しい休暇の過ごし方を意味し、［韓国］で生まれた言葉である。

ホカンス
「ホテル」と「バカンス」を組み合わせた造語。

14 ［　　　］は［インターネット］経由で単発の仕事を請け負う自営の労働者のことで、働き方の自由度が高いことから急増している。

ギグワーカー
ライブハウスに居合わせたミュージシャンが演奏に加わる音楽用語「gig（ギグ）」に由来する。

15 ［豚］やアルコールを含まないなど、イスラム教の教えに則った食べ物のことを［　　　］食品といい、認証制度もある。

ハラル（ハラール）
アラビア語で「許可された」「合法の」という意味。日本企業にもその認証取得を目指す動きが出ている。

16 ユーグレナとも呼ばれる［　　　］は、近年、栄養価が高いことから健康食品として、また［バイオ］燃料としても注目を浴びている。

ミドリムシ
鞭毛運動をする動物的側面と、光合成を行う植物的側面をあわせもつ。

17 惣菜など買ってきたものを家で食べるのは［　　　］、家庭で調理して食べるのは［　　　］である。

中食、内食
中食比率は増加傾向にある。

18 ［　　　］は洋菓子の一種で、手でもつと崩れそうなほど柔らかく、とろけるような［食感］が特徴である。

生ドーナツ
福岡県に本店がある人気ベーカリー「AMAM DACOTAN」でつくられたものが話題を呼んだ。

19 内向型または［外向］型など4つの決定要因で、個人を16の性格タイプに分類する［　　　］は、内観的な自己申告型診断テストである。

MBTI診断
マイヤーズ・ブリッグス・タイプ指標（Myers-Briggs Type Indicator）の略称。

トレンド
最新時事
国語
社会
英語
数学
理科
文化
キーワード

最新時事 一覧表① ノーベル賞

✓ ノーベル賞日本人受賞者

物理学賞　※受賞時アメリカ国籍

☐	1949(昭和24)年	湯川秀樹	中間子の存在
☐	1965(昭和40)年	朝永振一郎	量子電磁力学
☐	1973(昭和48)年	江崎玲於奈	半導体におけるトンネル効果
☐	2002(平成14)年	小柴昌俊	宇宙ニュートリノ、天体物理学
☐	2008(平成20)年	小林誠、益川敏英	小林・益川理論、素粒子物理学
		南部陽一郎※	素粒子物理学
☐	2014(平成26)年	赤﨑勇、天野浩	青色発光ダイオードの発明
		中村修二※	同上
☐	2015(平成27)年	梶田隆章	ニュートリノ振動の発見
☐	2021(令和3)年	眞鍋淑郎※	気候の物理的モデリング

化学賞

☐	1981(昭和56)年	福井謙一	化学反応過程の理論的研究
☐	2000(平成12)年	白川英樹	導電性高分子
☐	2001(平成13)年	野依良治	キラル触媒による不斉反応
☐	2002(平成14)年	田中耕一	生体高分子の同定・構造解析の手法
☐	2008(平成20)年	下村脩	緑色蛍光タンパク質、生命科学
☐	2010(平成22)年	鈴木章、根岸英一	クロスカップリング理論
☐	2019(令和元)年	吉野彰	リチウムイオン電池の開発

生理学・医学賞

☐	1987(昭和62)年	利根川進	多様な抗体を生成する遺伝的原理
☐	2012(平成24)年	山中伸弥	iPS細胞
☐	2015(平成27)年	大村智	線虫の寄生による感染症の治療法
☐	2016(平成28)年	大隅良典	オートファジー解明
☐	2018(平成30)年	本庶佑	免疫チェックポイント阻害因子の発見とがん治療への応用

文学賞

☐	1968(昭和43)年	川端康成	『伊豆の踊子』『雪国』など
☐	1994(平成6)年	大江健三郎	『万延元年のフットボール』など

平和賞

☐	1974(昭和49)年	佐藤栄作	非核三原則の提唱

✓ 近年のノーベル平和賞受賞者

☐	2012年	欧州連合（EU）	—	欧州の平和と和解を図る取り組み
☐	2013年	化学兵器禁止機関（OPCW）	—	化学兵器の廃棄や拡散防止への貢献
☐	2014年	マララ・ユスフザイ	パキスタン	女性差別撤廃への貢献
		カイラシュ・サティヤルティ	インド	児童労働の撤廃運動に貢献
☐	2015年	チュニジア国民対話カルテット	チュニジア	ジャスミン革命後の民主化に貢献
☐	2016年	フアン・マヌエル・サントス	コロンビア	大統領として内戦和平に努力
☐	2017年	核兵器廃絶国際キャンペーン（ICAN）	—	核兵器を条約で禁止しようとする画期的な努力
☐	2018年	デニ・ムクウェゲ	コンゴ民主共和国	世界中の紛争下で起きている性暴力との闘い
		ナディア・ムラド	イラク	同上
☐	2019年	アビー・アハメド	エチオピア	首相として隣国エリトリアとの紛争解決に尽力
☐	2020年	世界食糧計画（WFP）	—	世界各地で食糧支援を行い、飢餓と闘う
☐	2021年	マリア・レッサ	フィリピン	表現の自由を守るための努力
		ドミトリー・ムラトフ	ロシア	同上

✓ 主なノーベル文学賞受賞者

☐	1915年	ロマン・ロラン	フランス	『ジャン・クリストフ』など
☐	1925年	バーナード・ショー	イギリス	『ピグマリオン』など
☐	1929年	トーマス・マン	ドイツ	『ヴェニスに死す』など
☐	1946年	ヘルマン・ヘッセ	スイス／ドイツ	『車輪の下』など
☐	1954年	ヘミングウェイ	アメリカ	『老人と海』など
☐	1957年	カミュ	フランス	『ペスト』など
☐	1962年	スタインベック	アメリカ	『怒りの葡萄』など
☐	1965年	ショーロホフ	旧ソ連	『静かなドン』など
☐	1999年	ギュンター・グラス	ドイツ	『ブリキの太鼓』など
☐	2012年	莫言（モー・イエン）	中国	『紅い高粱』など
☐	2016年	ボブ・ディラン	アメリカ	『風に吹かれて』など
☐	2017年	カズオ・イシグロ	イギリス	『日の名残り』など
☐	2020年	ルイーズ・グリュック	アメリカ	『ワイルド・アイリス』など
☐	2021年	アブドゥルラザク・グルナ	タンザニア	『パラダイス』など

一覧表② 芥川賞・直木賞

☑ 芥川賞・直木賞受賞者

		芥川賞	直木賞
2022年	上半期	高瀬隼子『おいしいごはんが食べられますように』	窪美澄『夜に星を放つ』
2021年	下半期	砂川文次『ブラックボックス』	今村翔吾『塞王の楯』 米澤穂信『黒牢城』
	上半期	石沢麻依『貝に続く場所にて』 李琴峰『彼岸花が咲く島』	佐藤究『テスカトリポカ』 澤田瞳子『星落ちて、なお』
2020年	下半期	宇佐見りん『推し、燃ゆ』	西條奈加『心淋し川』
	上半期	高山羽根子『首里の馬』 遠野遥『破局』	馳星周『少年と犬』
2019年	下半期	古川真人『背高泡立草』	川越宗一『熱源』
	上半期	今村夏子『むらさきのスカートの女』	大島真寿美『渦 妹背山婦女庭訓 魂結び』
2018年	下半期	上田岳弘『ニムロッド』 町屋良平『1R1分34秒』	真藤順丈『宝島』
	上半期	高橋弘希『送り火』	島本理生『ファーストラヴ』
2017年	下半期	若竹千佐子『おらおらでひとりいぐも』 石井遊佳『百年泥』	門井慶喜『銀河鉄道の父』
	上半期	沼田真佑『影裏』	佐藤正午『月の満ち欠け』
2016年	下半期	山下澄人『しんせかい』	恩田陸『蜜蜂と遠雷』
	上半期	村田沙耶香『コンビニ人間』	荻原浩『海の見える理髪店』
2015年	下半期	滝口悠生『死んでいない者』 本谷有希子『異類婚姻譚』	青山文平『つまをめとらば』
	上半期	羽田圭介『スクラップ・アンド・ビルド』 又吉直樹『火花』	東山彰良『流』
2014年	下半期	小野正嗣『九年前の祈り』	西加奈子『サラバ！』
	上半期	柴崎友香『春の庭』	黒川博行『破門』
2013年	下半期	小山田浩子『穴』	朝井まかて『恋歌』 姫野カオルコ『昭和の犬』
	上半期	藤野可織『爪と目』	桜木紫乃『ホテルローヤル』
2012年	下半期	黒田夏子『abさんご』	安部龍太郎『等伯』 朝井リョウ『何者』
	上半期	鹿島田真希『冥土めぐり』	辻村深月『鍵のない夢を見る』

年		芥川賞	直木賞
2011年	下半期	円城塔『道化師の蝶』 田中慎弥『共喰い』	葉室麟『蜩ノ記』
	上半期		池井戸潤『下町ロケット』
2010年	下半期	朝吹真理子『きことわ』 西村賢太『苦役列車』	木内昇『漂砂のうたう』 道尾秀介『月と蟹』
	上半期	赤染晶子『乙女の密告』	中島京子『小さいおうち』
2009年	下半期		佐々木譲『廃墟に乞う』 白石一文『ほかならぬ人へ』
	上半期	磯崎憲一郎『終の住処』	北村薫『鷺と雪』
2008年	下半期	津村記久子『ポトスライムの舟』	天童荒太『悼む人』 山本兼一『利休にたずねよ』
	上半期	楊逸『時が滲む朝』	井上荒野『切羽へ』
2007年	下半期	川上未映子『乳と卵』	桜庭一樹『私の男』
	上半期	諏訪哲史『アサッテの人』	松井今朝子『吉原手引草』
2006年	下半期	青山七恵『ひとり日和』	
	上半期	伊藤たかみ『八月の路上に捨てる』	三浦しをん『まほろ駅前多田便利軒』 森絵都『風に舞いあがるビニールシート』
2005年	下半期	絲山秋子『沖で待つ』	東野圭吾『容疑者Xの献身』
	上半期	中村文則『土の中の子供』	朱川湊人『花まんま』
2004年	下半期	阿部和重『グランド・フィナーレ』	角田光代『対岸の彼女』
	上半期	モブ・ノリオ『介護入門』	奥田英朗『空中ブランコ』 熊谷達也『邂逅の森』
2003年	下半期	綿矢りさ『蹴りたい背中』 金原ひとみ『蛇にピアス』	江國香織『号泣する準備はできていた』 京極夏彦『後巷説百物語』
	上半期	吉村萬壱『ハリガネムシ』	石田衣良『4TEEN』 村山由佳『星々の舟』
2002年	下半期	大道珠貴『しょっぱいドライブ』	
	上半期	吉田修一『パーク・ライフ』	乙川優三郎『生きる』
2001年	下半期	長嶋有『猛スピードで母は』	山本一力『あかね空』 唯川恵『肩ごしの恋人』
	上半期	玄侑宗久『中陰の花』	藤田宜永『愛の領分』
2000年	下半期	青来有一『聖水』 堀江敏幸『熊の敷石』	重松清『ビタミンF』 山本文緒『プラナリア』
	上半期	町田康『きれぎれ』 松浦寿輝『花腐し』	金城一紀『GO』 船戸与一『虹の谷の五月』
1999年	下半期	玄月『蔭の棲みか』 藤野千夜『夏の約束』	なかにし礼『長崎ぶらぶら節』
	上半期		佐藤賢一『王妃の離婚』 桐野夏生『柔らかな頬』

（以下略）

最新時事 一覧表③ 日本の遺産

☑ 日本の世界遺産

文化遺産

1993年12月	法隆寺地域の仏教建造物	奈良県
1993年12月	姫路城	兵庫県
1994年12月	古都京都の文化財	京都府・滋賀県
1995年12月	白川郷・五箇山の合掌造り集落	富山県・岐阜県
1996年12月	原爆ドーム	広島県
1996年12月	厳島神社	広島県
1998年12月	古都奈良の文化財	奈良県
1999年12月	日光の社寺	栃木県
2000年12月	琉球王国のグスク及び関連遺産群	沖縄県
2004年7月	紀伊山地の霊場と参詣道	奈良県・和歌山県・三重県
2007年7月	石見銀山遺跡とその文化的景観	島根県
2011年6月	平泉−仏国土（浄土）を表す建築・庭園及び考古学的遺跡群	岩手県
2013年6月	富士山−信仰の対象と芸術の源泉	山梨県・静岡県
2014年6月	富岡製糸場と絹産業遺産群	群馬県
2015年7月	明治日本の産業革命遺産　製鉄・製鋼、造船、石炭産業	岩手県・静岡県・長崎県・福岡県・山口県・佐賀県・熊本県・鹿児島県
2016年7月	ル・コルビュジエの建築作品−近代建築運動への顕著な貢献−（国立西洋美術館）	東京都
2017年7月	「神宿る島」宗像・沖ノ島と関連遺産群	福岡県
2018年6月	長崎と天草地方の潜伏キリシタン関連遺産	長崎県・熊本県
2019年7月	百舌鳥・古市古墳群−古代日本の墳墓群−	大阪府
2021年7月	北海道・北東北の縄文遺跡群	北海道・青森県・岩手県・秋田県

自然遺産

1993年12月	屋久島	鹿児島県
1993年12月	白神山地	青森県・秋田県

2005年7月	知床		北海道
2011年6月	小笠原諸島		東京都
2021年7月	奄美大島、徳之島、沖縄島北部及び西表島		鹿児島県・沖縄県

☑ 日本の無形文化遺産

能楽		アイヌの古式舞踊	北海道
人形浄瑠璃文楽		組踊	沖縄県
歌舞伎		結城紬	茨城県・栃木県
雅楽		壬生の花田植	広島県
小千谷縮・越後上布	新潟県	佐陀神能	島根県
奥能登のあえのこと	石川県	那智の田楽	和歌山県
早池峰神楽	岩手県	和食：日本人の伝統的な食文化	
秋保の田植踊	宮城県	和紙：日本の手漉和紙技術	
チャッキラコ	神奈川県	山・鉾・屋台行事	
大日堂舞楽	秋田県	来訪神：仮面・仮装の神々	
題目立	奈良県	伝統建築工匠の技：木造建造物を受け継ぐための伝統技術	

☑ 日本の世界農業遺産

トキと共生する佐渡の里山	新潟県
能登の里山里海	石川県
静岡の茶草場農法	静岡県
阿蘇の草原の維持と持続的農業	熊本県
クヌギ林とため池がつなぐ国東半島・宇佐の農林水産循環	大分県
清流長良川の鮎－里川における人と鮎のつながり－	岐阜県
みなべ・田辺の梅システム	和歌山県
高千穂郷・椎葉山の山間地農林業複合システム	宮崎県
持続可能な水田農業を支える「大崎耕土」の伝統的水管理システム	宮城県
静岡水わさびの伝統栽培－発祥の地が伝える人とわさびの歴史－	静岡県
にし阿波の傾斜地農耕システム	徳島県

最新時事 一覧表④ 書籍・映画・音楽ランキング

☑ 2021年 年間書籍ベストセラー（総合）　2020年11月24日～2021年11月21日　トーハン調べ

1	秘密の法 人生を変える新しい世界観	大川隆法	幸福の科学出版
2	スマホ脳	アンデシュ・ハンセン 著 久山葉子 訳	新潮社
3	推し、燃ゆ	宇佐見りん	河出書房新社
4	52ヘルツのクジラたち	町田そのこ	中央公論新社
5	人は話し方が9割	永松茂久	すばる舎
6	星ひとみの天星術	星ひとみ	幻冬舎
7	本当の自由を手に入れる お金の大学	両@リベ大学長	朝日新聞出版
8	鬼滅の刃 塗絵帳 －蒼－、－紅－、－橙－、－藍－	吾峠呼世晴	集英社
9	よけいなひと言を好かれるセリフに変える言いかえ図鑑	大野萌子	サンマーク出版
10	呪術廻戦 逝く夏と還る秋・夜明けのいばら道	芥見下々 北國ばらっど	集英社

☑ 2021年 映画 国内興行収入（邦画）ランキング　出典元:日本映画製作者連盟

1	シン・エヴァンゲリオン劇場版	102.8（億円）
2	名探偵コナン 緋色の弾丸	76.5
3	竜とそばかすの姫	66.0
4	ARASHI Anniversary Tour 5×20 FILM "Record of Memories"	45.5
5	東京リベンジャーズ	45.0
6	るろうに剣心　最終章 The Final	43.5
7	新解釈・三國志	40.3
8	花束みたいな恋をした	38.1
9	マスカレード・ナイト	38.1
10	僕のヒーローアカデミア THE MOVIE ワールド ヒーローズ ミッション	33.9

2022年1月発表

☑ 2021年 映画 国内興行収入（洋画）ランキング

出典元：日本映画製作者連盟

1	ワイルド・スピード／ジェットブレイク	36.7（億円）
2	007／ノー・タイム・トゥ・ダイ	27.2
3	ゴジラvsコング	19.0
4	映画 モンスターハンター	12.5
5	エターナルズ	12.0

2022年1月発表

☑ 2021年 年間シングルランキング

オリコン調べ（oricon.co.jp）

1	Grandeur	Snow Man	100.3（万枚）
2	HELLO HELLO	Snow Man	89.3
3	初心LOVE（うぶらぶ）	なにわ男子	82.6
4	Secret Touch	Snow Man	77.4
5	僕は僕を好きになる	乃木坂46	71.8

☑ 2021年 年間アルバムランキング

オリコン調べ（oricon.co.jp）

1	BTS, THE BEST	BTS	99.3（万枚）
2	Snow Mania S1	Snow Man	91.2
3	1 ST	SixTONES	59.1
4	Re:Sense	King & Prince	50.0
5	Attacca	SEVENTEEN	34.5

☑ 2021年 年間デジタルシングル（単曲）ランキング

オリコン調べ（oricon.co.jp）

1	ドライフラワー	優里	46.1（万DL）
2	うっせぇわ	Ado	35.8
3	夜に駆ける	YOASOBI	33.6
4	怪物	YOASOBI	33.2
5	炎	LiSA	32.7

時事英語① 国際略語

AFTA	ASEAN自由貿易地域	ASEAN Free Trade Area
AP	AP通信社（アメリカ）	Associated Press
APEC	アジア太平洋経済協力	Asia-Pacific Economic Cooperation
ASEAN	東南アジア諸国連合	Association of Southeast Asian Nations
AU	アフリカ連合	African Union
BBC	英国放送協会	British Broadcasting Corporation
BIS	国際決済銀行	Bank for International Settlements
CIA	中央情報局（アメリカ）	Central Intelligence Agency
CIS	独立国家共同体	Commonwealth of Independent States
COP	締約国会議	Conference of the Parties
CTBT	包括的核実験禁止条約	Comprehensive Nuclear-Test-Ban Treaty
ECB	欧州中央銀行	European Central Bank
EFTA	欧州自由貿易連合	European Free Trade Association
EPA	経済連携協定	Economic Partnership Agreement
EU	欧州連合	European Union
FAO	国連食糧農業機関	Food and Agriculture Organization of the United Nations
FBI	連邦捜査局（アメリカ）	Federal Bureau of Investigation
FRB	連邦準備制度理事会（アメリカ）	Federal Reserve Board
FTA	自由貿易協定	Free Trade Agreement
G8	主要8か国首脳会議	Group of Eight
IAEA	国際原子力機関	International Atomic Energy Agency
IBRD	国際復興開発銀行	International Bank for Reconstruction and Development
ICC	国際刑事裁判所	International Criminal Court
ICJ	国際司法裁判所	International Court of Justice
ILO	国際労働機関	International Labour Organization
IMF	国際通貨基金	International Monetary Fund
IOC	国際オリンピック委員会	International Olympic Committee

ISO	国際標準化機構	International Organization for Standardization
ISS	国際宇宙ステーション	International Space Station
JICA	国際協力機構	Japan International Cooperation Agency
LDC	後発開発途上国	Least Developed Country
NAFTA	北米自由貿易協定	North American Free Trade Agreement
NATO	北大西洋条約機構	North Atlantic Treaty Organization
NPT	核拡散防止条約	Treaty on the Non-Proliferation of Nuclear Weapons
OAPEC	アラブ石油輸出国機構	Organization of Arab Petroleum Exporting Countries
OAS	米州機構	Organization of American States
ODA	政府開発援助	Official Development Assistance
OECD	経済協力開発機構	Organisation for Economic Co-operation and Development
OPEC	石油輸出国機構	Organization of the Petroleum Exporting Countries
PKO	国連平和維持活動	United Nations Peacekeeping Operations
TPP	環太平洋パートナーシップ協定	Trans-Pacific Partnership
UN	国際連合	United Nations
UNCTAD	国連貿易開発会議	United Nations Conference on Trade and Development
UNESCO	国連教育科学文化機関	United Nations Educational, Scientific and Cultural Organization
UNHCR	国連難民高等弁務官事務所	United Nations High Commissioner for Refugees
UNICEF	国連児童基金	United Nations Children's Fund
WFP	国連世界食糧計画	United Nations World Food Programme
WHO	世界保健機関	World Health Organization
WIPO	世界知的所有権機構	World Intellectual Property Organization
WTO	世界貿易機関	World Trade Organization

時事英語② 英略語

最新時事

ad	Advertisement	広告
A.D.	Anno Domini（ラテン語）	西暦、紀元
AD	Assistant Director	アシスタントディレクター
AED	Automated External Defibrillator	自動体外式除細動器
AIDS	Acquired Immunodeficiency Syndrome	エイズ、後天性免疫不全症候群
ATM	Automatic Teller Machine	現金自動預け払い機
ATS	Automatic Train Stop	自動列車停止装置
B.C.	Before Christ	紀元前
BSE	Bovine Spongiform Encephalopathy	牛海綿状脳症
BtoB	Business to Business	企業間取引
BtoC	Business to Consumer	企業対消費者間取引
CATV	CAble TeleVision	ケーブルテレビ
CD	Compact Disc	コンパクトディスク
CD	Cash Dispenser	現金自動支払機
CEO	Chief Executive Officer	最高経営責任者
CSR	Corporate Social Responsibility	企業の社会的責任
CT	Computed Tomography	コンピュータ断層撮影
CtoC	Consumer to Consumer	消費者間取引
DIY	Do-It-Yourself	日曜大工など
DV	Domestic Violence	家庭内暴力
DVD	Digital Versatile Disc	デジタル多用途ディスク
EC	Electronic Commerce	電子商取引
ETC	Electronic Toll Collection System	電子料金収受システム
FB	Facebook	SNSのフェイスブック
FIFA	Fédération Internationale de Football Association（仏語）	国際サッカー連盟
FP	Financial Planner	ファイナンシャル・プランナー
GDP	Gross Domestic Product	国内総生産
GFP	Green Fluorescent Protein	緑色蛍光タンパク質
GNI	Gross National Income	国民総所得
GNP	Gross National Product	国民総生産
GPS	Global Positioning System	全地球測位システム
HIV	Human Immunodeficiency Virus	ヒト免疫不全ウイルス、エイズウイルス

HTML	HyperText Markup Language	ハイパーテキストマークアップ言語
HTTP	HyperText Transfer Protocol	ハイパーテキスト転送プロトコル
ICU	Intensive Care Unit	集中治療室
ID	Identification	身分証明
iPS	Induced Pluripotent Stem cells	人工多能性幹細胞
IQ	Intelligence Quotient	知能指数
JASRAC	Japanese Society for Rights of Authors, Composers and Publishers	日本音楽著作権協会
JPEG	Joint Photographic Experts Group	コンピュータで扱うフルカラー表示の静止画像形式
LAN	Local Area Network	構内情報通信網
LCC	Low-Cost Carrier	格安航空会社
LED	Light Emitting Diode	発光ダイオード
M&A	Mergers and Acquisitions	企業の合併及び買収
MBA	Master of Business Administration	経営学修士
MBO	Management Buy-Out	経営陣買収、オーナー経営者としての独立
NGO	Non-Governmental Organization	非政府組織
NNW	Net National Welfare	国民純福祉、純国民福祉
NPO	Non Profit Organization	民間非営利組織
OEM	Original Equipment Manufacturing	相手先ブランド名製造
OS	Operating System	オペレーティングシステム
PB	Private Brand	プライベートブランド
PDF	Portable Document Format	電子文書のファイル形式
QC	Quality Control	品質管理（活動）
RGB	Red-Green-Blue	光の三原色（赤、緑、青）
SARS	Severe Acute Respiratory Syndrome	重症急性呼吸器症候群
SNS	Social Networking Service	ソーシャル・ネットワーキング・サービス
SOHO	Small Office / Home Office	小規模なオフィスで仕事をする形態
SPA	Speciality store retailer of Private label Apparel	製造小売業
TCP/IP	Transmission Control Protocol / Internet Protocol	インターネットなどの通信プロトコル
UFO	Unidentified Flying Object	未確認飛行物体
UV	Ultraviolet	紫外線
VIP	Very Important Person	重要人物
WBC	World Baseball Classic	野球世界一決定戦

最新時事 時事英語③ ニュース英語

問題 次の英単語を日本語に直しなさい。

▼解答

1	biodiversity	生物多様性
2	crude oil	原油
3	eco-friendly	生態系に優しい
4	geothermal power generation	地熱発電
5	radioactive waste	放射性廃棄物
6	sustainability	持続可能性
7	military action	軍事行動
8	refugee	難民
9	economic sanction	経済制裁
10	international terrorist organization	国際テロ組織
11	negotiation	交渉
12	tha Liberal Democratic Party of Japan	自由民主党（日本）
13	diplomat	外交官
14	the Conservative Party	保守党（イギリス）
15	Secretary of State	国務長官
16	the Republican Party	共和党（アメリカ）
17	Security Council	安全保障理事会
18	federal government	連邦政府
19	protocol	議定書
20	interest rate	金利
21	stockholder	株主
22	investment	投資
23	audit	監査
24	International Space Station	国際宇宙ステーション
25	caucus	党員集会
26	national health insurance	国民健康保険
27	gene therapy	遺伝子治療

問題 次の日本語を英語に直しなさい。

▼解答

1	地球温暖化	global warming
2	絶滅危惧種	endangered species
3	原子力発電所	nuclear power plant
4	気候変動	climate change
5	国際連合	United Nations
6	平和維持活動	peacekeeping operations [PKO]
7	投票	vote
8	民主党（アメリカ）	the Democratic Party
9	総選挙	general election
10	総理大臣	prime minister
11	予算	budget
12	労働党（イギリス）	the Labour Party
13	憲法	constitution
14	銃規制	gun control
15	条約	treaty
16	新興国	emerging nation
17	株式市場	stock market
18	失業率	unemployment rate
19	外国為替	foreign exchange
20	経済危機	economic crisis
21	消費者物価	consumer prices
22	所得税	income tax
23	金融政策	financial policy
24	不況	depression
25	出生率	birthrate
26	年金	pension
27	脳死	brain death
28	ウイルス	virus
29	世界遺産	world heritage

トレンド

最新時事

国語

社会

英語

数学

理科

文化

キーワード

問題 次の〔　　〕内から適切な語を選びなさい。

▼解答と解説

1 The typhoon hit Tokai area yesterday, but there hasn't been much [damage, accident].

damage
「昨日、台風が東海地方を襲ったが、大した被害はなかった」
damage「被害」

2 The gunmen attacked the [aid, help] workers who were working in the country.

aid
「武装集団がその国で働いていた救援隊員を襲った」
aid worker「救援隊員、援助活動家」

3 All the [hostages, hostilities] were finally released with no injury.

hostages
「ついに人質は全員、ケガもなく解放された」
hostage「人質」 hostility「敵意」
（hostilities「戦争行為」）

4 The [funeral, memorial] of the famous singer, who died of a heart attack, has taken place.

funeral
「心臓発作のため亡くなった有名な歌手の葬儀が執り行われた」
funeral「葬儀」 memorial serviceであれば「追悼式」という意味になる。

5 The disease affects several parts of the brain, leading to serious [systems, symptoms].

symptoms
「その病気は脳の数か所に影響を及ぼし、深刻な症状を引き起こす」
symptom「症状」

6 Fair trade offers better trading [conditions, occupations] to producers.

conditions
「フェアトレードは、生産者によりよい取引条件を提供する」
condition「条件」 occupation「職業」

7 We need to reduce CO$_2$ [emissions, exhaust] from fossil fuel combustion.

emissions
「私たちは化石燃料の燃焼による二酸化炭素排出量を減らさなければならない」
emission「排出（量）」 fossil fuel「化石燃料」

8 They have been working on drastic economic [perform, reform].

reform
「彼らは徹底的な経済改革に取り組んでいる」
economic reform「経済改革」

9 The number of people who were killed in the [conflict, contract] is at least 30,000.

conflict
「その紛争で殺された人の数は少なくとも3万人に及ぶ」
conflict「紛争」 contract「契約」

10 She is expected to make a full [recovery, regain] from brain infarction.

recovery
「彼女は脳梗塞から完全に回復する見込みだ」
recovery「回復」 make a recoveryで「回復する」。regain「取り戻す」は動詞。

第3章

一般常識

国語 漢字の読み

問題 次の[　]内の漢字の読みを答えなさい。

▼解答

1 [ ] [訴訟]の処理が[逐次]行われる。　そしょう、ちくじ

2 [ ] この町の[老舗]が[破綻]した。　しにせ、はたん

3 [ ] 寺院に住む[敬虔]な[僧侶]。　けいけん、そうりょ

4 [ ] [署名]と[捺印]が必要です。　しょめい、なついん

5 [ ] あの会社の[悪辣]さに[辟易]する。　あくらつ、へきえき

6 [ ] [邸宅]に住むご主人に[会釈]する。　ていたく、えしゃく

7 [ ] [横柄]な上司が[更迭]される。　おうへい、こうてつ

8 [ ] [未曽有]の被害を受けた街が[再興]する。　みぞう、さいこう

9 [ ] 事実が[歪曲]され、嘘が[捏造]される。　わいきょく、ねつぞう

10 [ ] [杜撰]な計画では、[盤石]な経営は望めない。　ずさん、ばんじゃく

11 [ ] [収賄]事件により、役職を[罷免]される。　しゅうわい、ひめん

12 [ ] [剽軽]なイメージを[払拭]する。　ひょうきん、ふっしょく

13 [ ] 新たな仕事を[斡旋]され、[俄然]元気が出る。　あっせん、がぜん

14 [ ] 大国による小国からの[搾取]を[指摘]する。　さくしゅ、してき

15 [ ] 今は[廃]れてしまった古寺を[参詣]する。　すた、さんけい

16 [ ] [貪欲]さゆえに、忠告を[蔑]ろにした弟。　どんよく、ないがし

17 [ ] [猜疑心]の強い王が[謁見]を認めた。　さいぎしん、えっけん

18 [ ] [熾烈]な戦争が[凄惨]な光景を作った。　しれつ、せいさん

19 [ ] [恩師]を[凌駕]する研究を行う。　おんし、りょうが

20 [ ] [好事家]の彼は、その分野に[造詣]が深い。　こうずか、ぞうけい

21 [ ] 門番に[誰何]された[浪士]。　すいか、ろうし

22 [ ] [呑気]な彼は[尽]く失敗した。　のんき、ことごと

23 [ ] 自分の[拙]い振る舞いを[懸念]する。　つたな、けねん

24 [ ] 彼は[冤罪]との噂が[流布]する。　えんざい、るふ

25 [ ] [霊験]あらたかな地を[行脚]する。　れいげん、あんぎゃ

26 [ ] [罹災者]支援の進展が[芳]しくない。　りさいしゃ、かんば

27 [ ] [恣意的]な行為との非難を[免]れない。　しいてき、まぬか

110

28 ☐	[曖昧]な申し出には[諾意]を示せない。	あいまい、だくい
29 ☐	友人の[訃報]に[悼]む。	ふほう、いた
30 ☐	[胡乱]な人物だと[誹]りを受ける。	うろん、そし
31 ☐	[隠蔽]されていた事実が[露呈]する。	いんぺい、ろてい
32 ☐	大名の[嫡子]が跡を[継]いだ。	ちゃくし、つ
33 ☐	[刹那]主義に[陥]ってはいけない。	せつな、おちい
34 ☐	[飢饉]による[甚大]な被害。	ききん、じんだい
35 ☐	[挨拶]で、人との[軋轢]を避ける。	あいさつ、あつれき
36 ☐	[慇懃]な[態度]で迎える。	いんぎん、たいど
37 ☐	[辛辣]な悪口に[憤]りを感じる。	しんらつ、いきどお
38 ☐	[贔屓]の役者の[愁嘆場]。	ひいき、しゅうたんば
39 ☐	[種苗]を[丁寧]に扱う。	しゅびょう、ていねい
40 ☐	上司の[逆鱗]に[触]れる。	げきりん、ふ
41 ☐	給料が[逓増]し借金を[返済]する。	ていぞう、へんさい
42 ☐	魚が[象]られた[漆]細工。	かたど、うるし
43 ☐	[誓約]を[反故]にする。	せいやく、ほご
44 ☐	犯罪を[教唆]したとの[審判]。	きょうさ、しんぱん
45 ☐	[鷹揚]なふるまいで[恨]まれる。	おうよう、うら
46 ☐	[虎口]は脱したが、[甚]だ危険だ。	ここう、はなは
47 ☐	[叱咤]激励を[真摯]に受け止める。	しった、しんし
48 ☐	[希有]な才能を[宿]す人。	けう、やど
49 ☐	[溌剌]とした彼は[羨望]の的だ。	はつらつ、せんぼう
50 ☐	[論旨]を[敷衍]して説明する。	ろんし、ふえん
51 ☐	[似非]善人に[愚弄]される。	えせ、ぐろう
52 ☐	君主に[謀反]し、城に[籠城]する。	むほん、ろうじょう
53 ☐	[不祥事]により[弾劾]される。	ふしょうじ、だんがい
54 ☐	[汎用性]の高さに[驚愕]する。	はんようせい、きょうがく
55 ☐	[懇]ろに[弔]いをする。	ねんご、とむら
56 ☐	両国の[蜜月]時代が[終焉]する。	みつげつ、しゅうえん
57 ☐	才を[衒]う[饒舌家]。	てら、じょうぜつか

国語 難読漢字

問題 次の〔　〕内の漢字の読みを答えなさい。

▼解答

1	〔所望〕	しょもう
2	〔歯牙〕	しが
3	〔案山子〕	かかし
4	〔何処〕	どこ
5	〔仲人〕	なこうど
6	〔為替〕	かわせ
7	〔澱粉〕	でんぷん
8	〔颯爽〕	さっそう
9	〔嗚咽〕	おえつ
10	〔贔屓〕	ひいき
11	〔甲板〕	かんぱん
12	〔足袋〕	たび
13	〔行脚〕	あんぎゃ
14	〔深山〕	みやま
15	〔雪崩〕	なだれ
16	〔名残〕	なごり
17	〔蝶番〕	ちょうつがい
18	〔狼煙〕	のろし
19	〔網代〕	あじろ
20	〔塩梅〕	あんばい
21	〔扇子〕	せんす
22	〔足枷〕	あしかせ
23	〔小豆〕	あずき
24	〔苦渋〕	くじゅう
25	〔東風〕	こち
26	〔徒然〕	つれづれ
27	〔怪訝〕	けげん

28	〔刹那〕	せつな
29	〔野良〕	のら
30	〔幾重〕	いくえ
31	〔生贄〕	いけにえ
32	〔勾玉〕	まがたま
33	〔祝詞〕	のりと
34	〔束子〕	たわし
35	〔睫毛〕	まつげ
36	〔驟雨〕	しゅうう
37	〔白髪〕	しらが
38	〔納戸〕	なんど
39	〔炬燵〕	こたつ
40	〔凡例〕	はんれい
41	〔神楽〕	かぐら
42	〔布団〕	ふとん
43	〔田舎〕	いなか
44	〔硫黄〕	いおう
45	〔八百屋〕	やおや
46	〔行方〕	ゆくえ
47	〔日和〕	ひより
48	〔素人〕	しろうと
49	〔玄人〕	くろうと
50	〔七夕〕	たなばた
51	〔硝子〕	がらす
52	〔黄昏〕	たそがれ
53	〔暖簾〕	のれん
54	〔土産〕	みやげ

55	〔浮気〕	うわき
56	〔独楽〕	こま
57	〔知悉〕	ちしつ
58	〔兵糧〕	ひょうろう
59	〔下戸〕	げこ
60	〔灰汁〕	あく
61	〔雑魚〕	ざこ
62	〔息吹〕	いぶき
63	〔固唾〕	かたず
64	〔剃刀〕	かみそり
65	〔行灯〕	あんどん
66	〔花魁〕	おいらん
67	〔言伝〕	ことづて
68	〔呆気〕	あっけ
69	〔欠片〕	かけら
70	〔所以〕	ゆえん
71	〔所謂〕	いわゆる
72	〔直截〕	ちょくせつ
73	〔松明〕	たいまつ
74	〔姑息〕	こそく
75	〔十八番〕	おはこ
76	〔丁稚〕	でっち
77	〔眩暈〕	めまい
78	〔帷子〕	かたびら
79	〔浴衣〕	ゆかた
80	〔雪隠〕	せっちん
81	〔脚気〕	かっけ
82	〔粗忽〕	そこつ
83	〔真砂〕	まさご
84	〔怖気〕	おじけ

85	〔知己〕	ちき
86	〔気質〕	かたぎ
87	〔不束〕	ふつつか
88	〔山車〕	だし
89	〔蚊帳〕	かや
90	〔香具師〕	やし
91	〔般若〕	はんにゃ
92	〔生憎〕	あいにく
93	〔業火〕	ごうか
94	〔迂闊〕	うかつ
95	〔曲者〕	くせもの
96	〔旅籠〕	はたご
97	〔濁声〕	だみごえ
98	〔面子〕	めんつ
99	〔十六夜〕	いざよい
100	〔神酒〕	みき
101	〔猪口〕	ちょこ
102	〔傍目〕	はため
103	〔木偶〕	でく
104	〔亀甲〕	きっこう
105	〔億劫〕	おっくう
106	〔不知火〕	しらぬい
107	〔狭間〕	はざま
108	〔達磨〕	だるま
109	〔猛者〕	もさ
110	〔蒲鉾〕	かまぼこ
111	〔目処〕	めど
112	〔熨斗〕	のし
113	〔供物〕	くもつ
114	〔刃傷〕	にんじょう

国語 漢字の書き取り

問題 次の[　　]内のカタカナを漢字に直しなさい。

▼解答

1 　仕事が[エンカツ]に進まず[ヒタン]に暮れる。　　円滑、悲嘆

2 　罪を[オカ]し、経歴が[マッショウ]される。　　犯、抹消

3 　[ソウレイ]な寺院に[カンゲキ]した。　　壮麗、感激

4 　河川の[ハンラン]を[ク]い止める。　　氾濫、食

5 　いつもご[アイコ]くださり、[カンシャ]申し上げます。　　愛顧、感謝

6 　かつて[スウジクコク]に名を[ツラ]ねた日本。　　枢軸国、連

7 　[タイダ]な生活に[シュウシフ]を打つ。　　怠惰、終止符

8 　相互[フジョ]の[セイシン]が大事だ。　　扶助、精神

9 　会社の[トリシマリヤク]に[シュウニン]する。　　取締役、就任

10 　[オンシャ]にすぐお[ウカガ]い致します。　　御社、伺

11 　[ヘイシャ]としましては、[ショウチ]しかねます。　　弊社、承知

12 　[ジョウホウ]をインターネットで[ケンサク]する。　　情報、検索

13 　[ケッカン]商品だと[クジョウ]を言う。　　欠陥、苦情

14 　[カワセ]相場の動きを[ヨソク]する。　　為替、予測

15 　[ツウキン]時間を早めて、机を[ソウジ]する。　　通勤、掃除

16 　規制の[カンワ]を[アッセン]する。　　緩和、斡旋

17 　[ハダネンレイ]が若くて[ウレ]しい。　　肌年齢、嬉

18 　ライバルに[ダキョウ]せず、[イッシ]報いる。　　妥協、一矢

19 　[ハケン]社員の人数が[サクゲン]される。　　派遣、削減

20 　[ケッシュツ]した[サイノウ]のもち主。　　傑出、才能

21 　[キョウキン]を開いて[テッテイテキ]に議論する。　　胸襟、徹底的

22 　あの国の[ブッカ]が[コウトウ]している。　　物価、高騰

23 　[ショグウ]の[カイゼン]を会社に求める。　　処遇、改善

24 　[イゼン]として社内の[フンイキ]は良くない。　　依然、雰囲気

25 　事故による[ソンガイ]の[ホショウ]を求める。　　損害、補償

26 　ポストに[トウカン]されていた[トクメイ]の手紙。　　投函、匿名

27 　[ザンテイテキ]にこのシステムを[イジ]する。　　暫定的、維持

28 □ [ハンカガイ]の[ザットウ]を独り歩く。　繁華街、雑踏

29 □ [コウショウ]相手を[カイジュウ]する。　交渉、懐柔

30 □ 白昼に起きた[サンゲキ]を[モクゲキ]した。　惨劇、目撃

31 □ 人間の[オロ]かさを[ニョジツ]に物語る写真。　愚、如実

32 □ 論理の[ムジュン]を[シテキ]される。　矛盾、指摘

33 □ [ハヤ]り物に[ホンロウ]される弟。　流行、翻弄

34 □ [フキュウ]の名作として[ショウカイ]される。　不朽、紹介

35 □ 全国の[カンコウチ]を[モウラ]する。　観光地、網羅

36 □ [カントク]がチームメイトを[コブ]した。　監督、鼓舞

37 □ 会社が[ハタン]する危機が[セマ]っている。　破綻、迫

38 □ 政財界の[ユチャク]は[ナットク]できない。　癒着、納得

39 □ [フドウサン]会社と[バイカイ]契約を結ぶ。　不動産、媒介

40 □ 社長の[ヒトガラ]に[ホ]れて入社を決める。　人柄、惚

41 □ [ツウキセイ]の高い[センイ]で作られた服。　通気性、繊維

42 □ 研究[ロンブン]の[スイコウ]を行う。　論文、推敲

43 □ [トクイサキ]と値段の[セッショウ]をする。　得意先、折衝

44 □ [ボウダイ]な数の[ネンガジョウ]が届く父。　膨大、年賀状

45 □ [キョウド]料理を[マンキツ]する。　郷土、満喫

46 □ [オンケン]な金融[セイサク]がとられる。　穏健、政策

47 □ 注意力が[サンマン]でミスが[ヒンパツ]する。　散漫、頻発

48 □ 取引[ジョウケン]を[ジョウホ]して同盟を結ぶ。　条件、譲歩

49 □ [ソンケイ]する[センパイ]が退社される。　尊敬、先輩

50 □ [イナカ]では、自動車は[ヒツジュ]品だ。　田舎、必需

51 □ メモの[ボウトウ]に連絡事項を[キサイ]する。　冒頭、記載

52 □ [ジョウ]のある食べ物を[セッシュ]する。　滋養、摂取

53 □ 納品が[チエン]したことをお[ワ]びします。　遅延、詫

54 □ 事件現場を[メンミツ]に調べて[ショウコ]を得る。　綿密、証拠

55 □ [ショミン]の[ゴラク]としての伝統文化。　庶民、娯楽

56 □ [コモン]の[ベンゴシ]に相談する。　顧問、弁護士

57 □ 少子[コウレイ]化が[ケンチョ]になる。　高齢、顕著

トレンド / 最新時事 / 国語 / 社会 / 英語 / 数学 / 理科 / 文化 / キーワード

国語 間違えやすい漢字

問題 次の[　]内の読みを答えなさい。

▼解答と解説

1. ◯ 職場の[雲囲気]が良い。　ふんいき　×ふいんき
2. ◯ 神社を[建立]する。　こんりゅう　×けんりつ
3. ◯ [奇]しくも同じ場所で開催されます。　く　×き
4. ◯ 囲碁の[定石]。　じょうせき　×ていせき
5. ◯ お寺の[境内]に座る。　けいだい　×きょうない
6. ◯ 宮廷の[御用達]のお菓子。　ごようたし、ごようたつ　×ごようたち
7. ◯ [肉汁]がしたたり落ちる。　にくじゅう　×にくじる
8. ◯ ここでお別れとは[名残]惜しいね。　なごり　×なのこり
9. ◯ 上司に[阿]る。　おもね　×あ
10. ◯ 彼は[強]かな人だ。　したた　×つよ
11. ◯ [強]ちそうでもない。　あなが　×つよ
12. ◯ [出納]係に連絡する。　すいとう　×しゅっとう
13. ◯ [外科]手術を行う。　げか　×がいか
14. ◯ [首相]の記者会見が始まる。　しゅしょう　×しゅそう
15. ◯ ゴミを[分別]して出す。　ぶんべつ　×ふんべつ
16. ◯ よく見る[文言]だ。　もんごん、ぶんげん　×もんげん
17. ◯ [約定]は守る。　やくじょう　×やくてい
18. ◯ [落丁]本を取り替えてもらう。　らくちょう　×らくてい
19. ◯ [汎用]性のあるシステム。　はんよう　×ぼんよう
20. ◯ [聴聞]会が開かれる。　ちょうもん　×ちょうぶん
21. ◯ [健気]なふるまい。　けなげ　×けんき
22. ◯ 物価が[乱高下]する。　らんこうげ　×らんこうか
23. ◯ 自己[嫌悪]から抜け出す。　けんお　×けんあく
24. ◯ [他人事]ではないよ。　ひとごと　×たにんごと
25. ◯ 帝国が[台頭]する。　たいとう　×だいとう
26. ◯ 両者を[相殺]する。　そうさい　×そうさつ
27. ◯ 政治家の[遊説]。　ゆうぜい　×ゆうせつ

116

問題 次の〔　〕内のカタカナを漢字に直しなさい。

▼解答と解説

	問題	解答	誤答
1	大臣が〔コウテツ〕される。	更迭	×更送
2	運動会の〔ツナ〕引競争。	綱	×網
3	和洋〔セッチュウ〕。	折衷	×折哀
4	〔カンガイ〕にふける。	感慨	×感概
5	大名の〔カシン〕。	家臣	×家巨
6	〔ロウキュウ〕化したビル。	老朽	×老巧
7	上手くいくかどうか〔ビミョウ〕だ。	微妙	×徴妙
8	〔ザンジ〕お待ちください。	暫時	×漸時
9	〔フンキ〕して頑張る。	奮起	×奪起
10	学習〔ジュク〕に通う。	塾	×熟
11	首都を〔セント〕する。	遷都	×還都
12	世間に〔ケンデン〕する。	喧伝	×宣伝
13	データを〔カイセキ〕する。	解析	×解折
14	〔ハンザツ〕な作業に追われる。	煩雑	×頒雑
15	勢力の〔キンコウ〕を保つ。	均衡	×均衝
16	欲望を〔ヨクセイ〕する。	抑制	×仰制
17	タンパク質が〔ギョウコ〕する。	凝固	×擬固
18	用意〔シュウトウ〕ですね。	周到	×周倒
19	地面に〔マイボツ〕する。	埋没	×理没
20	給料を〔チョチク〕する。	貯蓄	×貯畜
21	〔カンペキ〕な演技を見せる。	完璧	×完壁
22	クリップで紙を〔ハサ〕む。	挟	×狭
23	水が内部に〔シントウ〕する。	浸透	×侵透
24	経済が〔ヒヘイ〕する。	疲弊	×疲幣
25	光景が〔ノウリ〕に浮かぶ。	脳裏	×悩裏
26	野菜をハウス〔サイバイ〕する。	栽培	×裁培
27	〔ツイ〕にレポートが完成した。	遂	×逐
28	〔シャレ〕を言って笑わせる。	洒落	×酒落

国語 類義語・対義語

問題 次の[ ]内の言葉の類義語を答えなさい。

▼解答

1	[忍耐]	辛抱	28	[風格]	品格
2	[吟味]	検討	29	[不遜]	尊大
3	[普遍]	一般	30	[律儀]	実直
4	[黙殺]	無視	31	[進歩]	向上
5	[豪放]	大胆	32	[来歴]	由緒
6	[警戒]	用心	33	[納得]	了解
7	[真剣]	本気	34	[果断]	英断
8	[重荷]	負担	35	[冷酷]	非道
9	[抑圧]	圧迫	36	[容易]	簡単
10	[音信]	消息	37	[遺品]	形見
11	[左遷]	降格	38	[落胆]	失望
12	[佳境]	山場	39	[関与]	介入
13	[算段]	工面	40	[綿密]	細心
14	[親善]	友好	41	[不意]	突然
15	[引率]	案内	42	[堅実]	健全
16	[草稿]	原案	43	[肝要]	大事
17	[世相]	時流	44	[督促]	要求
18	[折衝]	交渉	45	[追想]	回想
19	[寄与]	貢献	46	[躍起]	必死
20	[通暁]	熟知	47	[沈着]	平静
21	[提携]	協力	48	[努力]	精進
22	[緊切]	火急	49	[薄情]	冷淡
23	[没頭]	専念	50	[機構]	組織
24	[細心]	丹念	51	[補足]	追加
25	[葛藤]	相克	52	[詳細]	委細
26	[錯覚]	幻想	53	[匹敵]	相当
27	[簡明]	端的	54	[尽力]	献身

問題 次の〔　　　〕内の言葉の対義語を答えなさい。

▼解答

#	語	解答	#	語	解答
1	〔秩序〕	混乱	29	〔過激〕	穏健
2	〔内容〕	形式	30	〔違反〕	遵守
3	〔総合〕	分析	31	〔栄華〕	没落
4	〔流動〕	固定	32	〔甚大〕	軽微
5	〔却下〕	受理	33	〔相対〕	絶対
6	〔冷静〕	興奮	34	〔故意〕	過失
7	〔浪費〕	倹約	35	〔客観〕	主観
8	〔膨張〕	収縮	36	〔饒舌〕	寡黙
9	〔敗北〕	勝利	37	〔演繹〕	帰納
10	〔悲哀〕	歓喜	38	〔相違〕	類似
11	〔分裂〕	統一	39	〔異端〕	正統
12	〔淡白〕	濃厚	40	〔懲罰〕	褒賞
13	〔華美〕	質素	41	〔虚構〕	事実
14	〔威圧〕	懐柔	42	〔検挙〕	釈放
15	〔迂回〕	直行	43	〔撤退〕	進出
16	〔一瞬〕	永遠	44	〔放任〕	干渉
17	〔服従〕	反抗	45	〔沈殿〕	浮遊
18	〔喧騒〕	静寂	46	〔私事〕	公務
19	〔苦痛〕	快楽	47	〔稚拙〕	巧妙
20	〔消滅〕	発生	48	〔名目〕	実質
21	〔特殊〕	一般	49	〔理論〕	実践
22	〔精巧〕	粗雑	50	〔湿潤〕	乾燥
23	〔苦言〕	甘言	51	〔内憂〕	外患
24	〔束縛〕	解放	52	〔保守〕	革新
25	〔危惧〕	安堵	53	〔左遷〕	栄転
26	〔妥結〕	決裂	54	〔具体〕	抽象
27	〔警戒〕	油断	55	〔招集〕	解散
28	〔虚偽〕	真実	56	〔潜在〕	顕在

国語 同音・同訓異字

問題 次の[　]内のカタカナにあたる漢字を（　）の中から選びなさい。

▼解答と解説

1 事態の[シュウシュウ]がつかない。
□（収集　収拾）

収拾
収集は物品を集めること。「ゴミを収集する」など。

2 [キカイ]体操が得意な弟。
□（機械　器械　奇怪）

器械
「器械」は小規模な装置の場合に使う。

3 のどが[カワ]きました。
□（乾　渇）

渇
「乾く」は、「洗濯物が乾く」などの場合に使用。

4 社内の[フショウ]事が隠蔽されていた。
□（不祥　不詳）

不祥
「不詳」は不明であることを意味し、「年齢不詳」などと使う。

5 雨の中、試合を[キョウコウ]した。
□（強硬　強行）

強行
「強硬」は、「強硬な姿勢を崩さない」などと使う。

6 一瞬の隙を[ツ]いた攻撃だった。
□（付　就　着　突）

突
「隙を衝く」と書く場合もある。

7 学生生活[サイゴ]の試練だ。
□（最期　最後）

最後
「最期」は命の終わる時に使われる。「親の最期をみとる」などと使う。

8 会社の福利[コウセイ]制度を調べる。
□（更生　厚生　校正）

厚生
「更生」は生まれ変わること。「校正」は文章や図版を修正すること。

9 父と碁を[ウ]つ。
□（撃　討　打）

打
「討つ」は「敵を討つ」、「撃つ」は「ピストルを撃つ」などと使う。

10 彼は[ホウヨウ]力のある人だ。
□（抱擁　包容）

包容
「抱擁」は抱きかかえること、という意味。

11 上司の[ケッサイ]を仰ぐ。
□（決済　決裁）

決裁
「決済」は「現金で決済する」などと使う。

12 大食い[キョウソウ]をする兄弟。
□（競走　競争）

競争
「競走」は走って競う場合に使う。「100m競走」、「リレー競走」など。

120

13 担当の者にその[ムネ]を伝えます。
（胸　旨　棟）

旨
「旨」は考えの内容、意向という意味をもつ。

14 部屋の空気を[カンキ]する。
（喚起　換気）

換気
「喚起」は、「交通安全を喚起する」などと使う。

15 命には[カ]えられない。
（変　代　換　飼　替）

代
二字熟語で考える。交代、代用、代理にかえられる場合は「代える」を使う。

16 栄華を[キワ]めた平家。
（究　極）

極
「究」は「学問を究める」、「真相を究める」などと使う。

17 [カタ]い信念は揺るがない。
（固　硬　堅）

固
それぞれ対義語は「固い⇔緩い」、「硬い⇔柔らかい」、「堅い⇔脆い」。

18 リーダーには君を[オ]すよ。
（押　推）

推
推薦する場合は「推す」を用いる。「押す」は物理的な力を加える場合。

19 北海道まで[アシ]を運んだ。
（脚　足）

足
「足」は足首から先のこと。転じて移動の手段や移動を表す。

20 優勝の[カ]かった試合。
（掛　架　懸）

懸
「掛かる」は、「わなに掛かる」、「仕事に掛かる」などと使う。

21 事故に[ア]ってしまった。
（会　合　逢　遭）

遭
「逢う」は親しい人と巡りあうことをいう。「遭う」は好ましくない場合。

22 年貢を[オサ]める領民。
（修　治　納　収）

納
税金などをおさめる場合は「納める」。「修める」は「学問を修める」などと使う。

23 あの峠を[コ]えていく。
（越　超）

越
場所や時間を通り過ぎる場合は「越」。「超」は基準や数量を上回る場合。

24 失敗を[カエリ]みる。
（顧　省）

省
反省の場合は「省みる」。「顧みる」は振り返る場合に使う。

25 武士が腰に刀を[サ]している。
（刺　射　指　差）

差
「差す」は「傘を差す」、「影が差す」、「赤みが差す」などにも使われる。

国語　熟語

問題 次の□に漢字を一字入れて、熟語を完成させなさい。

▼解答と解説

	問題	意味	解答	解説
1	□利	自然に受ける恩恵	冥	先生冥利（みょうり）に尽きる。
2	□醇	酒の香り、味がよい	芳	芳醇（ほうじゅん）な日本酒。
3	□訴	苦しみを嘆き訴える	愁	窮状を愁訴（しゅうそ）した。
4	□腔	体じゅう	満	満腔（まんこう）の敬意を表した。
5	悶□	苦しみもだえて気絶する	絶	苦痛に悶絶（もんぜつ）する。
6	□心	目的のために苦心する	腐	経営改善に腐心（ふしん）する。
7	□熱	焼けつくように熱い	灼	灼熱（しゃくねつ）の太陽。
8	強□	しなやかでねばり強い	靭	強靭（きょうじん）な肉体を誇る。
9	忽□	たちまちに起こる様子	然	忽然（こつぜん）と姿を消す。
10	□世	世をおおうほど優れた才能	蓋	蓋世（がいせい）の英雄である。
11	□歌	死を悼む詩歌	挽	闘いの挽歌（ばんか）。
12	□胤	子孫、末裔	後	古代の王の後胤（こういん）。
13	愚□	人を馬鹿にしてからかう	弄	他人の失敗を愚弄（ぐろう）するな。
14	□布	世の中に広まる	流	変な噂が流布（るふ）している。
15	凌□	他を追い抜いてその上に立つ	駕	先輩を凌駕（りょうが）する能力。
16	焦□	焦っていらいらする	燥	焦燥（しょうそう）感をもつ受験生。
17	畏□	おそれおののく	怖	畏怖（いふ）の念を抱く。
18	婉□	遠回しな表現	曲	婉曲（えんきょく）にお断りする。
19	□逞	慣行に従わず、ふとどき	不	不逞（ふてい）の輩がたむろする場所。
20	庇□	かばって守ること	護	両親の庇護（ひご）のもとで育つ。
21	螺□	ぐるぐると巻いている様子	旋	螺旋（らせん）階段を上る。
22	閉□	出入り口がふさがる	塞	閉塞（へいそく）感が広がる団体。
23	□鐸	人々を正しい方へと導く人	木	社会の木鐸（ぼくたく）たらんとす。
24	□遜	へりくだること	謙	謙遜（けんそん）して何も話さない。
25	普□	建築・土木の工事	請	大名が城を普請（ふしん）する。
26	馴□	なれさせ、なじませる	致	野生動物を馴致（じゅんち）する。
27	旺□	活力が非常に盛んである	盛	旺盛（おうせい）な好奇心のある人。

28	☐ 凄☐	すさまじい様子	惨	凄惨（せいさん）な戦場。
29	☐ 枕☐	枕のそば、枕もと	頭	枕頭（ちんとう）の書を買う。
30	☐ ☐餅	役に立たないものの例え	画	そんな計画は画餅（がべい）だ。
31	☐ ☐年	暦を調整するための年	閏	来年は閏年（うるうどし）ではない。
32	☐ 啞☐	あっけにとられるさま	然	意外な事件に啞然（あぜん）とする。
33	☐ 面☐	名誉や評判、体面、面子	目	面目（めんぼく）を失うことになった。
34	☐ 僻☐	一方にかたよった意見	見	友に対する僻見（へきけん）。
35	☐ 慧☐	物事の本質を見極める洞察力	眼	慧眼（けいがん）を備えた識者。
36	☐ 粉☐	表面上良く見せかける	飾	粉飾（ふんしょく）決算を行う。
37	☐ 震☐	震い動かす、震え上がらせる	撼	社会を震撼（しんかん）させた事件。
38	☐ 卑☐	日常的でありふれている	近	卑近（ひきん）な例を示す。
39	☐ 爾☐	それから後、それ以降	来	爾来（じらい）関係が良い。
40	☐ ☐然	にわかなさま、にわかに	俄	俄然（がぜん）勇気が出る。
41	☐ ☐起	大勢が一度に反乱を起こす	蜂	反乱軍が蜂起（ほうき）した。
42	☐ 一☐	ちらっと見ること	瞥	彼を一瞥（いちべつ）する。
43	☐ 射☐	努力せずに偶然の成功をねらう	幸	射幸（しゃこう）心をあおる言葉。
44	☐ ☐略	状況に応じた謀りごと	機	機略（きりゃく）に富む軍師。
45	☐ 牙☐	組織、勢力の中心、主将の居る場	城	皇帝の牙城（がじょう）に迫る。
46	☐ ☐落	しぼむ、衰える、おちぶれる	凋	資産家の凋落（ちょうらく）。
47	☐ ☐小	丈が低く規模が小さい	矮	矮小（わいしょう）な考え方をする。
48	☐ ☐事	事実、道理に合わないこと	僻	僻事（ひがごと）は避ける。
49	☐ ☐禱	無言のまま心の中で祈る	黙	黙禱（もくとう）をささげます。
50	☐ ☐捷	動作がすばやい	敏	敏捷（びんしょう）性の高い動物。
51	☐ ☐事	ささいなこと、小事	些	些事（さじ）にこだわらない。
52	☐ ☐弱	もろく、傷つきやすい	脆	脆弱（ぜいじゃく）な体を鍛える。
53	☐ ☐藤	相反する感情、対立する人間関係	葛	良心の葛藤（かっとう）に苦しむ。
54	☐ ☐見	まちがった意見、考え	謬	謬見（びゅうけん）を改める。
55	☐ ☐蔽	おおい隠す	掩	掩蔽（えんぺい）壕に隠れる。
56	☐ 報☐	労働の対価として得る金銭	酬	仕事の報酬（ほうしゅう）をもらう。
57	☐ 深☐	奥深く、底知れない	淵	悲しみの深淵（しんえん）。

国語 四字熟語

問題 次の□に漢字を一字ずつ入れて、四字熟語を完成させなさい。

▼解答と解説

1. □□[無人]（ぼうじゃくぶじん）　**傍若**　勝手気ままに振る舞うさま。

2. □□[未踏]（ぜんじんみとう）　**前人**　まだ誰も達成していないこと。

3. [波瀾]□□（はらんばんじょう）　**万丈**　変化が激しいさま。

4. [危急]□□（ききゅうそんぼう）　**存亡**　生死の瀬戸際のこと。

5. [徒手]□□（としゅくうけん）　**空拳**　手に何も持っていないこと。

6. [針小]□□（しんしょうぼうだい）　**棒大**　大げさな物言い。

7. □□[実行]（ふげんじっこう）　**不言**　黙って実行すること。

8. □□[爛漫]（てんしんらんまん）　**天真**　無邪気なさま。

9. [社交]□□（しゃこうじれい）　**辞令**　つき合い上の褒め言葉。

10. [直情]□□（ちょくじょうけいこう）　**径行**　感情にまかせて行動すること。

11. [疑心]□□（ぎしんあんき）　**暗鬼**　強い疑いから妄想にとらわれること。

12. □□[伝心]（いしんでんしん）　**以心**　心と心で通じ合うこと。

13. [明鏡]□□（めいきょうしすい）　**止水**　邪念の無い澄み切った心のこと。

14. □□[直入]（たんとうちょくにゅう）　**単刀**　前置きなくいきなり本題に入ること。

15. [本末]□□（ほんまつてんとう）　**転倒**　本質でないものを本質と考えること。

16. [千差]□□（せんさばんべつ）　**万別**　さまざまに異なって同じでないこと。

17. [昼夜]□□（ちゅうやけんこう）　**兼行**　昼も夜も仕事をすること。

18. □□[天外]（きそうてんがい）　**奇想**　凡人には思いつかない奇抜な考え。

19. [断崖]□□（だんがいぜっぺき）　**絶壁**　せっぱつまった状況。

20. □□[引水]（がでんいんすい）　**我田**　自分に都合良く物事を行うこと。

21. [一気]□□（いっきかせい）　**呵成**　一気に成し遂げること。

22. [内憂]□□（ないゆうがいかん）　**外患**　国内の心配事と、国外からの心配事。

23. [捲土]□□（けんどちょうらい）　**重来**　再び勢いを盛り返すこと。

24. □□[知新]（おんこちしん）　**温故**　昔の事物から新見解を得る。

25. □□[内柔]（ないじゅうがいごう）　**外剛**　弱々しい心と猛々しい外面との格差。

26. □□[離苦]（あいべつりく）　**愛別**　愛する者との別れのつらさ。

27. [徹頭]□□（てっとうてつび）　**徹尾**　始めから終わりまで。

124

28 ☐	[紆余]☐☐（うよきょくせつ）	曲折	曲がりくねっていること。
29 ☐	[優柔]☐☐（ゆうじゅうふだん）	不断	なかなか決断できないこと。
30 ☐	☐☐[自適]（ゆうゆうじてき）	悠悠	のんびりと生活するさま。
31 ☐	☐☐[贔屓]（ほうがんびいき）	判官	弱者に肩入れすること。
32 ☐	[暗中]☐☐（あんちゅうもさく）	模索	手探りでものごとを進めること。
33 ☐	☐☐[楚歌]（しめんそか）	四面	周りがすべて敵であること。
34 ☐	[画竜]☐☐（がりょうてんせい）	点睛	最後の仕上げ。「画竜点睛を欠く」
35 ☐	[岡目]☐☐（おかめはちもく）	八目	第三者の方が客観的に判断できる。
36 ☐	[一陽]☐☐（いちようらいふく）	来復	悪い事が続いた後に良い事が起こる。
37 ☐	☐☐[無縫]（てんいむほう）	天衣	かざりけのない人柄。
38 ☐	☐☐[臆測]（しまおくそく）	揣摩	あれこれ推し量ること。
39 ☐	[言語]☐☐（ごんごどうだん）	道断	とんでもないこと。
40 ☐	[換骨]☐☐（かんこつだったい）	奪胎	古人の詩文を基に独自のものを作る。
41 ☐	☐☐[麗句]（びじれいく）	美辞	上辺だけの誠意のないことば。
42 ☐	☐☐[即発]（いっしょくそくはつ）	一触	危機に直面していること。
43 ☐	[渾然]☐☐（こんぜんいったい）	一体	異質な物が溶け合って一体になる。
44 ☐	[前途]☐☐（ぜんとたなん）	多難	多くの困難が待ち構えていること。
45 ☐	☐☐[東風]（ばじとうふう）	馬耳	人の意見を聞き流すこと。
46 ☐	[変幻]☐☐（へんげんじざい）	自在	思うままに姿を変え、消える。
47 ☐	[海千]☐☐（うみせんやません）	山千	世間の裏表を知ったしたたかな人。
48 ☐	[二律]☐☐（にりつはいはん）	背反	相矛盾するものがどちらも成り立つ。
49 ☐	☐☐[当千]（いっきとうせん）	一騎	人並み外れた強さのこと。
50 ☐	☐☐[壮大]（きうそうだい）	気宇	度量、構想が人並み外れて大きい。
51 ☐	[博覧]☐☐（はくらんきょうき）	強記	広い知識をもっていること。
52 ☐	[才色]☐☐（さいしょくけんび）	兼備	優れた才能と美しい容姿を重ねもつ。
53 ☐	☐☐[混淆]（ぎょくせきこんこう）	玉石	良いものと悪いものが混じっている。
54 ☐	[当意]☐☐（とういそくみょう）	即妙	気が利いていること。
55 ☐	[千載]☐☐（せんざいいちぐう）	一遇	滅多にない好機会。
56 ☐	☐☐[無恥]（こうがんむち）	厚顔	厚かましく恥知らずなさま。
57 ☐	☐☐[六腑]（ごぞうろっぷ）	五臓	人体の内臓全体のこと。

国語 ことわざ・慣用句

問題 次の ☐ に言葉を入れて、ことわざ・慣用句を完成させなさい。

▼解答と解説

	問題	解答	解説
1	☐ ☐の[功名]	怪我	過失が好結果を生むこと。
2	☐ [壁]に耳あり ☐に目あり	障子	密談は漏れやすいこと。
3	☐ 三人寄れば[文殊]の☐	知恵	愚者でも三人集まれば良い知恵がでること。
4	☐ [魚心]あれば☐心	水	相手の好意次第でこちらも応ずること。
5	☐ [蓼]食う☐も好き好き	虫	人の好みはさまざまである。
6	☐ [窮鼠]☐をかむ	猫	必死な弱者は強者に勝つことができる。
7	☐ ☐も鳴かずば[撃たれ]まい	雉	無用の事は言わぬが得策。
8	☐ [虻]☐取らず	蜂	複数をねらって何も得られないたとえ。
9	☐ 立つ☐跡を[濁さず]	鳥	引き際はいさぎよくあるべき。
10	☐ ☐も木から[落ちる]	猿	巧者も時には失敗する。
11	☐ 蛙の☐は[蛙]	子	子は親に似るものだということ。
12	☐ [角]を矯めて☐を殺す	牛	少しの欠点を直そうとして全体をだめにする。
13	☐ 人間万事[塞翁]が☐	馬	世の幸不幸は定めがたいたとえ。
14	☐ [火中]の☐を拾う	栗	他人の利益のために危険を冒すこと。
15	☐ [濡れ手]で☐	粟	骨を折らずに利益を得るたとえ。
16	☐ ☐は藍より出でて藍より[青し]	青	弟子が師よりもすぐれているたとえ。
17	☐ 生き☐の[目]を抜く	馬	他人を出し抜いて素早く利益を得るさま。
18	☐ ☐の[一声]	鶴	権威ある人の一声。
19	☐ 飼い☐に[手]をかまれる	犬	情けをかけたものに裏切られるたとえ。
20	☐ ☐脚を[露わす]	馬	ばけの皮がはがれる。
21	☐ とらぬ☐の[皮算用]	狸	不確実なものをあてにして計画をたてる。
22	☐ ☐なき里の[こうもり]	鳥	賢者のいない場で愚者が偉そうにするたとえ。
23	☐ ☐に[小判]	猫	もっているものの価値がわからないたとえ。
24	☐ ☐の[道]は☐	蛇	同類にはよくわかる。
25	☐ 前門の[虎] 後門の☐	狼	絶体絶命の窮地。
26	☐ 能ある☐は[爪]を隠す	鷹	実力あるものはむやみにそれを現さない。
27	☐ ☐の[川]流れ	河童	達人も時には失敗する。

28	☐ [海老]で ☐ をつる	鯛	わずかな投資で大きな利益を得るたとえ。
29	☐ [瓢箪]から ☐ が出る	駒	意外な所から意外な結果が生じるたとえ。
30	☐ ☐ 下[暗し]	灯台	あまり近くのことはかえってわからない。
31	☐ ☐ に入っては ☐ に[従え]	郷	住んでいる土地の習慣に従え。
32	☐ [枯れ木]も ☐ のにぎわい	山	つまらないものでもないよりまし。
33	☐ 出る ☐ は[打たれる]	杭	人より抜きん出ている者は憎まれやすい。
34	☐ 憎まれっ子 ☐ に[はばかる]	世	人に憎まれる者が世間ではばをきかす。
35	☐ ☐ の[不養生]	医者	人に立派なことを言うが自分では実行しない。
36	☐ ☐ は寝て[待て]	果報	あせらず幸運を待つのが良いこと。
37	☐ ☐ に交われば[赤くなる]	朱	人は友人に影響されやすいものだ。
38	☐ ☐ 先に[立たず]	後悔	後で悔いても無駄である。
39	☐ [他山]の ☐	石	自分の修養の助けとなる他人の言行。
40	☐ [地獄]の沙汰も ☐ 次第	金	金は万能である。
41	☐ 人の[噂]も ☐ 日	七十五	世間の噂は長く続かない。
42	☐ ☐ に短し[襷]に長し	帯	中途半端でものの役にたたない。
43	☐ [悪事] ☐ を走る	千里	悪い行いはすぐに世間に知れる。
44	☐ ☐ にも[筆]の誤り	弘法	どんな達人でも時には失敗する。
45	☐ ☐ の[冷や水]	年寄り	老人が年齢に似合わぬ危険を冒すこと。
46	☐ [江戸]の敵を ☐ で討つ	長崎	意外な所、筋違いな所で仕返しをする。
47	☐ [三つ子]の ☐ 百まで	魂	幼いときの性質はずっと変わらない。
48	☐ ☐ の[火事]	対岸	人ごとで気にかけないもののたとえ。
49	☐ [得手]に ☐ をあげる	帆	好機を利用し、得意な事を調子づいて行う。
50	☐ 蒔かぬ ☐ は[生えぬ]	種	何もしないで良い結果を期待しても無駄だ。
51	☐ [頭]隠して ☐ 隠さず	尻	一部分だけ隠して全体を隠したつもりでいる。
52	☐ ☐ に[説法]	釈迦	よく知る人には教える必要がなかったたとえ。
53	☐ [箸]にも ☐ にもかからない	棒	話にならないもののたとえ。
54	☐ ☐ は[大怪我]のもと	生兵法	少しばかり知っているとむしろ失敗する。
55	☐ [月夜]に ☐	提灯	無駄なもののたとえ。
56	☐ [船頭]多くして ☐ 山に登る	船	仕切る人が多いと物事はうまくいかない。
57	☐ ☐ をもって ☐ を[制す]	毒	悪を除くために別の悪を利用すること。

58	愁[　　]を[開く]	眉	心配がなくなり、ほっとした顔つきになる。
59	[　　]から[抜ける]	尻	見聞きしたことをすぐに忘れてしまう。
60	[目]には[目]を[　　]には[　　]を	歯	自分が受けた害と同じだけ復讐する。
61	[　　]が減っては[軍]はできぬ	腹	腹が減っていてはよい働きはできない。
62	[　　]折り[数える]	指	あと何日かと一日一日を数える。
63	[　　]に[火]をともす	爪	極端に倹約する。
64	[　　]が[物言う]	顔	人の心が顔に出ること。顔がきくこと。
65	[　　]元過ぎれば[熱さ]を忘れる	喉	苦しみも過ぎ去れば忘れてしまう。
66	[馬]の[　　]を分ける	背	ある地域を境に、一方では雨、一方では晴れ。
67	後ろ[　　]を[さされる]	指	当人が知らない所で悪口を言われる。
68	[　　]根っこを[押さえる]	首	弱点をつかんで動きがとれないようにする。
69	[櫛]の[　　]をひく	歯	物事が次々に連続すること。
70	[　　]肱の[臣]	股	いちばん頼みとする部下。
71	[　　]中の[珠]	掌	最も大切にしているもの。
72	[　　]で笑って心で[泣く]	顔	泣きたい心情を抑えて顔だけは笑う。
73	[　　]の[垢]を煎じて飲む	爪	すぐれた人にあやかるよう心がける。
74	[　　]水の[陣]	背	一歩も後には引けない状況で必死に戦う。
75	[　　]切れ[蜻蛉]	尻	物事が中途で切れて、完結しない。
76	老[　　]に[鞭打つ]	骨	年老いた体をはげまして物事にあたる。
77	[唇]亡びて[　　]寒し	歯	一方が滅びると、もう一方も危険になる。
78	[　　]を惜しんで[掌]を失う	指	小局にこだわって大局を誤る。
79	髀[　　]の[嘆]	肉	むなしく日々を過ごすことの嘆き。
80	[韓信]の[　　]くぐり	股	大志を抱く者は屈辱によく耐える。
81	[　　]に[一物]	胸	口には出さないが心のなかで企みを抱く。
82	[　　]で[茶]を沸かす	へそ	可笑しくてしょうがないこと。
83	[どんぐり]の[　　]比べ	背	抜きんでた者がいないこと。
84	食[　　]が[動く]	指	物を欲しがること。興味をもつこと。
85	[　　]に[刻む]	骨	深く心にとどめて決して忘れない。
86	[　　]で[風]を切る	肩	肩をそびやかして、得意げに歩くこと。
87	寝[　　]に[水]	耳	不意の出来事に驚く。

№	問題	答	意味
88	[死人]に□なし	口	死人に無実の罪を着せても釈明できない。
89	[逃ぐる]も一□	手	退却も立派な戦法である。
90	[鰯]の□も信心から	頭	つまらないものでも信心する人には尊い。
91	□下を[見る]	足	相手の弱点を見つけてつけこむ。
92	□は[口]ほどにものを言う	目	目つきから感情や真偽のほどがわかる。
93	□は[禍]の門	口	うかつに言葉を発するべきではない。
94	[しゃべる者]は半人□	足	口は達者だが、実際は半人前である。
95	□の裏の[飯粒]	足	いったん張りついたら、離れにくい。
96	[良薬]は□に苦し	口	忠告の言葉はつらいが、身のためになる。
97	[鬼]の□にも涙	目	無慈悲な者も、時には慈悲心をもつ。
98	[大海]を□で塞く	手	不可能なことをやろうとすること。
99	□に蜜あり腹に[剣]あり	口	見かけは柔和だが、内心は陰険である。
100	脇□も[振らず]	目	その方ばかりを見て。心を散らさず一心に。
101	[忠言]□に逆らう	耳	忠言は聞く側には素直に受け入れられにくい。
102	□の内に[丸め込む]	手	だまして思う通りに従わせる。
103	[立派]な□をきく	口	実質を備えていないのに偉そうに言う。
104	牛□を[執る]	耳	同盟や団体の盟主になる。
105	[夜]の□も寝ない	目	夜も寝ない。夜も休まない。
106	[大勢]に□なし	手	大勢には打つ手がない。
107	[手]が入れば□も入る	足	一度気を許すと次々とつけ込まれる。
108	人□に[膾炙す]	口	世間の話題になる。
109	弱り□に[祟り]	目	困ったときに、さらに困ったことが起こる。
110	[女の心]は猫の□	目	女性の心理は変わりやすく、気まぐれ。
111	二□の[草鞋]を履く	足	両立しないような仕事を同じ人が兼ねる。
112	切る□[遅かれ]	手	決断を下すときは慎重にするべきである。
113	[焼き餅]焼くとて□を焼くな	手	嫉妬は自分に災いを招くのでほどほどにせよ。
114	□から[鼻]へ抜ける	目	頭の働きの良いさま。
115	打つ□に[好き]□なし	手	どんな場合でも暴力はいけない。
116	□あれば[京]へ上る	口	やろうと思えば、できないことはない。
117	破れ□に綴じ[蓋]	鍋	誰にでもぴったり合う相手がいること。

トレンド　最新時事　国語　社会　英語　数学　理科　文化　キーワード

国語 文法・語彙

問題 次の下線部の言葉を正しい表現に直しなさい。

▼解答

1	ケーキは軽く二個<u>食べれる</u>。	食べられる
2	急いで帰ればテレビを<u>見れる</u>。	見られる
3	ここから出口に<u>出れる</u>。	出られる
4	肩が痛くてボールを<u>投げれない</u>。	投げられない
5	監視が厳しくて<u>逃げれない</u>。	逃げられない
6	この枕では<u>寝れない</u>。	寝られない
7	明日の試合は<u>負けれない</u>。	負けられない
8	私一人では<u>決めれません</u>。	決められません
9	ボールを<u>よけれない</u>。	よけられない
10	服が小さくて<u>着れない</u>。	着られない

問題 次の表現が正しければ○を、誤っている場合は×を書き、正しい表現に直しなさい。

▼解答と解説

1	足下をすくわれる	×	（ 足をすくわれる ）	
2	炎天下のもと頑張る	×	（ 炎天下で頑張る ）	
3	思いもつかない	×	（ 思いもよらない ）	
4	上前をはねる	○	（ ）	
5	お愛想してください	×	（ お勘定してください ）	※「愛想」は店員が使う言葉。
6	失敗の汚名をすすぐ	○	（ ）	※「晴らす」ではない。
7	上を下への大騒ぎ	○	（ ）	※「上や下への」ではない。
8	大見栄を切る父	×	（ 大見得を切る父 ）	
9	恩に着せる	○	（ ）	※「恩を」ではない。
10	押しも押されぬ	×	（ 押しも押されもせぬ ）	
11	上司の大判振る舞い	×	（ 上司の大盤振る舞い ）	
12	彼は親不幸者だ	×	（ 彼は親不孝者だ ）	
13	敵に後れをとった	○	（ ）	
14	怒り心頭に達する	×	（ 怒り心頭に発する ）	※「心頭」は心の中。

問題 次の下線部の語と同じ意味で使われているものを、A、Bから選びなさい。

▼解答と解説

1 テストの点数が良かったことを、先生に褒められる。
A 先生がもうすぐ教室に来られる。
B 先生から作業を任せられる。

B
受身を表す助動詞「られる」を選ぶ。

2 結婚式らしい楽しい場だった。
A 先輩らしい態度で後輩に接する。
B 明日は晴れらしいが、傘を準備しておこう。

A
問題文中の「らしい」は接尾語で「典型的」の意。

3 行ったばかりなのに、もう戻ってきた。
A 変なことを言ったばかりに、父を怒らせた。
B まだ就職したばかりで、社会人一年目です。

B
完了直後の意味をもつ副助詞「ばかり」を選ぶ。

4 足が痛くて走れない。
A 今日の空は雲が少ない。
B 必ずしもそうは言えない。

B
「ない」を「ぬ」で置き換えられる打消しの助動詞。

5 子を諭すのが親の役割だ。
A 信号が変わるのを待つ。
B そろそろ弟の来る頃だ。

A
「こと」で置き換えられる格助詞「の」を選ぶ。

6 雨が降ると長靴を履く。
A 妹と買い物に行く。
B 冬になると鍋がおいしい。

B
「～すると」という順接の接続助詞。

7 父の仕事は消防士だ。
A 父の趣味は盆栽だ。
B 父の性格は穏やかだ。

A
Aは断定の助動詞。Bは形容動詞の語尾。

問題 次の下線部の言葉の品詞を（　　）の中から選びなさい。

▼解答と解説

1 日本も美しい国です。
（副詞　形容動詞　形容詞）

形容詞
「い」で終わる言葉は形容詞。

2 休日のオフィス街は静かだ。
（副詞　形容動詞　形容詞）

形容動詞
「きれいだ」など、自立語で活用する。言い切りの形は「だ」。

3 時間があるのでゆっくり歩く。
（副詞　形容動詞　形容詞）

副詞
動詞（用言）を修飾するのは副詞。

国語 敬語

問題 次の[　]内の言葉が、尊敬語、謙譲語、丁寧語のどれかを書き、普通の表現に直しなさい。

▼解答

1	鈴木と[申し]ます。	謙譲語	言い
2	どうぞ[ご覧になって]ください。	尊敬語	見て
3	外は雨で[ございます]。	丁寧語	ある
4	明日また[おいで]ください。	尊敬語	来て
5	[ご意見]をお聞かせください。	尊敬語	意見
6	明日[お伺いして]もよろしいでしょうか。	謙譲語	訪ねて
7	[愚息]が対応致します。	謙譲語	息子
8	郵便物を持ってき[ました]。	丁寧語	た
9	何か[お困りです]か。	尊敬語	困っているの
10	先生が[いらっしゃる]。	尊敬語	来る、行く、いる
11	もう[お帰りです]か。	尊敬語	帰るの
12	お歳暮を[いただいた]。	謙譲語	もらった
13	あそこが[弊社]です。	謙譲語	当社
14	お茶を[差し上げる]。	謙譲語	やる
15	資料を[拝見し]ました。	謙譲語	見
16	部長が運転[なさる]。	尊敬語	する
17	叔父さんが本を[くださった]。	尊敬語	くれた
18	[粗品]をお納めください。	謙譲語	品物
19	まさる君は[ご在宅]ですか。	尊敬語	在宅
20	お荷物を[お預かりし]ます。	謙譲語	預かり
21	社長が[おっしゃる]訓示。	尊敬語	話す
22	先輩が食事を[召し上がる]。	尊敬語	食べる
23	結果を[ご報告致し]ます。	謙譲語	報告し
24	あらためて明日[参り]ます。	謙譲語	行き、来
25	[どなた]ですか。	尊敬語	だれ
26	[拙宅]にいらしてください。	謙譲語	自宅

問題 次の〔　　〕内の言葉の尊敬語を答えなさい。

▼解答

1 先輩の〔意見〕。　　　　　　　　　　　ご意見

2 料理を〔作る〕。　　　　　　　　　　　お作りになる、作られる

3 着物を〔着る〕。　　　　　　　　　　　お召しになる、着られる

4 プレゼントを〔くれる〕。　　　　　　　くださる

5 先生の〔住まい〕。　　　　　　　　　　お住まい

6 課長は取引先に〔いる〕。　　　　　　　いらっしゃる

7 ホテルで〔寝る〕。　　　　　　　　　　お休みになる

8 家に〔居る〕。　　　　　　　　　　　　いらっしゃる、おいでになる

9 絵を〔描く〕。　　　　　　　　　　　　お描きになる

10 印鑑を〔持ってきて〕ください。　　　　お持ちになって

11 夕方までに〔来て〕ください。　　　　　お越し、いらして

問題 次の〔　　〕内の言葉の謙譲語を答えなさい。

▼解答

1 絵を見せて〔もらう〕。　　　　　　　　いただく

2 お宅に〔行く〕。　　　　　　　　　　　伺う、参る

3 資料を〔見せる〕。　　　　　　　　　　ご覧に入れる、お目にかける、お見せする

4 〔当社〕で企画する。　　　　　　　　　弊社

5 部長に〔会う〕。　　　　　　　　　　　お目にかかる

6 知恵を〔借りる〕。　　　　　　　　　　拝借する、お借りする

7 計画の内容を〔聞く〕。　　　　　　　　伺う、お聞きする

8 情報を〔伝える〕。　　　　　　　　　　お伝えする

9 〔私の考え〕を発表します。　　　　　　愚見

10 講義を〔聴く〕。　　　　　　　　　　　拝聴する

11 彼に本を〔与える〕。　　　　　　　　　差し上げる

問題 次の〔　　〕内の言葉の丁寧語を答えなさい。

▼解答

1 走って駅に〔行く〕。　　　　　　　　　行きます

2 お客様の持ち物〔だ〕。　　　　　　　　です

3 在庫がまだ〔ある〕。　　　　　　　　　ございます、あります

問題 次の文中の敬語の誤りを正し、全文を書き直しなさい。

▼解答と解説

1 お菓子をもらってもよろしいですか。

お菓子をいただいてもよろしいですか。
「いただく」は「もらう」の謙譲語。

2 弊社の部長がおっしゃいます。

弊社の部長が申し上げます。
「弊社」は謙譲語。文を謙譲語で統一。

3 常務はお部屋におられますか。

常務はお部屋にいらっしゃいますか。
「おります」などは厳密には自分に使う言葉。

4 課長、ご苦労さまです。

課長、おつかれさまです。
「ご苦労さま」は目上の人には使わない。

5 資料をご拝見ください。

資料をご覧ください。
拝見は謙譲語。

6 社長が御社にいらっしゃる予定です。

社長が御社にお伺いする予定です。
社外の人に社内の人の行為を言うときは謙譲語。

7 こちらを召し上がってもよろしいですか。

こちらをいただいてもよろしいですか。
「召し上がる」は尊敬語。

問題 次のA〜Cの文のうち、敬語の使い方が適切なものを選びなさい。

▼解答と解説

1
A 粗品をおもらいください。
B 粗品をお受け取りください。
C 粗品をいただいてください。

B
「もらう」に「お」や「ご」はつけない。「いただく」は謙譲語。

2
A 私のことを御存じでしたか。
B 私のことを存じていましたか。
C 私のことを存じ上げていましたか。

A
「存じ上げる」は謙譲語なので、相手の行為に使うのは不適切。

3
A ご乗車してください。
B ご乗車になってください。
C ご乗車申し上げてください。

B
「お休みになってください」などと同じ使い方。

4
A こちらでお待ちさせていただきます。
B こちらでお待ち申し上げます。
C こちらでお待ち承ります。

B
「お〜申す」の謙譲語の使い方に注意。「承る」は「待つ」に使わない。

問題 次の文を、敬語を用いて全文を書き直しなさい。

▼解答と解説

1 花子は大きな声で話す。

花子さんは大きな声で話される。
「花子→花子さん」「話す→話される」

2 私の家にいつ来るの。

私の家にいついらっしゃいますか。
「来るの→いらっしゃいますか」

3 デパートで部長に会った。

デパートで部長にお会いした。
「会った→お会いした」

4 先生たちが次々とやってきた。

先生方が次々とおいでになった。
「先生たち→先生方」「やってきた→おいでになった」

5 先輩は今年何歳になったの。

先輩は今年でおいくつになられましたか。
「何歳→おいくつ」「なったの→なられましたか」

6 課長の意見を聞きます。

課長のご意見をお伺いします。
「意見→ご意見」「聞きます→お伺いします」

7 部長から大役を受ける。

部長から大役を承る。
「受ける→承る」

8 恩師が着物を着る。

恩師が着物をお召しになる。
「着る→お召しになる」

問題 次の[   ]内の言葉を尊敬語、謙譲語、丁寧語に直しなさい。

▼解答

1 美しい風景を[見る]。

尊敬語（　ご覧になる　）
謙譲語（　拝見する　）
丁寧語（　見ます　）

2 ケーキを[食べる]。

尊敬語（　召し上がる　）
謙譲語（　いただく　）
丁寧語（　食べます　）

3 専門家に[会う]。

尊敬語（　お会いになる　）
謙譲語（　お目にかかる　）
丁寧語（　会います　）

4 利用[する]。

尊敬語（　なさる　）
謙譲語（　いたす　）
丁寧語（　します　）

国語 俳句・和歌・古文

問題 次の俳句の作者名を答えなさい。

▼解答と解説

1 菜の花や　月は東に　[日は西に]
与謝蕪村（1716〜1783年）
季語は菜の花（春）。

2 やせ蛙　負けるな一茶　[これにあり]
小林一茶（1763〜1827年）
季語はやせ蛙（夏）。

3 島々に　灯をともしけり　[春の海]
正岡子規（1867〜1902年）
季語は春の海（春）。

4 古池や　蛙とびこむ　[水の音]
松尾芭蕉（1644〜1694年）
季語は蛙（春）。

5 春の海　ひねもす　[のたりのたりかな]
与謝蕪村
季語は春の海（春）。

6 目出度さも　ちう位なり　[おらが春]
小林一茶
季語は春（春）。

7 しづかさや　岩にしみいる　[せみの声]
松尾芭蕉
季語はせみ（夏）。

8 夏草や　兵どもが　[夢のあと]
松尾芭蕉
季語は夏草（夏）。

9 荒海や　佐渡に横たふ　[天の川]
松尾芭蕉
季語は天の川（秋）。

10 目には青葉　山ほととぎす　[初鰹]
山口素堂（1642〜1716年）
季語は青葉、ほととぎす、初鰹（夏）。

11 五月雨や　大河を前に　[家二軒]
与謝蕪村
季語は五月雨（夏）。

12 やれ打つな　蝿が手をすり　[足をする]
小林一茶
季語は蝿（夏）。

13 万緑の中や　吾子の歯　[生えそむる]
中村草田男（1901〜1983年）
季語は万緑（夏）。

14 匙なめて　童 たのしも　［夏氷］

山口誓子（1901〜1994年）
季語は夏氷（夏）。

15 秋深き　隣は何を　［する人ぞ］

松尾芭蕉
季語は秋深き（秋）。

16 柿くへば　鐘が鳴るなり　［法隆寺］

正岡子規
季語は柿（秋）。

17 桐一葉　日当たりながら　［落ちにけり］

高浜虚子（1874〜1959年）
季語は桐一葉（秋）。

18 啄木鳥や　落葉をいそぐ　［牧の木々］

水原秋桜子
（1892〜1981年）
季語は啄木鳥（秋）。

19 旅に病んで　夢は枯野を　［かけめぐる］

松尾芭蕉
季語は枯野（冬）。

20 いくたびも　雪の深さを　［尋ねけり］

正岡子規
季語は雪（冬）。

21 遠山に　日の当たりたる　［枯野かな］

高浜虚子
季語は枯野（冬）。

22 凩 や　海に夕日を　［吹き落す］

夏目漱石（1867〜1916年）
季語は凩（冬）。

問題	次の歴史的仮名遣いを現代仮名遣いに直しなさい。

▼解答と解説

1	まうす	もうす	「ア段＋う（ふ）」は「オ段＋う」。
2	きうり	きゅうり	「イ段＋う（ふ）」は「イ段＋ゅ＋う」。
3	てふてふ	ちょうちょう	「エ段＋う（ふ）」は「イ段＋ょ＋う」。
4	もみぢ	もみじ	「ぢ」は「じ」と読む。
5	あはれ	あわれ	語頭以外の「ハヒフヘホ」は基本「ワイウエオ」。
6	ゐる	いる	「ゐ」は「い」と読む。
7	こゑ	こえ	「ゑ」は「え」と読む。
8	をんな	おんな	「を」は「お」と読む。
9	いかむ	いかん	語尾の「む」は「ん」と読む。

トレンド
最新時事
国語
社会
英語
数学
理科
文化
キーワード

問題 次の和歌の作者名を答えなさい。

▼解答と解説

1 田子の浦ゆ　うち出でて見れば
真白にぞ　富士の高嶺に　〔雪は降りける〕

山部赤人　生没年不詳
『万葉集』所収

2 春過ぎて　夏来るらし　白妙の
衣乾したり　〔天の香具山〕

持統天皇（645〜702年）
『万葉集』所収

3 憶良らは　今は罷らむ　子泣くらむ
それその母も　〔吾を待つらむそ〕

山上憶良（660〜733年頃）
『万葉集』所収

4 天の原　ふりさけみれば　春日なる
三笠の山に　〔出でし月かも〕

阿倍仲麻呂
（698〜770年）
『古今和歌集』所収

5 あをによし　奈良の都は　咲く花の
にほふがごとく　〔今盛りなり〕

小野老（？〜737年）
『万葉集』所収

6 人はいさ　心も知らず　ふるさとは
花ぞ昔の　〔香ににほひける〕

紀貫之（？〜945年）
『古今和歌集』所収

7 ちはやぶる　神代もきかず　龍田川
からくれなゐに　〔水くくるとは〕

在原業平（825〜880年）
『古今和歌集』所収

8 ひさかたの　光のどけき　春の日に
しづ心なく　〔花の散るらむ〕

紀友則　生没年不詳
『古今和歌集』所収

9 花の色は　うつりにけりな　いたづらに
我が身世にふる　〔ながめせしまに〕

小野小町　生没年不詳
『古今和歌集』所収

10 見渡せば　花も紅葉も　なかりけり　浦
の苫屋の　〔秋の夕暮れ〕

藤原定家（1162〜1241年）
『新古今和歌集』所収

11 さびしさは　その色としも　なかりけり
槙立つ山の　〔秋の夕暮れ〕

寂蓮（？−1202年）
『新古今和歌集』所収

12 心なき　身にもあはれは　知られけり
鴫立つ沢の　〔秋の夕暮れ〕

西行（1118〜1190年）
『新古今和歌集』所収

13 嘆けとて　月やはものを　思はする
かこち顔なる　〔わが涙かな〕

西行
『千載和歌集』所収

14	この里に　手まりつきつつ　子どもらと　遊ぶ春日は　[暮れずともよし]	良寛（1758～1831年）『布留散東』所収
15	はたらけど　はたらけどなほ　わが生活　楽にならざり　[ぢつと手を見る]	石川啄木（1886～1912年）『一握の砂』所収
16	ふるさとの　[訛 なつかし]　停車場の　人ごみの中に　そを聴きにゆく	石川啄木『一握の砂』所収
17	やは肌の　あつき血汐に　ふれも見で　さびしからずや　[道を説く君]	与謝野晶子（1878～1942年）『みだれ髪』所収
18	金色の　小さき鳥の　かたちして　銀杏散るなり　[夕日の岡に]	与謝野晶子『恋衣』所収
19	死に近き　母に添寝の　しんしんと　遠田のかはづ　[天に聞ゆる]	斎藤茂吉（1882～1953年）『赤光』所収
20	白鳥は　哀しからずや　空の青　海のあをにも　[染まずただよふ]	若山牧水（1885～1928年）『海の声』所収
21	石がけに　子ども七人　こしかけて　河豚を釣りをり　[夕焼け小焼け]	北原白秋（1885～1942年）『雲母集』所収
22	ガラス戸の　外のつきよを　ながむれど　ランプのかげの　[うつりて見えず]	正岡子規『正岡子規集』所収
23	葛の花　踏みしだかれて、色あたらし。　この山道を　[行きし人あり]	釈迢空（1887～1953年）『海やまのあひだ』所収

問題 次の[　]内の書き出しで始まる文学作品の名称と作者名を答えなさい。

▼解答

1	[春はあけぼの]。やうやう白くなりゆく山際、少しあかりて、紫だちたる雲の細くたなびきたる。	枕草子清少納言
2	[男もすなる日記といふものを]、女もしてみむとてするなり。	土佐日記紀貫之
3	[いづれの御時にか]、女御、更衣あまたさぶらひたまひけるなかに、いとやむごとなき際にはあらぬが、すぐれて時めきたまふありけり。	源氏物語紫式部

問題 次の〔　　〕内の古語の意味をA、Bから選びなさい。

▼解答と解説

1 〔つとめて〕
A　翌朝、早朝
B　努力して

A
夜明け方、まだ朝早い頃を表す。

2 〔おほとのごもる〕
A　家の中で過ごされる
B　お休みになる

B
尊敬語の一種なので、目上の人物に対して用いられる。

3 〔まかる〕
A　退出する
B　敗北する

A
漢字では「罷る」と書く。貴人のもとから退出するの意。

4 〔めでたし〕
A　評価、評判がよい
B　立派だ、すばらしい

B
「すばらしい」の他に、「喜ばしい」などの意味もある。

5 〔ことわる〕
A　説明する
B　拒絶する

A
漢字で書くと「事割る」。古文では「拒絶」の意味はない。

6 〔すさまじ〕
A　ものすごい様子
B　興ざめだ、殺風景だ

B
何かふさわしくない、という意味合いで使われる。

問題 次の古文を現代語に訳しなさい。

▼解答と解説

1 子ども〔だに〕知りたり。

子どもでさえ知っている。
「だに」は「～さえ」「～だけでも」を表す副助詞。

2 この花〔咲かば〕春。

もしこの花が咲いたならば春です。
「咲かば」は「もし～ならば」を表す「未然形＋ば」。

3 晴れると〔思へば〕出発す。

晴れると思うので出発する。
「思へば」は、「已然形＋ば」で「思ったので」の意。

4 海に行か〔ばや〕。

海に行きたい。
「ばや」は「～したい」という希望を表す終助詞。

5 渡ら〔せたまふ〕。

お渡りになった。
使役・尊敬の助動詞「せ」＋尊敬語「たまふ」。

6 蛙鳴か〔む〕。そを聞か〔む〕。

蛙が鳴くだろう。それを聞こう。
助動詞「む」は推量と意志の2つの意味をもつ。

140

コラム 間違えやすい仮名遣いなど

間違えやすい仮名遣い

地面（◯じめん ✕ぢめん）を掘る。

大勢（◯おおぜい ✕おうぜい）の人が走っている。

三日月（◯みかづき ✕みかずき）が夜に輝いている。

彼は確かに（◯うなずいた ✕うなづいた）。

空模様が（◯ぐずつく ✕ぐづつく）。

仰せ（◯おおせ ✕おうせ）の通りに致します。

扇（◯おうぎ ✕おおぎ）であおぐ。

先生が（◯近づいて ✕近ずいて）くる。

子ども連れ（◯づれ ✕ずれ）の客。

洗うとズボンが縮んだ（◯ちぢんだ ✕ちじんだ）。

小包（◯こづつみ ✕こずつみ）が届く。

一個（◯ずつ ✕づつ）分ける。

注意すべき物の数え方

鏡	一面	弓	一張
うどん（乾麺）	一把	和歌	一首
俳句	一句	相撲（取り組み）	一番
机	一脚	絵画	一幅（一枚）
タンス	一棹（さお）	うさぎ	一羽

昔の月の呼び方

一月	睦月（むつき）	七月	文月（ふみづき、ふづき）
二月	如月（きさらぎ）	八月	葉月（はづき）
三月	弥生（やよい）	九月	長月（ながつき）
四月	卯月（うづき）	十月	神無月（かんなづき）
五月	皐月（さつき）	十一月	霜月（しもつき）
六月	水無月（みなづき）	十二月	師走（しわす）

社会 日本地理

問題 次の□□□にあてはまる語句を答えなさい。

▼解答と解説

1 日本の領土は約□□□km²であるが、島国のため[排他的経済水域](EEZ)は広く、領海とEEZを合わせた広さは世界6位である。

38万
世界で62番目。ちなみに欧州の国々と比較するとフランス＞日本＞ドイツ。

2 日本の領土の東端は[南鳥]島、西端は[与那国]島、南端は[沖ノ鳥]島、北端は□□□島である。

択捉
しかし、ロシアの実効支配下にある。

3 日本で最も面積の小さな都道府県は[香川県]であり、2位以下は□□□、[東京都]、沖縄県と続く。

大阪府
逆に面積の大きい順は、北海道→岩手→福島である。

4 日本の国土は大小約[7000]もの島々からなり、南北□□□kmにわたっているため、気候の差が大きい。

3000
日本の気候は、大きく分けて北海道が冷帯湿潤、その他は温暖湿潤気候に分類される。

5 日本の最高峰は富士山の標高[3776]m。最も深い湖は[秋田]県の□□□湖（最深423m）である。

田沢
日本で最も透明度の高い湖は、北海道の摩周湖。

6 岡山市の[後楽園]や金沢市の[兼六園]と並んで「日本三名園」の1つに数えられるのは、□□□の偕楽園である。

水戸市
梅園で全国的に有名。

7 日本列島は[環太平洋]火山帯に属しており、□□□が交差する場所にあるため、地震や火山が多い。

プレート
ユーラシア、太平洋、フィリピン海、北アメリカプレートが交差している。

8 わが国において、海岸線が複雑な[リアス]式海岸として有名なのは、東北地方の□□□の他、若狭湾や志摩半島などである。

三陸海岸
天然の良港が多いが、東日本大震災で大きな被害を受けた。

9 日本の気候は、春・秋は[揚子江]気団、梅雨の頃は[オホーツク海]気団と小笠原気団、夏は□□□気団、冬は□□□気団に影響される。

小笠原、シベリア

10 日本の標準時を定める子午線は東経[135]度の経線であり、[兵庫]県の◻︎市に標準時を刻む時計が設置されている。

明石
経度15度で1時間の時差が生じる。

11 [ペルー]沖などの東太平洋の赤道付近で海面水温が平年より低くなる現象を◻︎といい、異常気象の原因とされる。

ラニーニャ
エルニーニョは海面水温が上昇する現象。

12 阿蘇山を水源とし、肥沃な筑紫平野を貫流して[有明]海に注ぐ九州屈指の河川は◻︎川である。

筑後
古くから農業用水として利用されてきた。

13 シラス台地は火山噴火物からなる台地で◻︎県の約6割が該当し、水源が乏しいため古くから[イモ]類の栽培が盛んである。

鹿児島
サツマイモの栽培が多いことで知られている。

14 富士五湖はいずれも富士山の噴火による[堰止湖]であり、本栖湖、精進湖、西湖、河口湖、◻︎湖からなる。

山中
山中湖(山中湖村)以外は、主に富士河口湖町に属する。

15 日本三景とは、北から[宮城県]の松島、[京都府]の◻︎、[広島県]の宮島である。

天橋立
日本三景はすべて沿岸の風景で、古くから詩歌や絵画に描かれてきた。

16 [関東地方]一帯に広がっている火山灰による赤土の地層を◻︎という。

関東ローム層
関東地方全体に広く分布している。

17 本州などの主要4島や北方領土を除いて面積の広い島は、広い順に沖縄島、◻︎、[奄美大島]である。

佐渡島
面積は約855km²。かつて金鉱山として知られた。

18 日本列島は、[フォッサマグナ]によって東北と西南に分けられるが、西南日本を内帯と外帯に分ける断層を◻︎という。

メディアンライン（中央構造線）
諏訪湖付近から、西は四国、九州に、東は関東に至る。

19 日本は季節風([モンスーン])の影響で、夏は[高温多湿]、冬は寒冷乾燥となり年較差が◻︎のが特徴である。

大きい
いわゆる「東岸気候」の特徴である。

トレンド　最新時事　国語　社会　英語　数学　理科　文化　キーワード

143

社会 世界地理

問題　次の ▢ にあてはまる語句を答えなさい。

▼解答と解説

1 地球の全周は約[4万]kmで、海と陸の比率は約[7：3]で海が広いが、陸は▢半球に多い。

北
海は南半球に多い。

2 大陸の一部または全体が南半球にある大陸は[南アメリカ]大陸、[アフリカ]大陸、[オーストラリア]大陸、▢大陸である。

南極

3 世界の造山帯には、日本が含まれる[環太平洋]造山帯の他に、アジアとヨーロッパにまたがる▢造山帯などがある。

アルプス・ヒマラヤ
両者とも新期造山帯であり、地震や火山が多い。

4 氷河の侵食で生じた氷食谷が沈水してできたものを[フィヨルド]といい、北ヨーロッパの▢の大西洋岸などが有名である。

ノルウェー
フィヨルドはノルウェー以外に、南米パタゴニアなどにもある。

5 河川の堆積作用によって[扇状地]、氾濫原、[三角州]の順に形成される平野を▢平野という。

沖積
沖積平野は洪積台地とともに堆積平野に分類される。

6 山地の[沈降]や海水面の[上昇]によって海水の侵食を受けて生じる複雑な海岸線をなしているのが▢海岸である。

リアス式
海外ではイングランド南部、エーゲ海などが有名。

7 アルゼンチンの首都である[ブエノスアイレス]の周辺に広がる大草原地帯を▢と呼ぶ。

パンパ
トウモロコシ栽培と羊や牛の放牧が盛んである。

8 なだらかな山地の造山帯を▢造山帯といい、アメリカ東部の[アパラチア]山脈やロシア西部のウラル山脈が有名である。

古期
石炭などの天然資源に恵まれていることが多い。

9 チベット語で▢と呼ばれ、標高が[8848]mの世界の最高峰はエベレスト山である。

チョモランマ
チベット語で「大地の女神」という意味。

144

10 アフリカ大陸を南北に流れる[ナイル]川は世界最長の川として知られるが、流域面積が最大の川は□□□川である。

アマゾン
約700万km²。ナイル川の長さは約6695km。

11 世界で最も深い湖は、[ロシア]にある□□□湖であり、最も広い湖は[カスピ海]である。

バイカル
最大水深約1741m。透明度は世界トップクラス。

12 [植物]の分布をもとにした気候区分を唱えたドイツの気象学者は□□□である。

ケッペン
ウラジミール・ペーター・ケッペン(1846〜1940年)

13 南米のブラジル高原やアフリカ中央部などに分布する、[雨季]と乾季に分かれる気候を□□□気候(Aw)という。

サバナ
サバンナともいう。

14 年中高温多雨でありスコールもみられ、しかも気温の[年較差]が少ない気候は□□□気候(Af)である。

熱帯雨林
東南アジア、アマゾン川流域などでみられる。

15 非常に寒冷で植物の生成には適さないが、短い夏季に[永久凍土]が溶けて苔類が生育する気候を□□□気候(ET)という。

ツンドラ
下層は永久凍土で夏には地衣類や蘚苔類が植生する。

16 中緯度帯から[高緯度]帯に向けて恒常的に吹く西寄りの風を□□□風という。

偏西
北半球では大陸西岸で発達する。

17 中緯度帯から[赤道]付近に向けて恒常的に吹く東寄りの風を□□□風という。

貿易
北半球では北東、南半球では南東から吹く。

18 夏と冬とで風向きが反対になる風を□□□風といい、夏は[海洋]から[陸地]へ、冬はその逆方向に吹く。

季節
モンスーンともいう。

19 [南極]や[北極]付近の高気圧帯から常に吹き出し、地球の自転の影響を受けて吹く寒冷な東寄りの風を□□□風という。

極東
地球の自転の影響でコリオリの力がはたらく。

トレンド / 最新時事 / 国語 / 社会 / 英語 / 数学 / 理科 / 文化 / キーワード

145

社会 日本史

問題 次の □ にあてはまる語句を答えなさい。

▼解答と解説

1 青森県にある大規模な縄文時代の遺跡を □ 遺跡という。縄文時代の人々は［狩猟］や採集で暮らしていた。

三内丸山
平成に入って本格的に発掘された。

2 卑弥呼を女王とする □ 国の様子を記しているのは、三国志の［『魏志』倭人伝］である。

邪馬台
卑弥呼は魏に朝貢し「親魏倭王」の称号を得た。

3 大阪府堺市にある大仙陵古墳は、□ の1人とされる［仁徳天皇］の陵墓とされ、墳墓としては世界最大級である。

倭の五王
大仙陵古墳は、前方後円墳と呼ばれる形をしている。

4 ［推古］天皇の摂政となった □ は、604年に憲法十七条を制定した。また、［仏教］を広めようとした。

聖徳太子（厩戸皇子）
聖徳太子は法隆寺を建立した。

5 ［中大兄皇子］が645年に中臣鎌足とともに［蘇我］氏一族を滅ぼして進めた政治改革を □ という。

大化の改新
645年には孝徳天皇が即位した。

6 ［文武］天皇の命を受けた［藤原不比等］らによって、［唐］の律令にならい、701年に制定された基本法典は □ である。

大宝律令
律令によって運営される国家を律令国家という。

7 ［710］年、藤原京から遷都された □ は、唐の都［長安］にならったもので［条坊］制が採用された。

平城京
条坊制とは、街区を碁盤の目状に区割りする一種の都市計画。

8 ［仏教］を篤く信仰した［聖武］天皇は、全国に □ を、平城京には東大寺を建立した。

国分寺
全国に国分寺と国分尼寺をつくらせた。

9 8世紀に成立した歴史書に古事記と □ があり、和歌集としては □ 、地理書としては［風土記］がある。

日本書紀、万葉集
万葉集では漢字を万葉仮名として用いた。

146

10 7世紀以降、中国の進んだ文化を摂取するため[遣唐使]が派遣されたが、これは□□□の進言により894年に廃止された。

菅原道真
遣唐使の廃止で国風文化が醸成された。

11 8世紀に施行された[班田収授法]は次第に廃れ、三世一身の法、そして□□□法によって、形骸化してゆく。

墾田永年私財
公地公民制が崩壊し、貴族による荘園経営へと移行する。

12 崩壊の兆しがあった律令制を再建すべく[桓武]天皇は[794]年、現在の京都市に遷都し、□□□とした。

平安京
その前に長岡京に遷都したが凶事が多発したため再度遷都した。

13 中国で仏教を学んだ最澄と[空海]は、帰国後、それぞれ□□□宗と真言宗を開いた。

天台
天台宗の総本山が比叡山の延暦寺、真言宗が高野山の金剛峯寺。

14 平安時代に入って、[摂政]または関白の地位を得た[藤原]氏一族による政治は□□□と呼ばれる。

摂関政治
子女を皇室に嫁がせることで外戚としての地位を得る。

15 藤原氏による政治を象徴するのが、藤原□□□、頼通の父子である。頼通が宇治に建立したのが[平等院鳳凰堂]である。

道長
道長と頼通の2人は長期間、政治を担当した。

16 10世紀前半、現在の茨城県で[平将門]が、愛媛県で□□□が、中央政府に対して反乱を起こした。

藤原純友
この2人の反乱は、律令制の崩壊を決定的にした。

17 平安文学の傑作として、紫式部の『□□□』、[清少納言]の『枕草子』、[紀貫之]の『土佐日記』などが有名である。

源氏物語
紫式部は藤原道長の娘である彰子に仕えた。

18 [平安時代]中頃から、中央政権から派遣された軍事貴族が地方で武装集団化したのが□□□の起こりである。

武士
高名なのが源氏と平氏である。

19 平安中期から末期にかけて奥州[平泉]を中心に勢力を拡大した一族は□□□氏である。

奥州藤原
平泉は世界遺産に登録されている。

トレンド 最新時事 国語 **社会** 英語 数学 理科 文化 キーワード

20 1086年に、白河上皇による□□□が始まったが、後に政治を混乱させ[武士]の急速な地位向上のきっかけとなった。

院政

21 武士として初めて[太政]大臣となり、また日宋貿易を行ったのは□□□である。

平清盛
清盛の死後、平氏は急速に衰え源氏に滅ぼされた。

22 源頼朝は源氏ゆかりの□□□に幕府を開いたが、源氏は3代で途絶え、執権となった[北条]氏が権勢を振るった。

鎌倉

23 後鳥羽上皇が起こした□□□が鎮圧された後、京都には[六波羅探題]が置かれ、朝廷を監視することとなった。

承久の乱
六波羅探題は西国の統治も担当した。

24 元が2度にわたって九州北部に来襲した事件を□□□というが、その折の執権は[北条時宗]である。

元寇
1274年と1281年。

25 鎌倉仏教として有名なものに、[法然]の浄土宗、□□□の浄土真宗、一遍の[時宗]などがある。

親鸞
その他、日蓮は法華宗、栄西は臨済宗、道元は曹洞宗を開いた。

26 1333年、[鎌倉幕府]を滅ぼした[後醍醐天皇]は、天皇親政を理想として□□□を始めた。

建武の新政
しかし武士間に不満が生じ、短期間で崩壊した。

27 室町時代の1467年に起こった□□□の後、混乱が長引き[下剋上]の風潮が広まり[戦国]時代となった。

応仁の乱
足利将軍家及び管領家の相続争いがきっかけ。

28 戦国大名としては、甲斐の[武田信玄]と越後の□□□などが有名で、両者は[川中島]で何度も戦った。

上杉謙信
その他、相模の北条早雲や安芸の毛利元就なども有名。

29 [織田信長]が武田軍を破ったのは□□□の戦いであり、その際に1543年に[種子島]に伝わった火縄銃が使われた。

長篠
織田信長は本能寺の変で明智光秀に襲われ自害した。

30 イエズス会の宣教師である 　　　 は、1549年来日し、[キリスト]教を布教した。

フランシスコ・ザビエル
その後、多くの南蛮人が渡来し貿易した。

31 豊臣秀吉は1585年に朝廷から[関白]に任じられ、1590年小田原の[北条氏]を討って 　　　 を果たした。

天下統一
大坂城の築城、太閤検地、刀狩は秀吉の業績である。

32 秀吉は貿易船の海外渡航を許可し、[朱印船]貿易を行ったが、キリスト教会が勢力をもつと 　　　 令を出して布教を禁止した。

バテレン追放

33 秀吉に仕え、村田珠光が始めた[侘び茶]を大成させた[堺]の商人は 　　　 である。

千利休
後に、秀吉の命で切腹させられた。

34 [安土桃山]時代は城郭建築が発達したが、代表的なものに安土城、大坂城、兵庫県にある 　　　 城などがある。

姫路
世界文化遺産にも登録されている。

35 [関ヶ原]の戦いを制した徳川家康は、1603年 　　　 に任じられ、江戸に幕府を開いた。

征夷大将軍

36 [天草四郎]を中心とするキリスト教徒などが1637年に九州で起こした反乱を 　　　 という。

島原の乱
この時代の将軍は徳川家光である。

37 ポルトガル船の来航が禁じられ、オランダの商館が長崎の[出島]に移されたことで 　　　 が完成した。

鎖国
オランダ以外に清国や朝鮮などとはその後も交流があった。

38 [元禄]時代に、[生類憐みの令]を出して人々の生活を混乱させた第5代将軍は 　　　 である。

徳川綱吉

39 江戸時代の三大改革は、時代順に[享保]の改革、[寛政]の改革、 　　　 の改革である。

天保
改革はそれぞれ徳川吉宗、松平定信、水野忠邦が行った。

トレンド

最新時事

国語

社会

英語

数学

理科

文化

キーワード

40 江戸時代の[五街道]とは東海道、中山道、甲州道中、奥州道中と____である。

日光道中
五街道は江戸幕府の直轄下におかれた。

41 元禄文化は[上方]と呼ばれた大坂や京都を中心とした文化で、俳人の[松尾芭蕉]、浮世草子の作家____らが有名である。

井原西鶴
その他、人形浄瑠璃の近松門左衛門が特に名高い。

42 化政文化は[江戸]中心の文化で、俳人[与謝蕪村]、読本の作家[上田秋成]、「冨嶽三十六景」の浮世絵師____らが高名である。

葛飾北斎
浮世絵は西欧の画壇にも大きな影響を与えた。

43 1853年アメリカの____が黒船で大統領親書をもって[浦賀]に来航し、日本に開国を迫った。

ペリー
2度目の来航時に結ばれたのが日米和親条約である。

44 彦根藩主の大老____がアメリカとの間で結んだのが[日米修好通商]条約である。

井伊直弼
日米修好通商条約は、治外法権を認め、関税自主権をもたない不平等条約だった。

45 1866年、薩摩藩の[西郷隆盛]と長州藩の[木戸孝允]との間に薩長同盟を成立させたのは、土佐藩出身の____。

坂本竜馬
大政奉還や合議政体を提唱したが暗殺された。

46 [明治政府]が1869年の[版籍奉還]の次に着手した中央集権推進のための改革は藩を廃止し、県や府を設置する____である。

廃藩置県
藩知事を解任して中央から府知事・県令を派遣した。

47 内閣制度を創設し、自ら初代内閣総理大臣となった____は、[大日本帝国憲法]の制定に尽力した。

伊藤博文
1909年、中国のハルビンで暗殺された。

48 1904年に始まった[日露]戦争で日本は[ロシア]に勝利したが、その調停を務めたのが、アメリカ大統領の____である。

セオドア・ルーズベルト

49 明治・大正時代の文学界で並び称された文豪は、『舞姫』を著した____と『坊っちゃん』を著した[夏目漱石]である。

森鷗外

50 1915年[大隈重信]内閣は、中華民国の袁世凱に□□□の要求を突きつけた。

二十一か条

---

51 大正時代の民主主義的潮流である□□□を支えた思想が、美濃部達吉らの[天皇機関]説と、吉野作造らの[民本]主義である。

大正デモクラシー
「デモクラシー」とは、民主主義のこと。

---

52 1932年、総理大臣の□□□が海軍将校などに襲撃・暗殺される五・一五事件が起き、日本の[政党政治]は終わった。

犬養毅
これを機に軍部の発言力が増し、1936年には二・二六事件も起きた。

---

53 1941年に日本軍の真珠湾攻撃で□□□戦争が始まったが、翌年の[ミッドウェー]海戦から日本は劣勢になっていった。

太平洋

---

54 戦後、連合国軍総司令部([GHQ])による改革には、□□□解体、[農地改革]、政治の民主化などがあげられる。

財閥
三井、三菱、住友、安田などの15財閥の資産を凍結。

---

55 1950年に始まった[朝鮮]戦争に際して、米軍が日本で物資を調達したため□□□が生じ、日本経済は急回復した。

特需景気
鉱工業生産は戦前水準まで回復。

---

56 1955年、[自由民主党]が多数の議席を占め、後に社会党が弱体化してゆくが、この状態を□□□体制という。

55年

---

57 [池田勇人]内閣の□□□のスローガンのもと、高度経済成長が進み、日本のGNPは1968年、資本主義国で第2位となった。

所得倍増
当時の国力は、現在のようにGDPではなくGNPで表された。

---

58 中華人民共和国とは、1972年に□□□内閣が国交を樹立し、1978年に[福田赳夫]内閣が日中平和友好条約を締結した。

田中角栄
後にロッキード事件で起訴された。

---

59 1980年代後半から土地と[株式]に投機資金が流入して□□□となり、プラザ合意後の円高で国内産業の空洞化が進んだ。

バブル景気
この反動で1991年以降不況が続いた。

トレンド　最新時事　国語　社会　英語　数学　理科　文化　キーワード

151

社会 世界史

問題 次の◯◯にあてはまる語句を答えなさい。

▼解答と解説

1 人類は猿人→◯◯→旧人→新人と進化してきたが、ドイツなどで見つかっている[ネアンデルタール]人は旧人に属する。

原人
北京原人やジャワ原人など。

2 四大文明とは、西からエジプト文明、◯◯文明、[インダス]文明、中国文明をいう。

メソポタミア
いずれも大河の流域に現れた。

3 古代エジプトでは、[ファラオ]と呼ばれる王のもと、王の墓とされる◯◯やスフィンクスが建造された。

ピラミッド

4 紀元前612年の[アッシリア]滅亡後にオリエントを統一したのは、イラン人の国家のアケメネス朝◯◯である。

ペルシア
ギリシア征服を試みるが失敗。

5 古代ギリシアで多数成立した都市国家を◯◯というが、中でも[アテネ]とスパルタが有名である。

ポリス
ギリシアではオリエントのような統一国家は現れなかった。

6 古代ギリシアでは哲学が発達し、[ソクラテス]やその弟子の[プラトン]、プラトンの弟子でアレクサンドロス大王の師◯◯が生まれた。

アリストテレス
『形而上学』などの著作がある。

7 [マケドニア]のアレクサンドロス大王が行った東方遠征によって東西融合が進み、◯◯文化が生まれた。

ヘレニズム
大王の帝国はインダス川まで及んでいた。

8 古代ローマは[ポエニ]戦争に勝利して地中海世界を征服し、前27年、◯◯が初代皇帝となった。

オクタウィアヌス
カエサルの養子である。

9 現在の[イスタンブール]に遷都し、313年、キリスト教を初めて公認したローマ皇帝は◯◯である。

コンスタンティヌス
キリスト教は後にローマ帝国の国教となった。

10 ［インダス］文明は高度な都市機能を備えており、□□□遺跡やハラッパー遺跡が有名である。

モエンジョ・ダーロ
灌漑や排水施設も備えられていた。

11 孔子や孟子などの［諸子百家］が活躍していたのは、□□□時代である。

春秋・戦国
中国が多くの国に分かれて群雄割拠していた時代。

12 中国を初めて統一した秦の□□□は、異民族の侵入を防ぐために［万里の長城］をつくった。

始皇帝
秦は始皇帝の死後、急速に衰える。

13 ［劉邦］が建国した漢は7代皇帝の□□□の時代に最盛期を迎え、外蒙古やベトナムにまで勢力が及んでいた。

武帝
さまざまな施策を通じて富国強兵を実現した。

14 後漢が滅亡した後、中国は［魏］、呉、蜀が覇を争う□□□時代に入るが、三国志の英雄・諸葛亮（孔明）は蜀に仕えた。

三国
265年魏を引き継いだ晋が、280年中国を統一する。

15 隋が短期で滅んだ後、李淵が618年□□□を建国した。最盛期は［玄宗］皇帝の時代（8世紀）である。

唐
日本からも遣唐使で多くの学生が留学していた。

16 7世紀に□□□が創始したイスラム教は［コーラン］を聖典とし、［メッカ］にあるカーバ神殿を信仰の中心とする。

ムハンマド（マホメット）
イスラム教はアッラーを唯一神とする宗教である。

17 イスラム文化では、アラビア文学の代表的説話集『［千夜一夜物語（アラビアン・ナイト）］』とスペインのグラナダの□□□宮殿が有名。

アルハンブラ
イスラム勢力はイベリア半島まで及んでいた。

18 フランク王国は□□□大帝の時代に最大となり、その領土は現在の［フランス］、ドイツ、イタリアの原型である。

カール
800年、ローマ教皇からローマ皇帝の帝冠を授かった。

19 ［バイキング］として恐れられていたノルマン人は11世紀にイギリスに上陸して□□□朝を開いた。

ノルマン
「ノルマンの征服」といわれる。

トレンド

最新時事

国語

社会

英語

数学

理科

文化

キーワード

153

20 神聖ローマ皇帝との[聖職叙任権]闘争に勝利したカトリック教会は、教皇□□□の時(12〜13世紀)に権力の絶頂を迎えた。

インノケンティウス3世
教皇は太陽、皇帝は月といわれた。

21 イスラム勢力から聖地[イェルサレム]を奪回するために、ローマ教皇により1096年から行われた□□□は、計7回派遣された。

十字軍
11〜13世紀。イスラムやビザンツの文化との交流が始まった。

22 [イギリス]では13世紀、ジョン王の不当な課税に反発した貴族たちが反抗し□□□を王に認めさせた。

大憲章(マグナ・カルタ)
イギリス議会はこの時代が起源。

23 西欧の中世建築様式は、ビザンツ様式→[ロマネスク]様式→□□□様式と展開されてゆく。

ゴシック
フランスのノートルダム大聖堂やドイツのケルン大聖堂など。

24 五代十国時代を経て、960年に[趙匡胤]が開封を首都として建国した国は□□□である。

宋
文治主義を政治方針としたため、異民族の侵入に苦慮した。

25 宋は隋や唐で発達した[科挙]を整備し、最終試験で皇帝自らが試験官となる□□□を制度化した。

殿試
殿試により合格者は皇帝に忠誠を誓い忠実な官僚となった。

26 三大発明とは、火薬、羅針盤、□□□をいうが、このうち前二者が[宋]の時代に発明された。

活版印刷
四大発明の場合は、4つ目に製紙法(後漢)があげられる。

27 モンゴル帝国は、中国の[元]と、キプチャク、チャガタイ、□□□の各ハン国に分裂した。

イル
分裂の原因は領内の異民族の一律統治が困難であったため。

28 ヴェネチア出身の□□□とモロッコ出身の[イブン・バットゥータ]は、元の時代に中国を訪れた。

マルコ・ポーロ
著書『世界の記述』で日本をジパングと紹介した。

29 東西世界を結ぶ交易路は北から、「草原の道」、「□□□」、「[海の道]」であり、古くから交易が盛んに行われていた。

オアシスの道
別名「シルクロード」ともいわれている。

30 [ヌルハチ]が1616年に建国した後金は、後に清と改称し、康熙帝、[雍正]帝、□帝の3代約150年間に大いに栄えた。

乾隆
清の末期、中国は列強の帝国主義政策によって侵略されてしまう。

31 ルネサンス期に活躍したボッカチオは『[デカメロン]』を、マキャヴェリは『□』を著した。

君主論
独特の政治理論を展開し、近代政治学の基礎をなした著作。

32 1498年、喜望峰を回って[インド航路]を開拓したポルトガル人は□である。

ヴァスコ・ダ・ガマ
香辛料を求めて、インドを目指した。

33 1517年、ルターは「□」を発表し、教会の腐敗を激しく批判したが、これを機に[宗教改革]が始まった。

九十五か条の論題
当時、教皇は盛んに贖宥状を販売していた。

34 エリザベス1世は[統一法]を再公布してイギリス国教会を確立させ、□会社を設立して[インド]支配の基礎を築いた。

東インド
東インド会社は後に植民地経営にも乗り出す。

35 ロシアのロマノフ朝は、[ピョートル1世]（大帝）が絶対王政を確立し、□の時代に絶頂期を迎えた。

エカチェリーナ2世
女帝である。

36 啓蒙思想家として高名なのは、『哲学書簡』を著した[ヴォルテール]、『法の精神』を著した□である。

モンテスキュー
他に『社会契約論』を著したルソーも有名。

37 旧制度の打破を目指して1789年に起こった[フランス]革命では、人民の自由・平等を掲げた□宣言が採択された。

人権
ラ・ファイエットらが起草した。

38 ナポレオン没落後に開かれたウィーン会議では、終始[メッテルニヒ]が主導し、□主義が指導原理とされた。

正統
仏外相のタレーランの主張でフランス革命とナポレオン以前の状態に戻す考え。

39 ヴィクトリア女王時代のイギリスでは、自由党の□と保守党の[ディズレーリ]が議会政治を主導した。

グラッドストン
19世紀後半のイギリスの黄金時代。

40 19世紀後半、プロイセンの皇帝[ヴィルヘルム1世]のもとで富国強兵を強力に進めた首相は ___ である。

ビスマルク
鉄血宰相と呼ばれた。

41 アメリカでは1861年、[リンカーン]が大統領に当選したのを機に ___ 戦争が勃発したが、最終的に[北部]が勝利した。

南北
戦争中、リンカーンが奴隷解放宣言を出した。

42 19世紀はキュリー夫妻が ___ を発見したり、[モールス]が電信機を発明したりして技術が発達した。

ラジウム放射線
19世紀は「科学の世紀」と呼ばれた。

43 イギリスは19世紀、インドから仕入れた ___ を清に売り、大量の[銀]を自国に流入させていた([三角]貿易)。

アヘン
後にアヘン戦争が勃発する。

44 中国で洪秀全が1851年に挙兵して始まった争乱を ___ というが、彼らのスローガンは[滅満興漢]であった。

太平天国の乱
この乱の鎮圧にはイギリス・フランス軍の力を借りた。

45 ビスマルク辞職後、皇帝 ___ は世界政策をとるが、その一環が2度にわたる[モロッコ]事件である。

ヴィルヘルム2世
この当時、ドイツでは社会主義が台頭し始めた。

46 1898年、ロシアでは ___ やプレハーノフを指導者として[ロシア社会民主労働]党が設立された。

レーニン
ニコライ2世の治世。

47 20世紀初め、イギリスは植民地相[ジョゼフ・チェンバレン]のもとで植民地との連携を強め、1910年に ___ 連邦を自治領とした。

南アフリカ
南ア戦争を起こして植民地を拡大させた。

48 中国では1899年、___ が[扶清滅洋]を訴えて蜂起したが、列強に鎮圧され、清の弱体化に拍車がかかってしまった。

義和団
北京議定書で中国の半植民地化が決定的となった。

49 中国では1911年 ___ 革命が起き、鎮圧にあたった[袁世凱]の裏切りで翌年[宣統]帝が退位して清朝は滅亡した。

辛亥
この後、袁世凱が大総統となり独裁化する。

50 20世紀初頭、ドイツは植民地をめぐって[　　]政策をとったが、これは[イギリス]の３C政策と激しく対立した。

3B
3Bとはベルリン、イスタンブール(ビザンティウム)、バグダードをさす。

51 第１次世界大戦は、[　　]年、[サライェヴォ]事件を機に勃発し、人類が初めて体験する総力戦となった。

1914
1918年にドイツが降伏し、1919年にヴェルサイユ条約が結ばれた。

52 国際連盟は1920年に[ジュネーブ]を本部として発足したが、[　　]やソ連が不参加だったこともあり効果は限定的だった。

アメリカ
ウィルソンが提唱したが、議会は伝統的なモンロー主義を主張して賛同を得られなかった。

53 [1929]年、アメリカで株式相場が大暴落したことから始まった世界的な大混乱を[　　]という。

世界恐慌
全世界に波及し、第二次世界大戦勃発の一因となった。

54 1945年、トルーマン(米)、[チャーチル](英)、[スターリン](ソ)が[　　]宣言を発して日本に降伏を勧告した。

ポツダム
日本はこれを受け入れ無条件降伏した。

55 [1945]年に発足した国際連合安全保障理事会の[常任理事国]は現在、アメリカ、イギリス、フランス、ロシア、[　　]である。

中国

56 戦後の冷戦で、東側諸国が1955年に西側の[NATO]に対応すべく組織したのが[　　]である。

ワルシャワ条約機構
NATOとは北大西洋条約機構。

57 1949年に[　　]が率いる共産党が中国を統一し、[蒋介石]を総統とする国民党は[台湾]に逃れた。

毛沢東
毛沢東は後に「大躍進政策」で国内経済を壊滅させる。

58 アメリカの[ジョンソン]大統領は、1965年[　　]戦争に介入したが、アメリカは1973年に撤退し、事実上敗北した。

ベトナム
パリ和平協定の調印を受け、ニクソン大統領が撤退させた。

59 ソ連では1980年代に[　　]が書記長に就任し、[ペレストロイカ]と呼ばれる改革を断行し、東西の緊張は緩和された。

ゴルバチョフ
アメリカのブッシュ(父)大統領と冷戦の終結を宣言。

トレンド / 最新時事 / 国語 / 社会 / 英語 / 数学 / 理科 / 文化 / キーワード

157

社会 20世紀の偉人・リーダー

☑ 20世紀の偉人・リーダー

白熱電球をはじめとして生涯に千数百の発明を行った。	トーマス・エジソン (1847〜1931)	アメリカ
ライン方式による自動車の大量生産に成功した。	ヘンリー・フォード (1863〜1947)	アメリカ
放射線の研究でノーベル物理学賞、化学賞を受賞した。	キュリー夫人 (1867〜1934)	ポーランド
非暴力・不服従を提唱して、インドの独立を成し遂げた。	マハトマ・ガンジー (1869〜1948)	インド
世界初の社会主義革命であるロシア革命を指導した。	ウラジーミル・レーニン (1870〜1924)	旧ソ連
第2次世界大戦を終戦に導き、ノーベル文学賞を受賞している。	ウィンストン・チャーチル (1874〜1965)	イギリス
チェロの近代奏法を確立し、バッハの無伴奏チェロ組曲を広めた。	パブロ・カザルス (1876〜1973)	スペイン
相対性理論をはじめとして数々の物理理論・宇宙論を発表した。	アルベルト・アインシュタイン (1879〜1955)	ドイツ
レーニンの後、スターリニズムと呼ばれる独裁政治を行った。	スターリン (1878〜1953)	旧ソ連
重い障害を有しながら世界各地で社会福祉・教育活動を行った。	ヘレン・ケラー (1880〜1968)	アメリカ
アーリア民族主義と反ユダヤ主義を唱え第2次世界大戦を起こした。	アドルフ・ヒトラー (1889〜1945)	ドイツ
独立インドの初代首相となり、非同盟・中立の外交を展開した。	ネルー (1889〜1964)	インド
数々の映画で成功をおさめた三大喜劇王の1人。	チャールズ・チャップリン (1889〜1977)	イギリス
陸軍出身のフランス大統領でアルジェリア独立による混乱を収拾した。	シャルル・ド・ゴール (1890〜1970)	フランス
共産党の指導者として長征を成し遂げ中華人民共和国を建国した。	毛沢東 (1893〜1976)	中国

☐	ヤンキースで活躍、数々の大リーグ記録を塗り替えた。	ベーブ・ルース（1895～1948）	アメリカ
☐	ミッキーマウスの生みの親で、兄とともにディズニー社を創設した。	ウォルト・ディズニー（1901～1966）	アメリカ
☐	インドを中心に貧しい人々の救済活動を行い、ノーベル平和賞を受賞。	マザー・テレサ（1910～1997）	マケドニア
☐	若き大統領としてキューバ危機を乗り切ったが暗殺された。	ジョン・F・ケネディ（1917～1963）	アメリカ
☐	アパルトヘイト政策に反対し、南アフリカ大統領に就任した。	ネルソン・マンデラ（1918～2013）	南アフリカ
☐	キューバ革命を指導し、旧ソ連に接近してキューバ危機をまねいた。	フィデル・カストロ（1926～2016）	キューバ
☐	人種差別撤廃を目指した公民権運動の活動家であったが暗殺された。	キング牧師（1929～1968）	アメリカ
☐	ハリウッド女優であったが晩年はユニセフ親善大使として活動した。	オードリー・ヘプバーン（1929～1993）	イギリス
☐	iPod、iPhone、iPadといった一連の製品を大ヒットさせた。	スティーブ・ジョブズ（1955～2011）	アメリカ
☐	パソコンOSとして圧倒的シェアを誇るWindowsを開発した。	ビル・ゲイツ（1955～）	アメリカ
☐	飛行機の発明者であり、世界初の飛行機パイロットであった。	ライト兄弟（1867～1912、1871～1948）	アメリカ
☐	医師であり神学者・音楽家。アフリカ、ガボンでの医療に従事した。	アルベルト・シュバイツァー（1875～1965）	ドイツ・フランス
☐	キュビスムを創始。絵画・版画・彫刻など多方面で才能を発揮した。	パブロ・ピカソ（1881～1973）	スペイン
☐	イギリス初の女性首相で、強硬な政治姿勢から「鉄の女」と呼ばれた。	マーガレット・サッチャー（1925～2013）	イギリス
☐	白人・黒人の音楽を融合した偉大なロックンロールの創始者。	エルビス・プレスリー（1935～1977）	アメリカ
☐	ビートルズ解散後は平和運動家として若者に影響を与えた。	ジョン・レノン（1940～1980）	イギリス

社会 政治① 日本国憲法

問題 次の◯にあてはまる語句を答えなさい。

▼解答と解説

1 日本国憲法は、政治の基本的なあり方として、◯◯、基本的人権の尊重、平和主義という3つの原則を掲げている。

国民主権
国の政治のあり方を決める最高権力（主権）が国民にあること。

2 日本国憲法が保障する基本的人権は、「◯◯」の観点から制約を受ける場合がある。

公共の福祉
社会一般に共通する利益や幸福のこと。

3 日本国憲法が保障する基本的人権は、自由権、社会権、◯◯権、参政権、請求権に大きく分類される。

平等
すべての個人が人間として等しく扱われる権利のこと。

4 生存権、教育を受ける権利、[勤労]の権利、労働基本権（労働三権）は、基本的人権のうち、◯◯権に分類される。

社会
人間の尊厳にふさわしい生活を国家に求める権利のこと。

5 選挙権・被選挙権、憲法改正の国民投票権、最高裁判所裁判官の[国民審査]権は、基本的人権のうち、◯◯権に分類される。

参政
国民が政治に参加することを保障する権利である。

6 国家賠償請求権、刑事補償請求権、[裁判]を受ける権利などは、基本的人権のうち、◯◯権に分類される。

請求
基本的人権が侵害された場合、国などに対して救済を求める権利である。

7 犯罪の疑いをかけられて逮捕された者が、刑事裁判で無罪が確定した場合、国に対して償いを求める権利を◯◯権という。

刑事補償請求

8 自由権のうち、信教の自由や学問の自由は◯◯的自由に、職業選択の自由や財産権の保障は◯◯的自由に分類される。

精神、経済
自由権は、精神的自由、経済的自由、人身の自由に分類される。

9 [人身]の自由のうち、被疑者や被告人が取り調べや裁判で、自分に不利益なことは話さなくてもよい権利を◯◯権という。

黙秘
不利益な供述を強要することは禁止されている。

10 国は宗教上の問題に一切かかわらないという原則を□□□の原則といい、いかなる宗教団体も国から特権を受けてはならない。

政教分離
信教の自由に含まれている原則である。

11 日本国憲法第25条には、「健康で[文化的]な[最低限度]の生活を営む権利」として□□□権が規定されている。

生存
この権利について争われた裁判として朝日訴訟が有名。

12 すべての国民は、その能力に応じて等しく教育を受ける権利を有し、その権利を保障するため、□□□は無償と定められている。

義務教育

13 日本国憲法に規定のない[新しい人権]で、私生活を公開されず自己に関する情報をコントロールする権利を□□□という。

プライバシーの権利
憲法第13条の幸福追求権を根拠に主張される場合がある。

14 天皇は、「日本国と日本国民統合の□□□」であり、その地位は、主権の存する日本国民の総意に基づくとされる。

象徴
憲法第1条に規定されている。

15 天皇は、憲法に定められた形式的・儀礼的行為である□□□のみを、[内閣]の助言と承認に基づき行う。

国事行為
法律・条約の公布、国会の召集、栄典の授与などがある。

16 憲法改正案は、各議院の[総議員]の□□□の賛成で国会が発議して国民に提案し、国民投票で□□□の賛成を必要とする。

3分の2以上、過半数
国民投票で承認された場合、天皇は、国民の名で直ちにこれを公布する。

17 日本国憲法を改正するには法律の改正手続よりも厳格な手続が必要である。このような憲法を□□□憲法という。

硬性
これに対し、特別な改正手続を必要としない憲法を軟性憲法という。

18 日本国憲法で定める国民の義務には、保護する子女に[(普通)教育]を受けさせる義務、勤労の義務、□□□の義務がある。

納税

19 憲法第99条に規定されている国務大臣や国会議員などの公務員が負う義務を□□□義務という。

憲法尊重擁護
日本国憲法は国の最高法規であり、その最高法規性を保障するための義務。

トレンド

最新時事

国語

社会

英語

数学

理科

文化

キーワード

161

社会 政治② 国会

問題 次の ___ にあてはまる語句を答えなさい。

▼解答と解説

1 日本国憲法には、「国会は ___ の最高機関であって、国の唯一の ___ 機関である」と定められている。

国権、立法
国会は主権者である国民を直接代表し、国政の中心的地位を占める重要機関。

2 毎年1回、[1]月中に召集される国会を ___ といい、次年度の[予算]の審議が主な議題となる。

通常国会（常会）
会期は150日であるが、延長も可。

3 内閣が必要と認めたとき、または、衆・参いずれかの議院の総議員の4分の1以上の要求があったときに召集される国会は ___ 。

臨時国会（臨時会）
予算・外交など、国政上、緊急を要する問題について話し合われる。

4 衆議院解散後の総選挙の日から[30]日以内に召集される国会を ___ といい、[内閣総理大臣]の指名が先に行われる。

特別国会（特別会）

5 衆議院議員の任期は ___ 年、参議院議員の任期は ___ 年で、衆議院は参議院とちがって[解散]がある。

4、6
参議院議員については、3年ごとに半数ずつ改選される。

6 衆議院解散中、災害など緊急対応の必要が生じた場合、[内閣]の求めに応じて、参議院の ___ が開かれる。

緊急集会
議決事項は、次の国会で開会10日以内に衆議院の同意を得る必要がある。

7 国会議員は、国会の会期中は、現行犯などを除いては原則として逮捕されない。この特権を ___ 特権という。

不逮捕
現行犯の場合の他、所属する議院の許諾がある場合には逮捕される。

8 衆議院・参議院それぞれの議員が全員で構成する会議を ___ といい、原則として公開されることになっている。

本会議
出席議員の3分の2以上で議決したときは、秘密会を開くことができる。

9 衆議院と参議院の議決が異なったときに、意見調整のために開かれる会議を ___ という。

両院協議会
法律案の場合は任意であり、開いても開かなくてもよい。

162

10 国会の権限の1つとして、国会議員あるいは内閣によって提出された◻◻案の議決があげられる。

法律
国会議員によって案が提出される法律を議員立法という。

11 両議院がそれぞれ有する、国の政治全般について調査できる権限を◻◻権といい、証人の出頭や記録の提出などを要求できる。

国政調査
行政権に対する抑制機能である。

12 ◻◻裁判所は、地位にふさわしくない行為を行った裁判官を罷免するかどうか判断するため、国会に設置される裁判所である。

弾劾
衆参両議院の各7名の議員で組織される。

13 衆議院で可決した◻◻案が参議院で否決されたとき、衆議院が出席議員の〔**3分の2**〕以上の多数で再び可決すれば成立する。

法律
法律案のみ、衆議院の再議決により成立する。

14 衆・参両議院が異なる◻◻を指名し、〔**両院協議会**〕を開いても意見が一致しないとき、衆議院の議決が国会の議決となる。

内閣総理大臣

15 予算審議については、衆議院が先に行うことになっている。衆議院がもつこの権限を予算◻◻権という。

先議
衆議院の優越の1つである。

16 国会での審議を慎重・能率的に行うために両議院に設けられている委員会で、必要に応じて設けられるものを◻◻という。

特別委員会
これに対し、常に設けられている委員会を常任委員会という。

17 委員会が必要と認めたとき、利害関係者、学者、専門家などの意見を聴くために開く会を◻◻という。

公聴会
予算及び重要な歳入法案については必ず開かれる。

18 日本銀行総裁など、衆議院・参議院それぞれにおいて承認が必要な人事を◻◻人事という。

国会同意
両院の同意が必要であり、法律・予算・条約よりも手続要件が厳格である。

19 大日本帝国憲法における帝国議会は、選挙で選ばれる衆議院と、勅選議員などで構成される◻◻院の二院制であった。

貴族
皇族や華族、勅選議員などの特権議員からなる。

社会 政治③ 内閣

問題 次の ☐ にあてはまる語句を答えなさい。

▼解答と解説

1 日本では、内閣が国会の信任のもとに成立し、[行政]権の行使について国会に対し連帯責任を負う ☐ 制を採用している。

議院内閣
イギリスで18世紀に成立した。

2 内閣は、内閣の長である ☐ と、各行政機関の長として、行政事務を分担・管理する[国務大臣]で構成される。

内閣総理大臣

3 内閣総理大臣は、☐ の中から[国会]の議決によって指名され、☐ によって任命される。

国会議員、天皇
通常、内閣総理大臣は、与党第1党の党首が指名される。

4 国務大臣は、☐ によって任命され、任意に罷免される。その[過半数]は国会議員でなければならない。

内閣総理大臣
国務大臣を罷免する際、国会の承認は必要ない。

5 自衛隊を指揮・統括する内閣総理大臣・防衛大臣は、いずれも ☐ でなければならない。このようなしくみを ☐ という。

文民、シビリアン・コントロール
文民統制とも呼ばれる。

6 内閣総理大臣が主宰してすべての国務大臣が参加する ☐ では、内閣の政治の方針などが[全会一致]で決定される。

閣議
非公開であり、参加者は審議内容の秘密を保持すべきとされている。

7 内閣は、憲法や法律の規定を実施するための規則・命令である ☐ を制定することができる。

政令
特にその法律の委任がある場合を除いては、罰則を設けることはできない。

8 内閣は、天皇の ☐ に対して、助言と承認を行う。

国事行為

9 内閣の仕事は、外国との文書による合意である ☐ の締結や、☐ 案を作成して国会に提出することなどがあげられる。

条約、予算
内閣の仕事としては他に、法律の執行、国務の総理、外交関係の処理など。

10 内閣は、最高裁判所の長官を▢し、最高裁判所長官以外の裁判官を▢する。

指名、任命
最高裁判所長官は天皇によって任命される。

11 内閣は、衆議院で不信任決議案が可決したときは[10]日以内に衆議院が[解散]されない場合、▢しなければならない。

総辞職
衆議院で信任の決議案が否決された場合も同様である。

12 [内閣総理大臣]が欠けたとき、または衆議院議員総選挙の後に初めて国会が召集されたとき、内閣は▢をする。

総辞職

13 政治の役割を、国の安全保障や治安の維持など最小限のものにとどめ、「▢政府」をつくろうという考え方がある。

小さな
税金など国民の負担は軽くなるが、個人の責任でくらしを立てる必要がある。

14 人々の生活を安定させるため、社会保障の拡大や雇用の確保など、強い役割をもつ「▢政府」をつくろうという考え方がある。

大きな
税金など国民の負担は重くなる。

15 行政を担当する公務員は、日本国憲法で「全体の▢」と規定され、国民生活のために仕事をすることが求められている。

奉仕者
公務員には、官僚主義に陥りやすいなどの弊害もみられる。

16 日本の中央省庁の1つで、複数ある省庁の統一を図るため、重要政策の企画立案と総合調整を行う省庁を▢という。

内閣府
2001年に実施された中央省庁再編によって設けられた。

17 一般の行政機関からある程度独立して設置される行政機関を▢といい、国家公安委員会、人事院などがある。

行政委員会

18 行政への苦情に対応したり、行政運営の実態を調査して勧告したりする役職のことを▢という。

オンブズマン
オンブズパーソン、行政監察官ともいう。スウェーデンで初めて設けられた。

19 イギリスにおいて、政権交代に備えて[野党]があらかじめ組織している内閣のことを▢という。

シャドーキャビネット
「影の内閣」とも呼ばれる。

社会

政治④ 裁判所

問題 次の ▢ にあてはまる語句を答えなさい。

▼解答と解説

1 日本国憲法では「すべて[司法]権は▢裁判所及び法律の定めるところにより設置する▢裁判所に属する。」と定めている。

最高、下級
司法権とは、法を適用することによって紛争を解決する国家のはたらき。

2 下級裁判所には、全国8か所の▢裁判所、各都道府県の地方裁判所、少年事件などを扱う▢裁判所、簡易裁判所の4種類がある。

高等、家庭
簡易裁判所は、軽い事件を扱う第一審が行われる裁判所。

3 大日本帝国憲法下で認められていた、特殊な事件・人のみを対象とする▢裁判所の設置は、日本国憲法では禁止されている。

特別
行政裁判所や軍法会議などがこれにあたる。

4 日本国憲法は「すべての裁判官はその▢に従い[独立]してその職権を行い、この憲法及び法律にのみ拘束される」と定めている。

良心
「司法権の独立」について定めたもの。

5 [被疑者]・被告人が経済的理由などで自ら弁護人を依頼できないときに、裁判所が選任する弁護人を▢という。

国選弁護人
弁護費用は国が負担する。

6 下級裁判所の裁判官は、▢が指名した者の名簿に基づいて、[内閣]によって任命される。

最高裁判所

7 最高裁判所の裁判官が適任であるかどうかを国民が直接投票して審査する▢は、[衆議院]議員総選挙の際に行われる。

国民審査
有効投票の過半数が罷免を可とした場合、その裁判官は罷免される。

8 国会が制定した[法律]や内閣が出した命令・規則などが憲法に違反していないかを判断する裁判所の権限を▢権という。

違憲立法審査（違憲審査）
最高裁判所だけでなく、すべての裁判所が有する。

9 裁判のうち、当事者どうしが裁判官の前でそれぞれの主張を述べる▢は、裁判官の全員一致で公開しないこともできる。

対審
裁判のうち、裁判の結果を示す判決は、常に公開されなければならない。

166

10 裁判を慎重に行い、人権を守るため、同一の事件について3回まで裁判を受けることができる制度を◻️制という。

三審
誤審を防ぎ、人権保障を確実にするためのしくみ。

11 第一審の判決に不服がある場合、第二審の裁判所に◻️し、さらに不服があれば、第三審の裁判所に◻️することができる。

控訴、上告

12 判決確定後、事実認定に誤りが発見されたことなどを理由に、◻️というやり直しの裁判を行うことが認められている。

再審
刑事裁判では、有罪の言い渡しを受けた者に有利な場合にのみ行われる。

13 罪を犯していない者が、刑事手続において罪を犯したとして疑われたり、有罪判決を下されたりすることを◻️という。

冤罪
免田事件、島田事件など数多く存在する。

14 私人間における争いを裁く〔民事〕裁判では、裁判所に訴えた人を◻️、訴えられた人を◻️という。

原告、被告
民事裁判では、弁護士を代理人にするのが一般的。

15 〔民事〕裁判の途中で、当事者どうしが話し合いによって争いを解決した場合、裁判は終了する。このことを◻️という。

和解
裁判中、裁判所はいつでも和解を勧めることができることになっている。

16 ◻️とは、検察官が〔被疑者〕を不起訴処分とした刑事事件について、適切かどうかを審査する機関である。

検察審査会
検察審査員（11人）は、選挙権を有する国民の中から、くじで選ばれる。

17 ◻️主義とは、どのような行為に対してどのような刑罰が科せられるかは、法律で定められなければならないとする原則をいう。

罪刑法定
日本国憲法第31条に定められている。

18 刑事裁判においては、◻️の原則に基づいて、被告人は有罪判決を受けるまでは無罪の扱いを受ける。

推定無罪

19 刑罰のうち、ある期間、刑務所で労働することを◻️、刑務所に拘置することを◻️という。

懲役、禁錮
刑罰には他に、1万円以上を国に納める罰金、1万円未満を国に納める科料がある。

トレンド

最新時事

国語

社会

英語

数学

理科

文化

キーワード

167

社会 政治⑤ 地方自治・選挙

問題 次の ☐ にあてはまる語句を答えなさい。

▼解答と解説

1 日本国憲法に基づき、地方公共団体の組織・運営に関しては ☐ 法において規定されている。

地方自治
「地方自治の本旨」である団体自治と住民自治に基づく。

2 法律の範囲内で定められ、その地方公共団体のみに適用されるきまりを ☐ といい、[地方議会]によって制定される。

条例
一定の範囲内で、罰則を設けることも可能。

3 都道府県知事の被選挙権は満 ☐ 歳以上、市区町村長の被選挙権は満 ☐ 歳以上の者に与えられ、任期はともに ☐ 年である。

30、25、4
都道府県知事と市町村長などは首長とも呼ばれる。

4 地方議会は国会とは異なり[一院]制で、議員の被選挙権は、満 ☐ 歳以上の者に与えられており、任期は ☐ 年である。

25、4

5 地方議会は首長の ☐ 権をもち、これに対して首長には議会の ☐ 権が認められている。

不信任議決、解散
均衡を図るためのしくみ。

6 住民には地方自治に直接参加する[直接請求]権が与えられており、首長や地方議会議員の解職請求のことを ☐ という。

リコール

7 首長や地方議会議員の解職請求及び議会の解散請求は、有権者の[3分の1]以上の署名をもって、☐ に請求する。

選挙管理委員会
住民投票を行い、過半数の賛成があれば解職・解散となる。

8 社会保障関係費や義務教育費など、国から委任された特定の活動を行うため、国から支給される資金を ☐ 金という。

国庫支出
三位一体の改革により、削減された。

9 地方公共団体間の財政格差を是正するため、国から配分される資金を ☐ 金といい、使途に制限はない。

地方交付税交付

10 選挙権の資格を限定せず、一定年齢に達したすべての者に選挙権を与える選挙を□□□といい、日本は[1945]年に実現した。

普通選挙
これに対し、選挙権の資格を制限する選挙を制限選挙という。

11 選挙制度には、1つの選挙区から1人を選出する□□制や各政党の得票数に応じて議席を配分する□□制などがある。

小選挙区、比例代表
1つの選挙区から2人以上を選出する選挙は大選挙区制。

12 投票は有効であるが、当選者以外の者に投じられた票のことを□□といい、[小選挙区]制で多くみられる。

死票
議席に結びつかない票。死票が多いと、民意が正確に政治に反映されなくなる。

13 衆議院議員選挙では□□制が採用され、小選挙区選挙と比例代表選挙に同時に立候補することが認められ、これを□□という。

小選挙区比例代表並立、重複立候補

14 衆議院議員選挙の比例代表選挙は、各政党が提出した候補者名簿の登載順位に従って当選者が確定する□□式である。

拘束名簿
比例代表選挙では政党名を、小選挙区選挙では候補者名を記入して投票する。

15 小選挙区選挙で落選した同一順位の候補者が、比例代表選挙で復活当選するときの基準は、小選挙区での□□である。

惜敗率
当選者の得票数に対する落選者の得票数の割合のこと。

16 [政治資金規正]法により、各政党には年に1回□□報告書を総務大臣などに提出し、公開することが義務づけられている。

政治資金収支
政治団体の収入・支出や保有する資産などを示したもの。

17 投票を終えたばかりの有権者に投票内容を回答してもらい、候補者の当落を予測する調査を□□という。

出口調査
テレビ局、新聞社などによって行われる。

18 公正な選挙の確保を目的に投票方法、選挙運動などについて定める□□法は、候補者が個人の家庭を訪問する□□を禁じている。

公職選挙、戸別訪問
事前運動の禁止、署名運動の禁止なども規定されている。

19 候補者の親族、選挙運動の総括主宰者などが選挙違反で有罪となった場合、□□制により、候補者の[当選]も無効となる。

連座
当選・落選候補者とも、同選挙区における立候補が5年間禁止される。

社会 政治⑥ 戦後日本政治史

問題 次の ▢ にあてはまる語句を答えなさい。

▼解答と解説

1 1951年に調印された ▢ 条約によって日本は独立国として主権を回復したが、このときの首相は ▢ である。

サンフランシスコ平和、吉田茂
同時に、日米安全保障条約に調印した。

2 1955年、左右に分かれていた日本[社会党]が統一され、保守政党も合同して自由民主党となり、▢ 体制となった。

55年
自由民主党を政権党とし、社会党を主要野党とする体制。38年間続いた。

3 [鳩山一郎]内閣は1956年に日ソ共同宣言に調印した。日本は ▢ への加盟を果たし、国際社会へ復帰した。

国際連合
国連への復帰には、安全保障理事会で拒否権をもつソ連との国交回復が不可欠だった。

4 [岸信介]内閣はアメリカとの関係を強化するため、1960年に新日米安保条約を結んだが、これに対して激しい ▢ が起こった。

安保闘争
条約の承認が衆議院で強行採決されたことから、激しい反対運動が起こった。

5 [池田勇人]内閣は1960年に、10年間で1人あたり国民所得を2倍にするという国民 ▢ 計画を発表し、高度経済成長政策を進めた。

所得倍増
寛容と忍耐を掲げ、日本が経済大国になる基礎を築いた。

6 ▢ 内閣は1965年、韓国と[日韓基本]条約を結んで国交を樹立し、韓国政府を朝鮮半島の唯一の政府として承認した。

佐藤栄作
1964〜72年在任。

7 アメリカ政府と交渉し、1972年に[沖縄]の日本への復帰を実現させた佐藤栄作首相は、ノーベル ▢ 賞を受賞した。

平和
ニクソン大統領は、1969年の佐藤・ニクソン会談で、「核抜き」の沖縄返還を約束した。

8 沖縄返還に際して、日本政府は核兵器を「持たず、[作らず]、持ち込ませず」という ▢ を国の方針として定めた。

非核三原則

9 中国とは、1972年に[田中角栄]内閣が日中共同声明によって国交を正常化させ、1978年には ▢ 条約を結んだ。

日中平和友好
経済や文化の面で、日中両国の交流は深まった。

10 田中角栄首相は、◻◻◻論を説き、全国で公共事業を推進し、地方へ経済成長をおし広げようとした。

日本列島改造
田中角栄首相は、金脈問題で内閣総辞職した後、ロッキード事件で起訴された。

11 ◻◻◻内閣は、行財政改革を進め、電電公社（現NTT）・専売公社（現JT）・[国鉄]（現JR）の民営化を断行した。

中曽根康弘
1982〜87年在任。アメリカとの関係が強化された

12 [竹下登]内閣は、大きな税制改革として1989年に◻◻◻税を創設したが、[リクルート]事件によって総辞職に追い込まれた。

消費
創設当初の税率は3%であった。

13 1993年、自民党が衆議院で過半数を失い、[細川護熙]を首相とする非自民8党派の◻◻◻内閣が政治改革を掲げて発足した。

連立
衆議院選挙制度改革などを実施した。

14 ◻◻◻内閣は、初の自民党・社会党などによる連立内閣で、消費税の税率を[5]%に引き上げる消費税増税法案を成立させた。

村山富市
1994〜96年在任。増税が実施されたのは、橋本龍太郎内閣のとき。

15 [橋本龍太郎]内閣は、行財政改革を実施し、日本版金融◻◻◻と呼ばれる金融システム改革に取り組んだ。

ビッグバン
中央省庁等改革基本法も成立させた。

16 ◻◻◻内閣は、聖域なき構造改革というスローガンを掲げ、[三位一体]の改革や郵政民営化などを断行した。

小泉純一郎
2001〜06年在任。自衛隊のイラクへの派遣や日朝首脳会談も実現させた。

17 ◻◻◻内閣は、「[美しい国]」というスローガンを掲げ、改正教育基本法や憲法改正に関する国民投票法を成立させた。

安倍晋三
第1次は2006〜07年、第2次は2012〜14年、第3次は2014〜17年、第4次は2017〜20年。

18 2009年の衆議院議員総選挙によって[民主]党が初めて政権を獲得し、◻◻◻内閣が誕生した。

鳩山由紀夫
2009〜10年在任。公立高校授業料無償化、子ども手当の創設などを実現。

19 2012年12月の衆議院議員総選挙で、与党の[民主]党は結党以来最大の敗北を喫し、◻◻◻党が衆議院で第1党となった。

自民
民主党は、政権交代後3年3か月で野党に転落した。

トレンド

最新時事

国語

社会

英語

数学

理科

文化

キーワード

171

社会 政治⑦ 法律・条約

問題 次の ☐ にあてはまる語句を答えなさい。

▼解答と解説

1 六法とは、憲法、民法、☐、民事訴訟法、刑法、刑事訴訟法の6つをいう。

商法

2 中央省庁など国のすべての行政機関に対し、保有する行政文書の原則公開を義務づけた☐法が2001年に施行された。

情報公開
国会や裁判所、地方公共団体の保有する文書は、公開の対象外である。

3 個人情報の漏えいや悪用を防ぐために、個人情報取扱業者への規制などを定めた☐法が2005年に施行された。

個人情報保護
「新しい人権」の1つである**プライバシーの権利**を保護するための法律。

4 訪問販売やマルチ商法などのトラブルが生じやすい商取引を規制する法律を☐法といい、無条件で契約解除できる「[クーリング・オフ]」についても規定している。

特定商取引
2000年に訪問販売法から改称。2012年の改正で、個人宅を訪問し貴金属などを不正に購入する押し買いが規制された。

5 市民活動など特定の分野で、営利を目的としない活動を行う団体に[法人格]を与える☐法が、1998年に施行された。

NPO（特定非営利活動促進）
NPO（非営利組織）による社会貢献活動を支援するしくみが整えられた。

6 男女が対等な立場であらゆる分野の活動に参加し、利益と責任を分かち合う社会を目指して、1999年に☐法が制定された。

男女共同参画社会基本

7 2001年の☐法の改正により、刑事処罰の対象となる年齢が、「16歳以上」から「[14]歳以上」に引き下げられた。

少年
16歳以上の少年が故意で人を死亡させた場合には刑事裁判にかけられる。

8 国連の平和維持活動（[PKO]）への自衛隊の参加などを可能にするため、1992年に☐法が制定された。

PKO協力（国際平和協力）
この法律に基づき、1992年にカンボジアに自衛隊の部隊が初めて派遣された。

9 2001年にアメリカで起きた同時多発テロを契機に、アメリカ軍などの軍事行動を支援する☐法が時限立法として成立した。

テロ対策特別措置
2007年に期限切れとなり、2008年に補給支援特別措置法が成立。同法も2010年に期限切れとなった。

10 □ 1948年に国連で採択された ☐ 宣言は、すべての国が達成すべき人権の共通基準を示した国際文書である。

世界人権
「宣言」であったため、法的拘束力はなかった。

11 □ 人権保障を法制化するため、[世界人権]宣言を条約の形にしたものを ☐ といい、1966年に国連総会で採択された。

国際人権規約
A規約（社会権規約）、B規約（自由権規約）、選択議定書からなる。

12 □ 1951年に国連で採択された ☐ 条約は、難民の定住、法的地位など、難民の地位について規定している。

難民（難民の地位に関する）
難民とは、戦争や災害で自国に住めなくなり、他国に逃げた人のこと。

13 □ 1965年には、人種差別をなくすため、☐ 条約が採択され、1967年には女子差別撤廃宣言が発表された。

人種差別撤廃
日本は1995年に批准。

14 □ 1979年には ☐ 条約が採択され、これを受けて日本では1985年に男女雇用機会均等法が成立した。

女子差別撤廃
女性に対するあらゆる差別を撤廃することを基本理念とする。

15 □ 1989年には ☐ 条約が採択され、児童とは[18]歳未満のすべての者とし、その意見を尊重することが明記された。

子どもの権利（児童の権利に関する）
子どもを権利行使の主体と位置づけている。日本は1994年に批准。

16 □ 「死刑の廃止を目指す市民的及び政治的権利に関する国際規約・第二選択議定書」を ☐ 条約といい、日本は批准していない。

死刑廃止
1991年に発効したが、中国なども批准していない。

17 □ 1968年に調印された、核兵器保有国から非保有国への核兵器引き渡しや核物質の軍事転用などを禁じた条約を ☐ という。

核拡散防止条約（核不拡散条約、NPT）
1970年に発効した。

18 □ 1996年に国連総会で採択された、地下核実験を含むすべての核兵器の爆発実験を禁止する条約を ☐ という。

包括的核実験禁止条約（CTBT）
核保有国のアメリカや中国などが批准していないため、発効していない。

19 □ 紛争地域などに埋設され、市民に無差別に被害を与える ☐ の使用などを禁止する条約を対人 ☐ 全面禁止条約という。

地雷
地雷廃絶国際キャンペーン（ICBL）というNGO（非政府組織）が活躍した。

トレンド　最新時事　国語　社会　英語　数学　理科　文化　キーワード

社会

経済① 経済理論・経済のしくみ

問題 次の □ にあてはまる語句を答えなさい。

▼解答と解説

1 □ は、市場での価格機構を神の「見えざる手」になぞらえて自由競争の有効性を主張し、自由放任主義を唱えた。

アダム・スミス
イギリスの経済学者。主著は『諸国民の富（国富論）』。

2 □ は、完全雇用の実現のためには、政府が積極的に経済に介入し購買力を伴った〔有効需要〕をつくり出すべきだと主張した。

ケインズ
イギリスの経済学者。主著は『雇用、利子および貨幣の一般理論』。

3 □ は、自由な活動に基づく市場原理を重視して新自由主義を提唱し、自由化や規制緩和の必要性を説いた。

フリードマン
アメリカの経済学者。主著は『資本主義と自由』。

4 □ は、資本主義経済の矛盾解消のため、生産手段の社会的所有、計画経済という社会主義経済への移行が必要であるとした。

マルクス
ドイツの経済学者。主著は『資本論』。

5 消費者が、ある商品をどれだけ買うかという量のことを □ 量といい、グラフで表すと右下がりの曲線となる。

需要
グラフは、価格を縦軸、数量を横軸にとる。

6 生産者が売ろうとする商品の量のことを □ 量といい、グラフで表すと右上がりの曲線となる。

供給
買い手は商品の価格が安いほど多く購入しようとし、売り手は商品の価格が高いほど多く売ろうとする。

7 市場で需要量と供給量が一致したところで決まる価格を □ 価格といい、需要曲線と供給曲線の交点の価格で表される。

均衡
需要と供給の関係が変わることで変動する。

8 売り手と買い手が多数存在する □ 市場のもとでは、価格の変動を通じて、需要量と供給量が一致するように調節される。

自由競争
価格のこのような機能を価格の自動調節機能という。

9 産業の寡占化が進むと、企業どうしが協調して価格を高めに設定しがちであるが、このような価格を □ 価格という。

管理
寡占とは、少数の大規模企業が市場を支配すること。

10 寡占市場においては、各企業は価格引き下げ競争を避け、広告やデザイン、品質などを競う▢▢▢競争が行われる。

非価格

---

11 同業種の複数の企業が、互いに独立性を保ったまま、価格・生産・販路などについて協定を結ぶことを▢▢▢という。

カルテル
寡占の一形態であり、企業連合とも呼ばれる。

---

12 同業種の複数の企業が、独立性を捨てて合併し、新しい1つの企業を組織することを▢▢▢という。

トラスト
寡占の一形態であり、企業合同とも呼ばれる。

---

13 株式の所有などによって、複数の産業分野にわたる企業集団を支配することを▢▢▢という。

コンツェルン
寡占の一形態であり、企業連携とも呼ばれる。

---

14 公正で自由な競争を促進するために、1947年に制定された法律を▢▢▢法といい、▢▢▢委員会がその運用にあたっている。

独占禁止、公正取引
市場の独占や不公正な取引方法などを禁止している。

---

15 近年においては、異業種の企業を合併・買収（[M&A]）して経営の多角化を図る▢▢▢が増えている。

コングロマリット
（複合企業）

---

16 グローバル戦略の一環として、海外にいくつもの現地法人をつくり、国境をこえて活動を行う企業を▢▢▢という。

多国籍企業
複数の国に生産や流通の拠点を置いている。

---

17 ▢▢▢とは、複数の企業の株式を所有し、それらの企業の支配を目的とする会社で、日本では1997年に解禁された。

持株会社
規制緩和の1つとして、設置が認められた。

---

18 [景気変動]とは、好況、▢▢▢、不況、▢▢▢という4局面が周期をなし、好景気と不景気が交互に起こる現象のことである。

後退、回復

---

19 内閣府が実施している、景気に敏感な一般の人を対象にした景気動向の調査を▢▢▢（[街角景気]）調査という。

景気ウォッチャー
小売店の経営者、タクシー運転手などを対象に、景気の現況や先行きを回答してもらう。

社会 経済② 金融・会社制度

問題 次の◯◯◯にあてはまる語句を答えなさい。

▼解答と解説

1 ◯◯◯制度は、一国の通貨発行量が政府や中央銀行の管理下で決まる制度であり、金と交換できない[不換]紙幣が発行される。

管理通貨
政府の経済成長政策により、通貨が増発されやすく、インフレを招く危険性あり。

2 経済活動に必要な資金の貸し借りが行われることを[金融]といい、銀行から借り入れて資金を調達する方法を◯◯◯という。

間接金融

3 企業が株式や社債を発行し、証券市場などを通じて資金を集める方法は◯◯◯と呼ばれ、近年比重が高まっている。

直接金融

4 ◯◯◯とは、市中金融機関が貸しつけ操作を繰り返すことで、最初に預金された現金の何倍もの預金通貨がつくり出されるしくみ。

信用創造
貸し出された資金の多くは、預金となって市中金融機関に戻ってくる。

5 金融政策のうち、日本銀行が国債や手形などの[有価証券]を金融市場で売買し、通貨量を直接調整する政策を◯◯◯という。

公開市場操作
現在、金融政策の中心となっている。

6 公開市場操作においては、景気過熱・インフレ対策として◯◯◯オペレーションが行われる。

売り
市中金融機関から通貨を吸収→流通通貨量が減少→景気過熱やインフレが抑制される。

7 貨幣価値が上昇して物価が持続的に下落する現象を◯◯◯といい、一般には[不況]時にみられる。

デフレーション
通貨が需要量に対し不足した結果、みられる現象である。

8 貨幣価値が下落して物価が持続的に上昇する現象を◯◯◯といい、一般には[好況]期にみられる。

インフレーション
貨幣の購買力が低下し、預金などの実質的な価値が目減りする。

9 景気が停滞しているにもかかわらず、物価が持続的に上昇する現象を◯◯◯といい、1970年代の[石油危機]で進行した。

スタグフレーション
景気停滞(スタグネーション)の下でのインフレという意味。

176

10 国内にある外国企業も含めて、国内で1年間に生産された財・サービスの付加価値の合計額をアルファベットで [ ] という。

GDP
国内総生産のこと。経済の国際化が進んだ今日では、GNPよりも重視されている。

11 海外在住の国民も含めて、ある一国の国民が1年間に生産した財・サービスの付加価値の合計をアルファベットで [ ] という。

GNP
国民総生産のこと。GDPに海外からの純所得を加えたもの。

12 海外在住の国民も含めて、1年間に得た国民全体の所得の合計額をアルファベットで [ ] という。

GNI
国民総所得のこと。GNPを所得面からとらえたものである。

13 株価指数の1つで、東京証券取引所プライム市場に上場する銘柄から代表的な［225］銘柄を選び、平均を示したものを [ ] という。

日経平均株価
日本経済新聞社が算出・公表している。

14 株価指数の1つで、東京証券取引所第一部上場の全銘柄の時価総額を対象に算出した指数をアルファベットで [ ] という。

TOPIX
東証株価指数といわれ、東京証券取引所が算出している。

15 [ ] 取引とは、企業の内部情報に接する者が、その立場を利用し情報が公開される前に株式などの売買を行うことをいう。

インサイダー
金融商品取引法において規制されている。

16 [ ] は債権の元金の償還や借入金の返済が不能になることをいい、［債務不履行］とも呼ばれる。

デフォルト

17 有価証券や土地などの保有資産の値上がりによって生じる売買差益のことを [ ] という。

キャピタルゲイン
値下がりにより損をする場合はキャピタルロスという。

18 [ ] は資金洗浄のことで、金融機関の口座を転々とさせるなどして、不正資金の出所や受益者をわからなくさせる行為をいう。

マネーロンダリング
不正資金とは、麻薬取引などの犯罪行為で得た資金や賄賂などをさす。

19 [ ] とは、税金が極めて安いか、または免除される国や地域をいい、［租税回避地］とも呼ばれる。

タックスヘイブン
外国企業に対して税制優遇措置をとっている。

トレンド

最新時事

国語

社会

英語

数学

理科

文化

キーワード

177

社会 **経済③ 税制・財政**

問題 次の[　]にあてはまる語句を答えなさい。

▼解答と解説

1 国が課税・徴収する税を[　]税というのに対し、地方公共団体が課税・徴収する税を[　]税という。

国、地方
国・地方公共団体それぞれの財源として使われる。

2 納税義務者と実際の税負担者（担税者）が同一の税を[　]税といい、納税義務者と担税者が異なる税を[　]税という。

直接、間接

3 法人税や所得税、相続税、消費税、酒税、関税は、国税・地方税のうち、[　]税に分類される。

国
法人税、所得税、相続税は直接税。消費税、酒税、関税は間接税。

4 消費税、酒税、関税、揮発油税、たばこ税は、直接税と間接税のうち[　]税に分類され、低所得者ほど税負担が重くなる。

間接
所得の低い者ほど、相対的に大きな税負担を強いられるという逆進性の問題がある。

5 所得など課税標準が多くなるにつれて高い税率となる制度を[　]制度といい、[所得]税や相続税にとり入れられている。

累進課税
所得格差を是正し、税負担の垂直的公平を図るための手段。

6 租税収入全体に占める直接税と間接税の割合を[　]といい、日本の国税ではおよそ6：4で[直接]税の割合が高い。

直間比率

7 財政には、私企業では供給されにくい公共サービスや公共施設（社会資本）を提供するという[　]機能がある。

資源配分
国民生活の向上を図り、適切な資源配分を行うための機能。

8 財政には、[累進課税]制度で高所得者から多く徴収した税を社会保障制度を通じて低所得者に再分配する[　]機能がある。

所得再分配
所得格差を是正するための機能である。

9 財政の景気調整の機能のうち、景気動向に応じて政府が意図的に行う政策を[　]という。

フィスカル・ポリシー
裁量的（補整的）財政政策とも呼ばれる。

10 財政の景気調整の機能のうち、累進課税制度や[社会保障]制度を用いて景気を自動的に調節するしくみを□□□という。

ビルト・イン・スタビライザー
自動安定装置とも呼ばれる。財政制度の中にあらかじめ組み込まれている。

11 予算のうち、年度途中で、経費を追加する必要が生じた場合などに国会の議決を経て編成される予算を□□□予算という。

補正
1会計年度は4月1日から翌年の3月31日まで。

12 予算のうち、新会計年度の開始までに本予算が成立しない場合に編成される予算を□□□予算という。

暫定
本予算とは、国会の審議・議決を経て新年度から実施される予算。

13 資金を調達するために発行する公債のうち、国が発行するものを□□□債、地方公共団体が発行するものを□□□債という。

国、地方
その実質は借金であるため、後に利息をつけて返済しなければならない。

14 道路・港湾など社会資本建設に使われる[公共事業]費の財源として発行される□□□債は、財政法上発行が認められている。

建設国

15 □□□国債は、一般会計の財源不足を補うために発行されるもので、財政法上、発行が禁止されている。

赤字（特例）
会計年度ごとに、国会の議決を経て特例公債法を制定して発行される。

16 国債の□□□の原則とは、国債を日本銀行が買い取ることを禁止し、個人や市中金融機関が買い取るという原則である。

市中消化
日銀引き受けにすると、インフレーションが発生する危険性があるため。

17 一般会計歳入に占める国債発行額の割合を□□□といい、これが高いと本来の財政支出を圧迫し、財政の[硬直化]を招く。

国債依存度
後の返済額（国債費）が増え、社会保障関係費などの財政支出を圧迫する。

18 □□□とは、国の信用に基づき調達した資金を財源として、大規模・超長期プロジェクトを実現させるための投融資活動である。

財政投融資
国が策定する財政投融資計画に基づいて実施される。

19 租税負担額及び社会保障負担額の国民所得に対する比率を□□□といい、日本はフランス、イギリスよりも低くなっている。

国民負担率
社会保障負担額とは、年金や医療保険にかかる支払保険料のこと。

社会 経済④ 日本経済史

問題 次の ▢ にあてはまる語句を答えなさい。

▼解答と解説

1 第2次世界大戦後、GHQによって［農地］改革、▢解体、労働組合の育成という経済の民主化が推し進められた。

財閥
戦前の日本経済を支配していた四大財閥などを解体し、独占禁止法を制定。

2 1947年から戦後復興のため、石炭や鉄鋼などの基幹産業に資金・資材や労働力を重点配分する▢方式が実施された。

傾斜生産
基幹産業に巨額の融資を行ったため、激しいインフレーションにみまわれた。

3 アメリカの税制調査団による▢勧告は、それまでの間接税から直接税中心の税制に改めることを勧告した。

シャウプ
直接税中心主義、累進課税制などが採用された。

4 1950年に勃発した［朝鮮］戦争を契機として、工業生産が急速に回復し好景気となったが、この景気を▢景気という。

特需
アメリカ軍が日本に発注した軍事品などの特別調達需要（特需）による景気。

5 1950年代後半から1970年代初めに、年平均［10］％もの実質経済成長率が続いた日本経済の急速な成長を▢という。

高度経済成長
1968年にはGNPが資本主義国でアメリカに次いで第2位となった。

6 神武景気の頃（1955〜57年）に、「▢」と呼ばれる冷蔵庫・［電気洗濯機］・白黒テレビなどの耐久消費財が普及した。

三種の神器
民間設備投資が急増した。

7 ▢景気の時期（1958〜61年）には、「投資が投資を呼ぶ」波及効果が生じ、大衆消費社会が到来した。

岩戸
1960年には池田内閣が国民所得倍増計画を発表。

8 ▢景気の時期（1963〜64年）には、新幹線・高速道路・施設などの建設投資ブームが起こった。

オリンピック
1964年に、東京オリンピックが行われた。

9 ▢景気の時期（1966〜70年）には、「▢」と呼ばれる自家用自動車、［クーラー］、カラーテレビが普及した。

いざなぎ、3C（新三種の神器）

10 1973年の[　　]を契機として、不況と原油価格の高騰による[インフレーション]とが共存する、[　　]が発生した。

第1次石油危機（オイルショック）、スタグフレーション
第４次中東戦争を契機にOPEC（石油輸出国機構）が原油価格を引き上げた。

---

11 1974年に[　　]物価と呼ばれる激しい物価高に直面し、経済成長率が急速に低下して戦後初の[マイナス]成長を記録した。

狂乱
その後は安定成長期に移行した。

---

12 1980年代に入ると、日本は貿易黒字を急速に拡大させたことから、[欧米]諸国との間で[　　]問題が発生した。

貿易摩擦
貿易の不均衡をめぐって生じる、国家間の対立のこと。

---

13 1980年代、日本の対米黒字の大幅拡大に対して、アメリカでは財政赤字と貿易赤字の「[　　]の赤字」が深刻化した。

双子
アメリカは日本に市場開放を迫り、日米構造協議、日米包括経済協議を開催。

---

14 1985年、ドル高是正のため、Ｇ５（先進５か国蔵相・中央銀行総裁会議）による[　　]合意がなされた。

プラザ
各国がドル売りの協調介入をすることで合意した。

---

15 1985年のＧ５による合意以降、日本の輸出産業は大きな打撃を受け、[　　]不況と呼ばれる深刻な不況に見まわれた。

円高
Ｇ５による合意後、急速な円高・ドル安が進んで輸出が停滞した。

---

16 円高の影響を回避するため、1980年代には海外生産を増やす企業が増加し、「産業の[　　]化」という事態を招いた。

空洞
生産拠点が海外に移転することにより、国内の製造業が衰退していく現象。

---

17 株式や土地への過剰な投機が行われたことで、1980年代後半から1990年代初めに起こった好景気を[　　]景気という。

平成（バブル）
株価や地価が実態評価以上に高騰した。

---

18 銀行の貸出資金のうち、貸付先企業の経営不振や倒産、担保である土地の価格下落などで回収困難となったものを[　　]という。

不良債権
バブル崩壊によって、融資した資金の相当額が回収不能となった。

---

19 1998年、金利や外国為替の自由化など、金融システムに関する規制緩和が実施されたが、これを[　　]という。

金融ビッグバン
橋本龍太郎政権において実施された。

トレンド | 最新時事 | 国語 | 社会 | 英語 | 数学 | 理科 | 文化 | キーワード

181

社会

経済⑤ 経営

問題 次の ☐ にあてはまる語句を答えなさい。

▼解答と解説

1 企業及びその従業員が、法令や社会的規範、企業倫理などを守ることを ☐ という。

コンプライアンス
法令遵守のこと。

2 企業経営の公平性・健全性・透明性を維持するため、その活動を監督するしくみを ☐ という。

コーポレート・ガバナンス
企業統治のこと。

3 経営者が株主、顧客、従業員などに対し、経営方針や業務、財務情報などについて報告する責務を ☐ という。

アカウンタビリティ
説明責任のこと。

4 企業が利害関係者に対して、財務内容、業務状況などの企業情報を公開することを ☐ という。

ディスクロージャー
情報開示のこと。

5 ☐ とは、企業の活動によって直接的・間接的に影響を受ける、取引先や地域住民など利害関係者のことである。

ステークホルダー
株主、消費者、債権者、従業員なども利害関係者に含まれる。

6 企業の社会的責任のことをアルファベットで ☐ という。

CSR
企業は、法令遵守、人権擁護、環境保護などさまざまな責任を負う。

7 アルファベットで最高経営責任者は ☐ 、最高執行責任者は ☐ と呼ばれる。

CEO、COO

8 企業が業務の効率化や[コスト]削減を図るため、業務の一部または全部を外部委託することを ☐ という。

アウトソーシング
専門業者などの外部に請け負わせる。

9 従業員・販売店の意欲向上や事業目標達成のために、経営者や管理者が行う意欲刺激策を ☐ という。

インセンティブ

182

10 企業が取締役や従業員などに与える、あらかじめ決められた価格で自社株を取得することができる権利を□□□という。

ストックオプション
自社株購入権のこと。企業が従業員などに報酬として付与する。

11 企業が文化・芸術活動を支援することを□□□といい、資金を提供する形で行われる場合が多い。

メセナ
「芸術文化支援」を意味するフランス語。

12 □□□とは、企業による社会貢献活動や慈善的な寄付行為のことをさす。

フィランソロピー

13 不特定多数の株主に買収対象企業の株式の価格、株数などを公表し、〔株式市場〕外で株式を買い集めることを□□□という。

TOB（株式公開買いつけ）
企業の経営権の取得などを目的として行われる。

14 企業や事業部門の経営陣が銀行などから資金を調達して自社の株式を買い取り、経営権を取得する手法を□□□という。

MBO（マネジメントバイアウト）
M&Aの手法の1つ。

15 買収対象企業の資産や将来の利益などを担保に資金を調達し、買収する手法を□□□という。

LBO（レバレッジドバイアウト）
M&Aの手法の1つで、手持ち以上の資金を集めて行うもの。

16 敵対的買収に備えて、既存の株主に〔新株〕予約権を割り当て、買収者の持ち株比率を低下させる防衛策を□□□という。

ポイズンピル（毒薬条項）

17 □□□とは、日常業務を通じて業務に必要な知識や技術を習得させる教育訓練のことをいい、〔職場内訓練〕と訳される。

OJT（オン・ザ・ジョブ・トレーニング）
日本の企業が開発した伝統的な教育訓練。

18 □□□とは、自己資本に対して、どれくらいの収益が得られるか、資本の効率性を示す指標で、〔自己資本〕利益率とも呼ばれる。

ROE
これが高いと、将来的に企業利益の上昇が期待され、株価の上昇につながる。

19 他社があまり進出しておらず、隙間となっている分野・市場で事業展開するマーケティング戦略を□□□戦略という。

ニッチ
焦点絞込戦略のこと。

社会

国際① 国際政治

問題 次の □ にあてはまる語句を答えなさい。

▼解答と解説

1 国家の三要素は、領土・領海・領空からなる［領域］と、国民と、国家の最高権力である □ の３つである。

主権

2 国際法のうち、国家間の文書による合意を □ 、多数の国家における長年の慣習によって形成されたものを □ 法という。

条約、国際慣習
条約は、協定、規約、宣言、議定書などの名称が用いられることがある。

3 国際連合は □ 会議で採択された［国際連合憲章］に基づき1945年に発足し、本部はアメリカの［ニューヨーク］にある。

サンフランシスコ
原加盟国は51か国、現在は190か国以上が加盟。

4 国際連合の主要機関の１つで、全加盟国によって構成される中心機関を □ という。

総会
1国に1票の投票権が与えられ、加盟承認などを行う。

5 国際連合の主要機関の１つで、国家間の紛争・訴訟を［国際］法に基づき解決する裁判所を □ （ICJ）という。

国際司法裁判所
国のみが当事者となり、個人や法人の責任追及はできない。

6 国際連合の主要機関の１つである □ は、国際平和と安全の維持に関し、主要な責任を負う機関である。

安全保障理事会
軍事的強制措置や経済・外交制裁の勧告など、加盟国を拘束する決定を行う。

7 安全保障理事会は、アメリカ、イギリス、フランス、［中国］、ロシアの □ と、任期２年の □ によって構成される。

常任理事国、非常任理事国
計15か国で構成される。

8 安全保障理事会の５つの［常任理事国］は □ をもち、このうち１か国でも反対すれば、議案は成立しないことになっている。

拒否権

9 国連の諸活動を維持するために、加盟国の支払い能力に合わせて割り当てられる負担金を □ 金という。

国連分担
分担率は、加盟国中アメリカが第1位で、中国が第2位、日本が第3位である。

10 国連事務総長は安全保障理事会の勧告に基づき□が任命し、任期は通常〔5〕年である。

総会

11 紛争地域の平和回復や再発防止のため、加盟国から自発的に提供された要員を国連が派遣して行う活動を□という。

平和維持活動（PKO）
PKF（国連平和維持軍）による停戦監視の他、選挙監視、難民支援など。

12 集団虐殺、捕虜虐待など、紛争や内戦下で非人道的行為を行った個人を裁く裁判所を□といい、2002年に設立された。

国際刑事裁判所（ICC）
日本は2007年に加盟したが、アメリカ、中国などは加盟していない。

13 国連教育科学文化機関（□）は、教育・科学・文化などを通じて国際平和の推進を図る国連専門機関である。

UNESCO（ユネスコ）
世界遺産の登録なども行っている。

14 □（ILO）は、労働条件の改善や労働者の地位向上を図ることを目的とする国連専門機関である。

国際労働機関

15 世界保健機関（□）は、世界のすべての人々の健康の増進を図ることを目的とする国連専門機関である。

WHO
近年では、新型コロナウイルスの予防やまん延防止にあたった。

16 国連児童基金（□）は、〔開発途上国〕の児童への食糧・医薬品・医療などの援助を目的とする国際機関である。

UNICEF（ユニセフ）
国連総会の補助機関。

17 国際原子力機関（□）は、原子力の平和的利用の促進や〔核物質〕の軍事目的での使用防止を目的とする国際機関である。

IAEA
加盟国に対し、核査察などを行う。

18 □（UNHCR）は、難民の国際的な保護と救済援助活動などを目的とする国際機関である。

国連難民高等弁務官事務所
国連総会の補助機関。

19 1989年、アメリカの〔ブッシュ〕大統領とソ連のゴルバチョフ共産党書記長との□会談で、冷戦の終結が宣言された。

マルタ
冷戦は、第2次世界大戦終結直後から始まった。

トレンド

最新時事

国語

社会

英語

数学

理科

文化

キーワード

185

社会 国際② 国際経済

問題 次の □ にあてはまる語句を答えなさい。

▼解答と解説

1 □ とは、例えば、1ドル＝120円から
1ドル＝100円になるように、円の対外的
価値が上昇することをいう。

円高
少ない円で1ドルの商品が
買えるようになる。

2 円高になると、輸出品の価格が □ する
ため、輸出が □ し、貿易収支が［赤字］
化する。

上昇、減少
円高になると、輸入品価格は
下落するため、輸入産業には
有利となる。

3 イギリスの経済学者［リカード］は、各国
が有利な条件で生産できる商品に特化し
て貿易すべきとする □ を唱えた。

比較生産費説
自由貿易を推進するための根
拠となった。

4 ドイツの経済学者［リスト］は、産業を保護
するために政府が貿易に介入し、輸入品
の流入を抑える □ の必要性を説いた。

保護貿易
自由貿易に対峙する概念。

5 国際分業において、先進国と開発途上国
との間でみられるタテの関係の分業体制
を □ という。

垂直的分業
これに対して、先進国間でみ
られるヨコの関係の分業体制
を水平的分業という。

6 □ とは、南半球に多い開発途上国と北
半球に多い［先進工業国］との間における
経済格差に関する問題のことをいう。

南北問題
開発途上国どうしの経済格
差を南南問題という。

7 開発途上国の経済開発と貿易の促進を
図ることを目的として、1964年以降、
□ （UNCTAD）が開催されている。

国連貿易開発会議
アンクタッドと呼ばれる。南
北問題を解決するために開
かれる。

8 経済協力開発機構（ □ ）は、加盟国の経
済発展と貿易拡大、開発途上国への援助の
促進を目的として、1961年に設立された。

OECD
下部組織のDAC（開発援助
委員会）を通じ開発途上国へ
の経済協力を推進。

9 石油輸出国機構（ □ ）は、1960年に石
油輸出国の権益保護を目的に設立され、現
在は世界最大規模の［カルテル］といわれる。

OPEC
国際石油資本（石油メジャー）
への対抗が設立の趣旨。

10 為替相場の安定と貿易拡大を目的として、1945年に設立された国連の専門機関を国際通貨基金（　　　）という。

IMF
ブレトン・ウッズ協定に基づき設立された。

11 戦災国の復興や途上国の開発を目的として、1945年に設立された国連の専門機関を　　　（国際復興開発銀行）という。

IBRD
IBRDとIDA（国際開発協会）を総称して世界銀行とも呼ばれる。

12 世界貿易の推進と貿易に関する紛争の解決のため、1995年に［GATT］を発展解消して世界貿易機関（　　　）が発足した。

WTO
サービス貿易や知的所有権に関する国際ルールの確立などが特徴。

13 先進国が開発途上国の製品を輸入する場合に限り、関税率を低くしたり無税にしたりすることを　　　という。

特恵関税
開発途上国の経済発展と支援のための制度。

14 ある輸入品の急増で国内産業が圧迫されるおそれがある場合、一時的に輸入制限することができる制度を　　　という。

セーフガード（緊急輸入制限措置）

15 特定の国・地域間で、関税や輸出入制限などの［貿易障壁］を削減・撤廃することで貿易の拡大を図る協定を　　　という。

FTA（自由貿易協定）
WTO（世界貿易機関）を補完するものとして、締結の動きが全世界的に進展。

16 日本は、［FTA］に人の移動や投資ルールなどの包括的な経済協定も含めた　　　の締結を推進している。

EPA（経済連携協定）
日本は、2002年にシンガポールとの間で初めて発効させた。

17 　　　とは、東南アジア諸国連合を構成する10か国に、日本、中国、［韓国］を加えた13か国で構成される枠組みである。

ASEAN＋3
アジア通貨危機が起こった1997年以降、毎年1回開催されている。

18 ASEAN自由貿易地域の略称を　　　といい、2010年に主要6か国間で、ほぼ全品目にわたって輸入関税が撤廃された。

AFTA

19 ［ブラジル］、アルゼンチン、ウルグアイ、パラグアイなどから成る　　　は、域内関税の原則撤廃などを実施している。

メルコスール（南米南部共同市場）
NAFTAへの対抗組織として1995年に発足。

トレンド

最新時事

国語

社会

英語

数学

理科

文化

キーワード

社会 # 社会① 地球環境問題

問題 次の □ にあてはまる語句を答えなさい。

▼解答と解説

1 化石燃料の燃焼で発生する二酸化炭素などの［温室効果ガス］が増加し、地球の平均気温が上昇する現象を □ という。

地球温暖化
海面水位の上昇、洪水や干ばつなどの異常気象などが懸念されている。

2 1997年に京都で開催された □ 条約第3回締約国会議で、二酸化炭素などの排出削減数値目標を設定した □ が採択された。

気候変動枠組、京都議定書
2008～2012年の間に1990年比で先進国全体で5％以上削減するとされた。

3 二酸化炭素など、地表から放射された熱（［赤外線］）を一部吸収し、地表を温める働きをする気体を □ という。

温室効果ガス
二酸化炭素の他、メタン、亜酸化窒素、六フッ化硫黄など。

4 オゾン層が □ などによって破壊されると、生物に有害な［紫外線］が地上に到達する量が増加する。

フロンガス（臭化メチルなど）
オゾン層は成層圏内にある。

5 □ を発生させる大気汚染の原因物質は、［窒素酸化物］（NOx）や［硫黄酸化物］（SOx）である。

酸性雨
pH5.6以下の酸性度の高い雨となって降下する現象。

6 ［砂漠化］が進行している、アフリカ大陸のサハラ砂漠周辺地域を □ という。

サヘル
人口急増に伴う食糧確保のための過耕作、家畜の過放牧、焼畑などが原因。

7 東南アジアや［アマゾン］川流域などでは、焼畑移動耕作や過放牧、商業用の木材伐採などで □ の破壊が進行している。

熱帯林
土壌の流出による荒地の拡大や、動植物の減少などをもたらす。

8 世界的に重要な自然遺産・［文化］遺産などの保護を目的とする条約を □ 条約という。

世界遺産
ユネスコ総会で採択された。

9 □ 条約は、国際的に重要な湖や沼などの湿地を保全し、そこに生息、生育する動植物の保護を目的としている。

ラムサール
条約が採択されたイランの都市名にちなむ。

10 国際取引を規制することにより、絶滅のおそれのある野生動植物の種の保護を図ることを目的とする条約を[___]条約という。

ワシントン

---

11 生物の多様性の保全や生物資源の持続可能な利用などを目的とした条約を[___]条約という。

生物多様性
2010年に生物多様性条約第10回締約国会議（COP10）が名古屋市で開催された。

---

12 1972年にスウェーデンのストックホルムで開催された[___]では、「[かけがえのない地球]」がスローガンとなった。

国連人間環境会議
国連として地球規模の環境問題全般について取り組んだ初めての会議。

---

13 1992年に[ブラジル]のリオデジャネイロで開催された国連環境開発会議（[___]）で、アジェンダ21などが採択された。

地球サミット
気候変動枠組条約や生物多様性条約などにも署名された。

---

14 [環境開発サミット]（持続可能な開発に関する世界首脳会議）は、2002年に南アフリカ共和国の[___]で開催された。

ヨハネスブルグ
環境と開発の両立のための対策を盛り込んだ「ヨハネスブルグ宣言」を採択。

---

15 将来の世代の欲求を満たしつつ、現在の世代の欲求も満足させるような開発のことを「[___]」という。

持続可能な開発
1992年開催の国連環境開発会議で基本理念とされた。

---

16 [___]は『沈黙の春』で、DDTをはじめとする[農薬]などの化学物質が生物濃縮により生態系を破壊する危険性を指摘した。

レイチェル・カーソン

---

17 [___]は『成長の限界』において、人口増加や環境破壊が続けば人類の成長は限界に達すると警告した。

ローマ・クラブ
科学者や経済学者、教育者などによって構成される国際的な民間組織。

---

18 [アメリカ]元副大統領である[___]は、ドキュメンタリー映画「不都合な真実」に出演し、環境保護の必要性を訴えた。

アル・ゴア
2007年にノーベル平和賞を受賞した。

---

19 国際自然保護連合（[IUCN]）や各国政府機関などが作成する、絶滅が危惧されている野生動植物の一覧を[___]という。

レッドリスト
日本では環境省が作成している。

社会 社会② 日本の環境問題

問題 次の □ にあてはまる語句を答えなさい。

▼解答と解説

1 典型7公害とは、土壌汚染、大気汚染、水質汚濁、騒音、振動、悪臭、□ の7つの公害をさす。

地盤沈下

2 日本初の公害事件といわれるのは、明治時代に起こった □ 事件で、代議士[田中正造]の国会での追及が有名である。

足尾銅山鉱毒
水質汚濁などによる公害であった。

3 四大公害のうち、熊本県水俣市で起こった □ は、工場廃液中の[メチル水銀]による水質汚濁が原因である。

水俣病
1973年に患者側が勝訴したが、なお被害救済への問題が提起されている。

4 四大公害のうち、新潟県阿賀野川流域で起こった □ は、工場廃液中の[メチル水銀]による水質汚濁が原因である。

新潟水俣病
1971年に患者側が勝訴した。

5 四大公害のうち、富山県神通川流域で起こった □ は、鉱山から流された[カドミウム]による水質汚濁が原因である。

イタイイタイ病
1972年に患者側が全面勝訴した。

6 四大公害のうち、三重県四日市市で起こった □ は、工場から排出された二酸化硫黄による大気汚染が原因である。

四日市ぜんそく
1972年に患者側が全面勝訴した。

7 □ は、生物の体内に蓄積してホルモンの働きをかく乱する化学物質で、内分泌かく乱物質とも呼ばれる。

環境ホルモン
ごく微量でも生殖異常や成長障害などを引き起こす可能性がある。

8 石綿とも呼ばれる □ は天然鉱物であり、肺などの呼吸器に影響を与えることから、その使用が全面的に禁止された。

アスベスト
2006年には石綿健康被害救済法が制定された。

9 □ は、プラスチックなどの[塩素]を含むごみの焼却過程で発生する、きわめて毒性の強い有機塩素化合物である。

ダイオキシン
発がん性・催奇形性、免疫抑制などがあるとされている。

10 □□は「汚染者負担の原則」とも呼ばれ、公害を発生させた企業が公害対策費用を負うべきとする原則である。

PPP
公害健康被害補償法は、補償の費用負担についてこの原則を規定。

11 1967年、公害対策を総合的に推進するために□□法が制定され、これを実施する法律として公害対策関連14法も制定された。

公害対策基本

12 1971年には、公害防止対策として環境行政を一元化して行うための官庁である□□が設置された。

環境庁
現在の環境省。

13 1993年、地球環境問題や都市・生活型公害を含む環境行政を総合的に推進するため、□□法が制定された。

環境基本
公害対策基本法は廃止された。

14 大規模な開発を行う際に、環境への影響を事前に調査・評価することを義務づけた□□法が1997年に制定された。

環境アセスメント（環境影響評価）
国レベルより前に、地方公共団体での条例が、全国で制定されていた。

15 2000年に制定された□□法は、資源を循環させて環境への負荷を減らす社会システムの構築を目的としている。

循環型社会形成推進基本
各種リサイクル法の基本法となっている。

16 3Rとは、□□（廃棄物の発生抑制）、□□（再使用）、□□（再生利用）の3つの頭文字をとったものである。

リデュース、リユース、リサイクル
循環型社会の実現に不可欠とされる。

17 ［家電リサイクル］法では、不要の家電製品について、製造業者にリサイクル、□□にリサイクル費用の負担を義務づけている。

消費者
エアコン、テレビ、冷蔵庫・冷凍庫、洗濯機・衣類乾燥機が対象。

18 広く国民から寄付金を募って土地を買ったり、寄贈を受けたりして、自然や歴史環境を保存・管理する運動を□□運動という。

ナショナル・トラスト

19 環境保全を重視し、価格が多少高くても環境に配慮した製品を優先して購入する消費者のことを□□という。

グリーン・コンシューマー

トレンド

最新時事

国語

社会

英語

数学

理科

文化

キーワード

社会 社会③ 労働・消費者問題

問題 次の ☐ にあてはまる語句を答えなさい。

▼解答と解説

1 労働三権の1つで、使用者との交渉がまとまらないとき、労働者がストライキなどを行う権利を ☐ 権という。

団体行動（争議）
ストライキ（同盟罷業）、サボタージュ（怠業）、ピケッティングなどがある。

2 労働三権の1つで、労働条件や待遇の改善を求めて、労働者が使用者と交渉する権利を ☐ 権という。

団体交渉

3 労働三権の1つで、労働者が[労働組合]を結成する権利を ☐ 権といい、警察官や消防職員などには認められていない。

団結
警察官、消防職員などは団結権だけでなく、労働三権のすべてが適用されない。

4 労働争議のうち、☐ とは、労働者が自分たちの要求を通すために、生産性を低下させることをいう。

サボタージュ
怠業という意味。

5 労働三法のうち、労働者と使用者との間で発生する[労働争議]の予防・解決を目的としている法律を ☐ 法という。

労働関係調整
紛争処理のため、労働委員会が各種手続によって調整を行うことを規定。

6 労働三法のうち、賃金、労働時間、休日など、労働条件の最低基準について規定している法律を ☐ 法という。

労働基準
監督行政機関として労働基準監督署がある。

7 労働三法のうち、団体交渉による労働協約の締結、使用者による[不当労働行為]の禁止などを規定した法律を ☐ 法という。

労働組合
争議行為の刑事上・民事上の免責なども規定している。

8 ☐ 法は、職場での男女平等を目指し、募集、採用、配置、昇進などにあたっての男女差別を禁止している。

男女雇用機会均等
2006年の改正により、男女双方に対する差別の禁止に拡大された。

9 ☐ 法は、子育てや家族の介護を行う男女労働者に対して、仕事と家庭の両立を支援することを目的としている。

育児・介護休業
育児休業は、原則として子どもが満1歳になるまでの休暇が認められている。

10 ［労働基準］法は、労働時間について、週□□時間以内、1日□□時間以内と規定している。

40、8

11 ［労働関係調整］法は、当事者間で解決できない労働争議の調整は、□□が斡旋、調停、□□の手続きで行うことを定めている。

労働委員会、仲裁

12 日本型雇用慣行には、勤続年数に応じて賃金が上がる□□や、新卒者を正社員として採用し定年まで雇用する□□制がある。

年功序列型賃金体系、終身雇用
日本型雇用慣行は、近年崩れつつある。

13 労働力人口のうち、働く意思と能力をもち、求職活動を行っているにもかかわらず就業できない人の割合を□□という。

完全失業率
労働力人口とは、満15歳以上で、労働の意思と能力を有する人の数。

14 □□とは、労働者1人あたりの［労働時間］を短縮して雇用人数を増やし、仕事や賃金を分かち合おうとする考え方。

ワークシェアリング
失業対策の一環。

15 市場での購買行動を通じて生産のあり方を最終的に決定するのは消費者であるとする考え方を□□主権という。

消費者

16 消費者の自立支援を図るため、消費者保護基本法を改正し、2004年に制定された法律を□□法という。

消費者基本
従来の消費者の保護ではなく、自立支援に重点を置いている。

17 製品の欠陥で消費者が被害を受けた場合、損害賠償の責任を製造者に義務づけた法律をアルファベットで□□法という。

PL
正式名称は製造物責任法。製造者は過失の有無にかかわらず、責任を負う。

18 事業者が重要な情報でうそを言ったりした場合に、消費者が契約を取り消せることなどを定めた法律を□□法という。

消費者契約
不当な契約をめぐるトラブルから消費者を保護するため、2001年に施行。

19 □□制度とは、［訪問販売］などで購入した商品に関し、一定期間であれば無条件で契約の解除ができる制度である。

クーリング・オフ
特定商取引法や割賦販売法で規定されている。

トレンド／最新時事／国語／社会／英語／数学／理科／文化／キーワード

社会 社会④ 情報技術

問題 次の ▢ にあてはまる語句を答えなさい。

▼解答と解説

1 コンピュータで使われる情報量の基本的単位をビットといい、8 ビット＝ 1 ▢ である。

バイト
8 ビットを 1 とした情報量の単位。

2 コンピュータの 5 大装置のうち、演算装置と制御装置を合わせたものを中央演算処理装置といい、▢ とも呼ばれる。

CPU
コンピュータの 5 大装置は入力、記憶、演算、制御、出力である。

3 カラー静止画像を圧縮する国際規格を ▢ 、デジタル動画と音声を圧縮する国際規格を ▢ という。

JPEG、MPEG

4 ▢ とは、コンピュータの操作に、アイコンやメニューなどの視覚情報を利用するインターフェースである。

GUI
初心者でも使いやすいというメリットがある。

5 ▢ とは、一度に大容量デジタルデータを双方向で円滑に送受信できる高速通信回線のことである。

ブロードバンド
ナローバンドの対義語。

6 ▢ （デジタル加入者回線）は、電話用のメタル線を利用し、高速のデジタルデータ伝送を可能とする方式の総称である。

DSL
非対称デジタル加入者回線（ADSL）などがある。

7 光ファイバーを利用するデータ通信サービスを ▢ といい、各家庭まで光ファイバーケーブルを敷設する必要がある。

FTTH
電話回線の数十倍以上の高速伝送が可能。

8 携帯電話などの移動通信機器向けに配信される地上デジタル放送を ▢ 放送という。

ワンセグ
1 チャンネルが 13 のセグメントに分割され、そのうちの 1 セグメントを利用。

9 ▢ とは、マイクロソフトが提供する ［Azure］というクラウドシステムを利用したビデオ通話サービスである。

スカイプ
ソフトウェアは無料でダウンロードできる。

10 企業内・オフィス内などの限られた空間で、コンピュータやプリンタなどの機器を接続するネットワークを▢という。

LAN

11 パソコンや携帯電話から、子どもに悪影響を及ぼす有害サイトにアクセスできなくするサービスやソフトを▢という。

フィルタリング
一定の基準で評価判別し、違法・有害サイトの選択的な排除を行う。

12 ▢とは、インターネットなどを通じ、部外者がコンピュータネットワークへ不正に侵入するのを防ぐシステムである。

ファイアウォール

13 特定の電子メールアドレスやニュースグループに対して、同一メッセージを一方的に大量に送信することを▢という。

spam（スパム）
広告などを特定の相手に大量に発信することをいう場合もある。

14 インターネット上で、なんらかの処理を自動的に繰り返し実行し続けるプログラムを▢という。

ボット

15 ▢とは、プログラムの設計ミスなどで生じた、コンピュータへの不正な侵入を可能にしてしまう安全上の弱点である。

セキュリティホール

16 ▢とは、テレビやインターネットなどから入手した多様な情報を主体的に読み解き、適切に活用するための能力をいう。

メディア・リテラシー

17 ▢とは、10億分の1mという原子や分子レベルの超微細な物質を操る技術のことである。

ナノテクノロジー
IT産業やバイオ産業では不可欠な技術。

18 自ら発光する有機材料である▢は、次世代薄型ディスプレイの最有力として期待されている。

有機EL
低電力で高輝度の発光が得られ、消費電力が少ないという特性がある。

19 近年急速に普及したDVD／HDDレコーダー、薄型テレビ、▢は、「デジタル三種の神器」と呼ばれる。

デジタルカメラ

トレンド｜最新時事｜国語｜社会｜英語｜数学｜理科｜文化｜キーワード

社会 社会⑤ 社会保障

問題 次の ◻ にあてはまる語句を答えなさい。

▼解答と解説

1 ◻ 保険は、あらかじめ保険料を積み立てておき、病気や失業などで必要になった場合に生活費やサービスの給付を受けるものをいう。

社会
年金保険、医療保険、雇用保険、労働者災害補償保険、介護保険の5つがある。

2 ◻ は、生活が困難な人に対して、生活費などを給付して最低限の生活を保障するもので、[生活保護]法に基づき行われる。

公的扶助
生活保護の要否判定の際には、資産調査(ミーンズ・テスト)が行われる。

3 ◻ は、児童、母子家庭、高齢者、[障害者]などの生活を支援するため、福祉施設や福祉サービスを提供している。

社会福祉
社会福祉法で、生活保護法、児童福祉法、老人福祉法などの基本事項を定めている。

4 ◻ では、国民の健康維持・増進のため、[保健]所を中心に、感染症やがんの予防、生活環境の整備などを実施している。

公衆衛生
特定の疾病を対象とした公費負担制度が設けられている。

5 介護保険制度では、◻ 歳以上の者が保険料を支払い、介護サービスを受けた場合、費用の原則[1]割を自己負担する。

40
介護サービスを受けるには、要介護認定を受ける必要がある。

6 基礎年金制度が1986年に導入され、◻ 歳以上60歳未満の者はすべて、基礎年金とも呼ばれる ◻ に加入している。

20、国民年金
保険料の全額または一部が免除される保険料免除制度、保険料納付猶予制度などがある。

7 高齢者や心身に障害のある人も含めて、すべての人々が地域社会で同じように生活すべきとする考え方を ◻ という。

ノーマライゼーション

8 高齢者や心身に障害のある人などが、社会生活を送る上で支障となる物理的・精神的障害を取り除くことを ◻ という。

バリアフリー

9 年齢や障害の有無にかかわらず、多くの人が利用できるように、商品や街、環境などをつくることを ◻ という。

ユニバーサルデザイン

コラム 医療関連用語一覧

インフォームドコンセント	医師が治療方針や治療内容を患者に十分に説明した上で、患者が治療に同意すること。
セカンドオピニオン	病気の診断や治療方針について、主治医以外の医師の診断などを受けること。アメリカでは広く普及している。
リビングウィル	生前の意思表示のこと。例えば、「延命治療を拒み、自然な死を迎える」といった意思を書面に残しておくことをさす。
尊厳死	延命治療を拒むなど、個人の人格の尊厳を保ち、死を迎えること。
ターミナルケア	末期がん患者など治癒困難な患者に対して、延命目的ではなく、痛みの緩和を図るなどの援助を行う医療のこと。終末期ケア、終末期医療ともいう。
ホスピス	主に末期がん患者に対して、緩和治療やターミナルケアを行う施設のこと。
プライマリ・ケア	[初期治療]のこと。患者にとって最も身近な治療をいい、かかりつけの医師などが担当する。
QOL（クオリティーオブライフ）	物質面ではない生活の満足度、人生の達成感などのこと。一般的には「[生活の質]」と訳され、ADLと異なり、すべての人が対象となる。
ADL	食事や排泄、移動、整容、入浴など、日常生活を営む上で不可欠な基本的行動のこと。一般的には「[日常生活動作]」と訳され、要介護者や障害者などの自立度を評価する指標としても使われる。
PTSD	[心的外傷後ストレス障害]の略語。命の危険を感じたり、死傷の現場を目撃したりするなど強い恐怖感を伴う体験をした後、その記憶が心の傷（トラウマ）となり、さまざまなストレス障害を引き起こす疾患。
SIDS	[乳幼児突然死症候群]の略語。それまで元気だった乳児が眠っている間に突然死亡する病気のこと。
ADHD	[注意欠如・多動性障害]の略語。多動性、衝動性、不注意を特徴とする発達障害のこと。

英語 英単語・熟語

問題 次の[　]内から適切な語を選びなさい。

▼解答と解説

1 She is a [irregular, regular] customer.
彼女は常連客だ。

regular
regular customer「常連客」

2 It's a [whole, perfect] day for a picnic.
ピクニックには申し分ない日だ。

perfect
perfect「申し分ない、最適な」

3 He gave me the key ring as a [souvenir, behavior].
彼はお土産として私にキーホルダーをくれた。

souvenir
souvenir「お土産」
behavior「ふるまい」

4 Don't make fun of his [accent, stress].
彼の訛りをからかってはいけない。

accent
accent「訛り」stress「強調」

5 They stayed at a [grocery, luxury] hotel.
彼らは豪華なホテルに泊まった。

luxury
grocery「食料雑貨店」
luxury「豪華な」

6 I'm [curious, peculiar] to know what you ate at the restaurant.
あなたがそのレストランで食べたものを知りたい。

curious
curious to ～「(しきりに)～したい」peculiar「特有の」

7 I'm here on [busy, business].
私は仕事でここにいる。

business
on business「商用で、仕事で」

8 You need to ask someone for [directions, locations].
あなたはだれかに道順を尋ねる必要がある。

directions
ask for directions「道順を尋ねる」location「位置」

9 That was the main [feature, future] of the event.
それはイベントの主要な呼び物だった。

feature
feature「呼び物、特色」
future「将来」

10 The cause of the accident is under [investigation, investment].
その事故の原因は調査中だ。

investigation
investigation「調査」
investment「投資」

11 Don't [dimension, mention] the book any more.
もうその本について言及するな。

mention
dimension「寸法、面積、次元」mention ～「～について言及する」

12 I think the price is [quite, no] reasonable.
その価格はかなり手ごろだと思う。

quite
quite「かなり」
reasonable「手ごろな」

13 Please fill [away, out] this application form.
この申し込み用紙に書き込んでください。

out
fill out「書き込む」
application form「申し込み
用紙」

14 They had a [narrow, small] escape from the attack.
彼らは襲撃からかろうじて逃れた。

narrow
have a narrow escape「かろ
うじて逃れる」

15 She visits her grandmother every [other, another] day.
彼女は祖母を1日おきに訪ねる。

other
every other day「1日おき
に」

16 I've come up [in, with] a superb idea !
すごいアイディアを思いついた！

with
come up with ～「～を思い
つく」superb「すごい」

17 She sent me the flowers [in, at] return.
彼女はお返しに私に花を送ってくれた。

in
in return「お返しに」

18 His grandfather lives on his [own, alone].
彼の祖父は一人で暮らしている。

own
on one's own「一人で」

19 We played the game in [turn, change].
私たちは交替で試合をした。

turn
in turn「交替で」

20 I need to get [ride, rid] of these old shoes.
私はこれらの古い靴を捨てる必要がある。

rid
get rid of ～「～を捨てる」

21 The doctor was on [work, duty] last night.
その医師は昨夜勤務中だった。

duty
on duty「勤務中で」

22 The tower stood [out, off] against the blue sky.
その塔は青空を背景に映えていた。

out
stand out「目立つ」stand
off「離れている」

23 The company was involved [in, at] trouble.
その会社はトラブルに巻き込まれた。

in
be involved in trouble「トラ
ブルに巻き込まれる」

24 One of my aunts passed [way, away] last year.
おばの一人が去年亡くなった。

away
pass away「亡くなる」

25 It was difficult to [achieve, overcome] that goal.
その目標を達成するのは難しかった。

achieve
achieve「達成する」
overcome「克服する、乗り
越える」

26 She made a mistake [in, on] purpose.
彼女はわざと間違えた。

on
on purpose「わざと」
make a mistake「間違える」

27 In an [emergency, accident], please exit through this door.
緊急時にはこのドアから出てください。

emergency
in an emergency「緊急時には」

28 The [population, feature] increased.
人口が増えた。

population
population「人口」

29 The task is a piece of [cake, pizza].
この課題はとても簡単だ。

cake
a piece of cake「とても簡単な」

30 He looks [up, down] on his colleague.
彼は同僚を見下している。

down
look down on ～「～を見下す」

31 You should visit her [every, some] now and then.
あなたは時折彼女を訪れるべきである。

every
every now and then「時折、時々」

32 She [occasionally, eventually] became a famous professor.
彼女はついに有名な教授になった。

eventually
eventually「ついに、最終的には」occasionally「たまに、時々」

33 This machine is out of [order, trouble].
この機械は故障している。

order
out of order「故障している、壊れている」

34 I can't [put, take] up with his attitude.
私は彼の態度には我慢できない。

put
put up with ～「～に耐える、～に我慢する」

35 Everybody needs an [individual, incredible] account.
誰もが個人アカウントが必要です。

individual
individual「個人の」
incredible「信じられないくらいすばらしい」

36 The [consequence, consensus] should be submitted.
その結果は提出されるべきだ。

consequence
consequence「結果、結論」
consensus「意見の一致」

37 The woman was [from, by] no means satisfied.
その女性は決して満足していなかった。

by
by no means「決して～ではない」

38 Spring is just around the [road, corner].
春はすぐそこまで近づいている。

corner
just around the corner「もうすぐ、間近」

39 He is a guitar player [rather, other] than a singer.
彼は歌手というよりギター演奏者だ。

rather
rather than ～「～よりむしろ」

40 This part is important in [special, particular].
この部分がとりわけ重要である。

particular
in particular「とりわけ、特に」

41 Apart [from, of] the rain, the trip was wonderful.
雨を別とすれば、旅行は素晴らしかった。

from
apart from「～はさておき、～は別として」

42 I have to leave [in, at] once.
私はすぐに出発しなくてはならない。

at
at once「すぐに」

43 He provided the students [with, for] some books.
彼は学生に本を提供した。

with
provide A with B「AにBを提供する」
provide A for B「BにAを提供する」

44 Can you [hold, fold] on a minute?
少し待ってもらえますか。

hold
hold on「待つ、持ちこたえる」

45 She is accustomed [in, to] his behavior.
彼女は彼の行動に慣れている。

to
be accustomed to ~「～に慣れている」

46 In [terms, thoughts] of quality, this is the best product.
質についていえば、これが最良の製品だ。

terms
in terms of ~「～の点では、～の観点から」

47 I can't help [and, but] sing the song.
その歌を歌わずにはいられない。

but
can't help but ~「～せずにはいられない、～せざるを得ない」

48 Please inform the employees [with, of] the results.
社員に結果を知らせてください。

of
inform A of B「AにBを知らせる」
employee「社員、従業員」

49 Our principal didn't show [up, down] this morning.
校長は今朝、姿を現さなかった。

up
show up「姿を現す、現れる」

50 He was not worried at [all, none].
彼は全く心配していなかった。

all
not ~ at all「全く～ない、少しも～ない」

51 At any [rate, time], I can't see you today.
いずれにしても今日はあなたに会えない。

rate
at any rate「いずれにしても、とにかく」

201

トレンド 最新時事 国語 社会 英語 数学 理科 文化 キーワード

52 She seems to be [up, on] to something.
彼女は何かたくらんでいそうだ。

up
be up to ～「～しようとたくらんで」

53 They [tend, used] to think that way.
彼らはそのように考える傾向がある。

tend
tend to do「～する傾向がある、～しがちである」

54 Don't forget to put [off, out] the fire before you go to sleep.
寝る前に火を消すのを忘れないで。

out
put out「(火などを)消す」
put off「(衣服を)脱ぐ」

55 [In, On] case you see him, please call me.
万が一彼を見たら私に電話してください。

In
in case 「万が一～の場合には」

56 30 schools will [participate, persuade] the contest.
30校がその競技会に参加予定だ。

participate
participate 「参加する」
persuade 「説得する」

57 The plan was called [off, on] due to the problem.
その問題のためその計画は中止された。

off
call off「中止する」
due to ～「～のため、～が原因で」

58 She can get [over, along] with anyone.
彼女は誰とでも仲良くできる。

along
get along with ～「～と仲良くする」

59 We tried to [perceive, conceive] his feeling.
私たちは彼の気持ちをわかろうとした。

perceive
perceive ～「～に気づく、～を理解する」
conceive ～「～を思いつく」

60 My father was pleased [with, at] the news.
父はその知らせに喜んだ。

with
be pleased with ～「～に喜んでいる、～に満足している」

61 Our teacher is [any, no] more than thirty years old.
私たちの教師はせいぜい30歳くらいだ。

no
no more than ～「せいぜい～、多くて～」

62 We usually [take, give] our health for granted.
私たちはたいてい健康を当然と思う。

take
take ～ for granted「～を当然だと考える、～をあたり前だと思う」

63 The country has [fertile, smooth] land.
その国には肥沃な土地がある。

fertile
fertile「肥沃な、肥えた」
smooth「滑らかな」

問題 日本語の意味になるように、次の ☐ に適切な語を入れなさい。

▼解答と解説

1 パリまでの急行列車を予約したいのですが。
I'd like to ☐☐☐ for the express train to Paris.

make a reservation
make a reservation「予約する」

2 私共のウェブサイトを訪れて、無料で登録してください。
Visit our website and register ☐☐.

for free
for free「無料で」register「登録する」

3 甘いものの食べ過ぎは控えるべきである。
You should ☐☐ eating too much sweets.

refrain from
refrain from ～「～を控える」

4 残念ながら時間切れのようだ。
I'm afraid we're ☐☐☐ time.

running out of
run out of time「時間切れで」

5 予報によると明日は雪が降るらしい。
☐☐ the forecast, it's going to snow tomorrow.

According to
according to ～「～によると」

6 来月お会いすることを楽しみにしております。
I'm looking ☐☐☐ you next month.

forward to seeing [meeting]
look forward to ～ing「～することを楽しみにする」

7 気分転換に海岸へ行ってみましょうか。
Shall we go to the beach ☐☐☐?

for a change
for a change「気分転換に」

8 UAEは何の略か。
What does UAE ☐☐?

stand for
stand for ～「～の略である」
UAE=United Arab Emirates「アラブ首長国連邦」

9 私は洗濯機なしですませなければならなかった。
I had to ☐☐ a washing machine.

do without
do without ～「～なしですます」

10 テレビの音を小さくしてくださいますか。
Could you ☐☐ the TV?

turn down
turn down「音を小さくする」

11 地図で調べよう。
I'll ☐ it ☐ on a map.

look, up
look up「調べる」

12 彼らは平均して週に40時間働く。
They work 40 hours a week ☐☐.

on average
on average「平均して」

13 彼は自分の立場を詳しく説明しようとした。
He tried to explain his situation ☐☐.

in detail
in detail「詳しく」

203

14 要するに、彼はそこに行きたくなかったのだ。

☐ 　　　　　, he didn't want to go there.

In short

in short「要するに」

15 私の猫は最近体重が減った。

☐ My cat has 　　 her 　　 recently.

lost, weight

lose one's weight「体重が減る」

16 私は彼と10年前に知り合った。

☐ I became 　　　　 him ten years ago.

acquainted with

be acquainted with ～「～と知り合いである」

17 あなた方はそれを長所だと考えているのですね。

☐ You 　　 of it 　　 a good point, don't you?

think, as

think of A as B「AをBと考える」

18 言い換えると、彼らは私と意見が合わなかった。

☐ 　　　　　　, they disagreed with me.

In other words

in other words「言い換えると」

19 今日の午後は仕事に集中しなければならない。

☐ We need to 　　　　 our work this afternoon.

concentrate on

concentrate on ～「～に集中する」

20 あなたがいない間、私が犬たちの世話をする予定だ。

☐ I will 　　　　　 your dogs while you're away.

take care of

take care of ～「～の世話をする」

21 彼らは香港に旅行に出かけた。

☐ They went 　　　　　 to Hong Kong.

on a trip

go on a trip to ～「～に旅行に出かける」

22 当面の間は、私たちはここにいるべきだ。

☐ For 　　　　　, we should stay here.

the time being

for the time being「当面の間は」

23 紙を1枚くださいますか。

☐ Can you give me 　　　　　 paper?

a piece of

a piece of ～「1つの～、1枚の～」

24 私たちはこの機会を大いに活用すべきだ。

☐ We should 　　 good 　　　 this opportunity.

make, use of

make good use of ～「～を大いに活用する」

25 彼女は昨日学校を休んだ。

☐ She was 　　　 school yesterday.

absent from

be absent from ～「～を欠席する」

26 彼が私の宿題を手伝ってくれた。

☐ He 　　　　 my homework.

helped me with

help ～ with ...「～の…を手伝う」

27 トムはそのことと何か関係がありそうだ。

☐ Tom seems to 　　 something 　　 with the matter.

have, to do

have something to do with ～「～と関係がある」

問題 同じ意味になるように、次の 　 に適切な語を入れなさい。

▼解答と解説

1 Despite the bad weather, they went out.
　　　　　 the bad weather, they went out.

In spite of
despite 〜 = in spite of 〜「〜にもかかわらず」「悪天候にもかかわらず、彼らは出かけた」

2 One of my cousins can fly an airplane.
One of my cousins 　　　 fly an airplane.

is able to
can = be able to *do*「〜することができる」
「私のいとこの一人は飛行機を操縦することができる」

3 As many as 300 people attended the party.
　　　　　 300 people attended the party.

No less than
as many as 〜 = no less than 〜「〜もの」
「300人もの人がそのパーティーに参加した」

4 You'll get used to your new job soon.
You'll get used to your new job 　　 　　 time.

in no
soon = in no time「すぐに」
「すぐに新しい仕事に慣れますよ」

5 Actually, I've never been abroad.
　　 　　 , I've never been abroad.

In fact
actually = in fact「実は」
「実は、一度も海外へ行ったことがない」

6 Therefore we decided not to accept the offer.
As 　　 　　 , we decided not to accept the offer.

a result
therefore = as a result「その結果」
「その結果、私たちはその申し出を受け入れないことに決めた」

7 Are you against the plan ?
Are you 　　 to the plan ?

opposed
be against 〜 = be opposed to 〜「〜に反対である」
「あなたはその計画に反対ですか」

8 Your son resembles your husband, doesn't he ?
Your son 　　 　　 your husband, doesn't he ?

takes after
resemble 〜 = take after 〜「〜に似ている」
「息子さんはご主人に似ていますよね」

9 My grandfather is gradually getting better.
My grandfather is getting better little 　　 　　 .

by little
gradually = little by little「少しずつ、徐々に」
「私の祖父は少しずつ回復している」

10 She has decided to go to Paris to study.
She has 　　 　　 her 　　 to go to Paris to study.

made up, mind
decide = make up one's mind「決心する」
「彼女はパリに留学する決心をした」

205

英語 英文法・構文

問題 次の[ ]内の語を適切な形に直しなさい（1語とは限らない）。

▼解答と解説

1 I haven't [buy] the ticket yet.

bought
現在完了形なので過去分詞にする。

2 I [try] to read this book yesterday, but I didn't have enough time.

tried
「昨日」なので過去形にする。

3 How many [child] does your sister have ?

children
複数形にする。

4 We enjoyed [sing] a lot of songs last night.

singing
動名詞にする。enjoy ～ing「～して楽しむ」

5 He is [good] at cooking than his wife.

better
比較級にする。be good at ～「～が得意である」

6 That was the [difficult] question of all.

most difficult
最上級にする。

7 Please remain [seat].

seated
「どうぞかけたままでいてください」
remain seated「すわったままでいる」

8 This temple was [build] about a hundred years ago.

built
受け身なので過去分詞にする。

問題 次の[ ]内から適切な語を選びなさい。

▼解答と解説

1 I know that man [whose, whom] hair is brown.

whose
「私は髪の毛の茶色いあの男性を知っている」関係代名詞の所有格。

2 Are you going to [attend, absent] the meeting next Friday ?

attend
attend「出席する」be absent from ～「～を欠席する」

3 My father has given up [smoke, smoking] recently.

smoking
「私の父は最近禁煙した」smoking「喫煙」
smoke「煙」

4	You have to choose one from [between, among] these three.	**among** 3つ以上から選ぶ場合はamongを使う。
5	She should have [taken, took] the matter more seriously.	**taken** 「彼女は事態をもっと深刻に受けとめるべきだった」完了形なので過去分詞にする。
6	We gratefully [accept, refuse] your offer.	**accept** gratefully「喜んで」なのでaccept「受ける」を選ぶ。refuse「断る」
7	It wasn't very easy [for, with] me to solve this problem.	**for** It is ~ for ... to do「...にとって―するのは~だ」
8	If you won the lottery, what [will, would] you do?	**would** 「宝くじに当たったらどうしますか」仮定法過去なので過去形を選ぶ。
9	I'll need [something, anything] to read on the plane.	**something** something to do「~するための何か」anythingは肯定文では「何でも」の意味。
10	The man [taking, takes] photos over there is my brother.	**taking** 現在分詞が直前の名詞を説明している。

問題 次の ☐ に適切な語を入れなさい。

▼解答と解説

1	It's a little too hot ☐ go for a walk today.	**to** too ~ to do「…するには~すぎる」
2	She's very energetic, ☐ she?	**isn't** 「彼女はとてもエネルギッシュですよね」付加疑問文
3	I'd ☐ go shopping than visit the temple.	**rather** 「私はそのお寺を訪れるよりも買い物に行きたい」
4	The organization will supply the refugees ☐ food and water.	**with** supply A with B「AにBを支給する」refugee「難民」
5	We visited the village, ☐ those pictures were painted.	**where** 「私たちはその村を訪れたが、そこでそれらの絵は描かれた」関係副詞where
6	Please call him back as soon as ☐.	**possible [you can]** as soon as possible [one can]「できるだけ早く」call back「折り返し電話をする」

7	Do you have ☐ suggestions for improvements ?	**any** suggestion「提案」 improvement「改善(策)」
8	I'm afraid Mr. Jones is ☐ to lunch.	**out** out to lunch「昼食に出ている」 「ジョーンズさんは昼食に出ているようです」
9	I'm glad ☐ hear that you were safe.	**to** to不定詞の副詞用法
10	I wish I ☐ a house like that !	**had** 「あんな家をもっていたらなあ」 仮定法過去

問題 次の[　　]内の語を並べ変えて意味の通る英文にしなさい。

▼解答と解説

1	The flight [canceled, due, was, to] bad weather.	**was canceled due to** 「フライトは悪天候のためキャンセルされた」 due to ～「～のために」
2	[instructions, his, you, could, follow], please ?	**Could you follow his instructions** follow one's instructions「～の指示に従う」
3	They [supposed, are, here, to, be, by] ten.	**are supposed to be here by** 「彼らは10時までにここに来るはずだ」 be supposed to do「～するはずだ」
4	[you, have, emails, read, these] yet ?	**Have you read these emails** 「もうこれらのメールを読みましたか」 現在完了形の疑問文。
5	This [a lot of , which, is, the story, impressed] people.	**is the story which impressed a lot of** 「これはたくさんの人々を感動させた物語だ」 主格の関係代名詞which。
6	[I'll, use, this, show, to, you, how] machine.	**I'll show you how to use this** how to do「～の仕方」
7	[drinks, the price, were, in, included, not] .	**Drinks were not included in the price** 「飲み物は値段に含まれていなかった」 be included「含まれる」
8	That park [your dog, walk, to, is, good, a, place] .	**is a good place to walk your dog** 「あの公園は犬を散歩させるのにいい場所だ」 to不定詞の形容詞用法。

208

問題 日本語の意味になるように、次の □ に適切な語を入れなさい。

▼解答と解説

1 次の話題に移りましょうか。

□ we go on to the next topic ?

Shall
Shall we ～ ?「～しましょうか」

2 その競技場には行ったことがない。

I have never □ to the stadium.

been
have been to ～「～に行ったことがある」

3 あなたと私の両方に責任がある。

Both you and I □ responsible.

are
both A and B「AとBの両方」
主語は複数。
be responsible「責任がある」

4 ニュースが何と言っていたかわかりましたか。

Did you understand □ the news said ?

what
「もの、こと」という意味の先行詞を含む関係代名詞のwhat。

5 あなたがここを去らなければならないとは残念だ。

□ a shame that you have to leave here.

It's
it's a shame that ～「～とは残念だ」

6 結果はまだ誰にも知らせないでください。

Don't □ anyone know the result yet.

let
let ～ know「～に知らせる」

7 彼女は入場料がいくらか私に尋ねた。

She asked me how much the admission □ .

was
間接疑問文。admission「入場料」

8 あなたは仕事に費やす時間を減らすべきだ。

You should spend □ time on work.

less
spend time on ～「～に時間を費やす」less～「より少ない～」

9 どうしてそんなことを思ったのですか。

□ made you think so ?

What
whyではなくwhatを使うことに注意。

10 祭りは1時間ほど前に終わっていた。

The festival had finished about an hour □ .

before
過去完了形なのでbeforeを使う。

11 わたしたち全員があなたに参加してほしいのです。

We all want you □ join us.

to
want ～ to do「～に…してほしい」

12 今朝から頭が痛い。

I've had a headache □ this morning.

since
現在完了形なのでsinceを使う。

209

英語 英会話

問題 次の ☐ に適切な語を入れなさい。

▼解答と解説

1
A: Excuse me. How can I get to the city hall ?
B: I'm sorry I'm a ☐ here.
A: Oh, thank you anyway.

stranger
「すみません。市役所へはどうやって行けばいいんですか」「ごめんなさい。この辺はよく知らないんです」「そうですか、とにかくありがとう」

2
A: Could you do me a ☐, please ?
B: Sure. What is it ?
A: Please go and buy some more bottles of wine.

favor
「お願いしてもいい？」「もちろん。何？」「ワインをあと何本か買ってきて」

3
A: What's the plan for next Friday ?
B: I'm not sure yet.
A: ☐ about eating out with me ?
B: Good idea.

How
「次の金曜日の予定は？」「まだわからないよ」「一緒にごはんを食べに行かない？」「いいね」

4
A: Hello. May I speak to Mr. Tanaka, please ?
B: I'm afraid he's out.
A: I'll ☐ back later then. Thanks.

call
「もしもし。田中さんをお願いできますか」「あいにく外出中です」「ではあとでかけ直します。ありがとう」

5
A: Excuse me ? May I see the menu, please ?
B: Sure. ☐ you are.
A: Thank you.

Here
「すみません。メニューを見せてもらえますか」「ええ。どうぞ」「ありがとう」

6
A: Isn't this your hat ?
B: Oh, thank you very much.
A: My ☐.

pleasure
「これはあなたの帽子ではありませんか」「あら、どうもありがとう」「どういたしまして」

7
A: Do you know where the library is ?
B: Yes, I do.
A: Is it ☐ walking distance ?
B: No, you have to take a bus.

within
「図書館はどこか知ってる？」「ええ」「歩いて行ける距離？」「いいえ、バスに乗らなきゃいけないよ」

8
A: I'll miss you. Send me an email.
B: Yes, I will. Take care.
A: ☐ to you.

Same
「さびしくなるわ。Eメールを送ってね」「うん。お元気で」「あなたもね」

9
A: Have you ever heard about an air-powered car ?
B: No, I haven't. You're ☐, aren't you ?
A: No, I'm serious !

kidding
「空気で動く車って聞いたことある？」「いや。冗談言ってるんでしょう」「いいえ、真面目な話よ！」

10
A: I talked with Jessica this morning.
B: Oh, that ▢ me. I have to return this book to her.
A: I'll give it to her next time I see her.

reminds

「今朝ジェシカと話をしたよ」「ああ、それで思い出した。彼女にこの本を返さなきゃ」「次に会うときに渡してあげるよ」

11
A: Well, I have to go now.   It's getting late.
B: I had a really good time.
A: Same ▢ .

here

「では、もう行かなきゃ。もう遅いから」「とても楽しかったよ」「私も」

12
A: Did you hear about Patrick ?
B: No, what is it ?
A: He's going to quit.
B: Oh, it's a ▢ .

shame

「パトリックのこと聞いた？」「いや、何？」「辞めるんだって」「ああ、それは残念だ」

13
A: Would you ▢ giving me some information about this project ?
B: Sorry, I know nothing about it. Why don't you ask Kate ?
A: OK, I will.

mind

「このプロジェクトについての情報をいただけませんか」「ごめん、それについては全く知らないんだ。ケイトに聞いたら？」「わかりました。そうします」

14
A: What'll the weather be ▢ this weekend ?
B: The forecast says it's going to be sunny.
A: Oh, that's good.   We can go hiking then.

like

「今週末の天気はどうなりそう？」「予報では晴れるそうよ」「ああ、よかった。それならハイキングに行ける」

15
A: Excuse me, where is the post office ?
B: Go straight three blocks.   You can't ▢ it.
A: Thank you.

miss

「すみません、郵便局はどこですか」「3ブロック先です。すぐにわかりますよ」「ありがとう」

16
A: ▢ time no see.
B: I got the flu.
A: That's too bad.   I hope you feel better now.

Long

「久しぶりだね」「インフルエンザにかかっていたんだ」「お気の毒に。お大事にね」

17
A: Where are you going ?
B: I'm going to Asakusa.
A: Have you been there before ?
B: No, this is the ▢ time.

first

「どこにいくの？」「浅草に行くんだ」「行ったことあるの？」「ううん、初めてなんだ」

18
A: ▢ me take a look at that, please.
B: Which one ?
A: That bigger one.

Let

「それを見せてください」「どれですか」「その大きいほうのです」

19
A: Let's go to the movies.
B: Yes, let's.
A: When will it be ▢ ?
B: Saturday night is fine.

convenient

「映画を見に行こうよ」「ぜひ」「いつが都合いい？」「土曜の夜がいいわ」

211

問題 次の日本語を英文に訳しなさい。

▼解答と解説

1
A: Do you have any small change ?
B: 何とおっしゃいましたか。
A: I asked if you have any coins.

I beg your pardon ?
「小銭はお持ちですか」「何とおっしゃいましたか」「コインをお持ちかどうか聞いたのです」

2
A: Excuse me. Is there a convenience store near here ?
B: Yes, there is one. Go straight and 2つ目の角を左に曲がってください。

turn left at the second corner.
「すみません。この近くにコンビニはありますか」「ええ、まっすぐ行って2つ目の角を左に曲がってください」

3
A: Hello ?
B: There is a phone call for you. 切らずにそのままお待ちください。
A: Thank you.

Hold the line [Hold on], please.
「もしもし？」「お電話がかかっています。切らずにそのままお待ちください」「ありがとう」

4
A: Be sure to fasten your seatbelt.
B: OK. 準備できたよ。
A: All right, then. Here we go.

I'm ready.
「シートベルトを必ず締めなさいよ」「わかった。準備できたよ」「よし。それでは、行きましょう」

5
A: Are you all right ?
B: 頭が痛いんだ。I might have caught a cold.
A: Why don't you go home now ?

I have a headache.
「大丈夫ですか」「頭が痛いんだ。風邪を引いたかもしれないな」「もう家に帰ったら？」

6
A: Did you have a good weekend ?
B: Yes, we went to the zoo with our kids. あなたは？
A: I went to the beach.

How [What] about you ?
「いい週末を過ごした？」「ええ、子どもたちと動物園に行ったの。あなたは？」「海に行ったよ」

7
A: You should take this course. It seems very interesting.
B: いつから始まるの。
A: Next October.

When does [will] it start ?
「この講座を受けるべきだよ。おもしろそうだよ」「いつから始まるの」「次の10月」

8
A: Looks delicious ! Did you make it ?
B: Yes. 自由に取って食べてください。
A: Thank you.

Please help yourself.
「おいしそう！あなたが作ったの？」「ええ。自由に取って食べてください」「ありがとう」

9
A: I'll have an apple pie and coffee, please.
B: ほかにはよろしいですか。
A: That's all. Thank you.

Anything else ?
「アップルパイとコーヒーをお願いします」「ほかにはよろしいですか？」「それだけです。ありがとう」

10
A: Sorry I'm late.
B: It's OK. What happened ?
A: バスに乗り遅れたんだ。

I missed the bus.
「遅れてごめん」「いいんだよ。どうしたの?」「バスに乗り遅れたんだ」

11
A: いい仕事をしたね。
B: Thank you. I tried really hard.
A: Your boss praised you so much.

You did a good job.
「いい仕事をしたね」「ありがとう。すごく一生懸命やったんだ」「上司がほめていたよ」

12
A: Do you have an appointment ?
B: Yes, I'm supposed to meet him at 11 o'clock.
A: 少しお待ちください。

Just a moment [minute], please.
「お約束はいただいていますか」「ええ、彼には11時にお会いすることになっています」「少しお待ちください」

13
A: 質問があります。
B: What is it ?
A: Where can I get the identification card ?

I have a question.
「質問があります」「何ですか」「身分証明書はどこでもらえばいいですか」

14
A: A man called Mr. Beck came to see you while you were out.
B: 何か伝言を残しましたか。
A: No, he said he'd come back at three.

Did he leave a message ?
「ベックさんとおっしゃる方が留守の間にいらっしゃいました」「何か伝言を残しましたか」「いいえ、3時にもう一度来るとおっしゃいました」

15
A: May I talk to you for a minute ?
B: Of course.
A: Could you check my English for me ?
B: いいですよ。

No, problem [Sure／All right] .
「ちょっといいですか」「もちろん」「英語をチェックしてくださいませんか」「いいですよ」

16
A: Shall we play golf next Sunday ?
B: それはいいね。
A: Will you ask Tom and Mike to play ?
B: Sure.

That would be nice.
「今度の日曜日にゴルフしない?」「それはいいね」「トムやマイクにも声をかけてくれない?」「いいとも」

17
A: Can I help you ?
B: I'm just looking.
A: ごゆっくりどうぞ。

Take your time.
「何かご入り用ですか」「見てるだけです」「ごゆっくりどうぞ」

18
A: お仕事は何ですか。
B: I'm a dentist. And you ?
A: I'm a vet.

What do you do ?
「お仕事は何ですか」「歯科医です。あなたは?」「獣医です」

19
A: Do you know where the National Museum is ?
B: Yes. I'll show you the way.
A: ご親切にありがとう。

It's very kind of you.
「国立美術館がどこにあるかご存知ですか」「はい。案内しましょう」「ご親切にありがとう」

トレンド｜最新時事｜国語｜社会｜英語｜数学｜理科｜文化｜キーワード

英語 ことわざ・慣用句

問題 次の英文に対応する日本語の故事・ことわざを答えなさい。

▼解答と解説

1 When in Rome do as the Romans do.

郷に入っては郷に従え
Roman「ローマ人」

2 No pain, no gain.

虎穴に入らずんば虎子を得ず
直訳→「痛みがなければ得るものもない」

3 Out of sight, out of mind.

去る者は日々に疎し
直訳→「見えなければ忘れる」

4 It's no use crying over spilt milk.

覆水盆に返らず
直訳→「こぼれたミルクを嘆いても仕方ない」

5 Birds of a feather flock together.

類は友を呼ぶ
直訳→「同じ羽根の鳥は群れる」

6 Talk of the devil and he will appear.

噂をすれば影がさす
直訳→「悪魔の話をすると姿を現す」

問題 次の □ に適切な語を入れなさい。

▼解答と解説

1 A □ in time saves nine.

stitch
転ばぬ先の杖
直訳→「早めの一針は九針の手間を省く」

2 A friend in □ is a friend indeed.

need
貧賤の交わりは忘るべからず
直訳→「困ったときの友こそ真の友」

3 When the □ is away, the mice will play.

cat
鬼の居ぬ間に洗濯
直訳→「猫がいないと鼠が遊ぶ」

4 □ a storm comes a calm.

After
雨降って地固まる
直訳→「嵐の後には凪が来る」

5 Make hay □ the sun shines.

while
好機逸すべからず
直訳→「日が照っているうちに干し草を作れ」

214

コラム 外来語・カタカナ語

和製英語：一部を省略したもの（意味が異なるものもある）

エアコン	air conditioner「空調装置」
インフレ	inflation「通貨膨張、物価暴騰」
サプリ	supplement「栄養補助食品」
セレブ	celebrity「有名人」
デフレ	deflation「通貨収縮、物価下落」
パソコン	personal computer
プレゼン	presentation「発表」
マスコミ	mass media（mass communication「大量伝達」）
インフラ	infrastructure「基幹施設、基盤」
ノート	notebook
オーバー	overcoat「外套、保護膜」
インテリ	intelligentsia「知識階層」, intellectual「知識人」
アドバルーン	advertising balloon「広告気球」
コネ	connection「つながり」
（タイヤの）パンク	puncture「刺し傷」

和製英語：英語とは異なるもの（英語ではない語もある）

アイスコーヒー	iced coffee
アルバイト	part-time job（アルバイトはドイツ語）
オートバイ	motorcycle, motorbike
ガソリンスタンド	filling station, service station,（米）gas station,（英）petrol station, garage
コンセント	（米）outlet,（英）socket, power point
サイン	signature「署名」, autograph「（有名人の）サイン」
電子レンジ	microwave, microwave oven
ナイター	night game
バージョンアップ	upgrade「高める、格上げする」
マンション	condominium「分譲マンション」, apartment「共同住宅」,（英）flat,（mansion「大邸宅」）
ワンパターン	stereotyped「型にはまった」
ホチキス	stapler
アンケート	questionnaire「質問（書）」（アンケートはフランス語）
クレーム	complaint「苦情、告訴」
カンニング	cheating「不正行為、浮気」
トランプ	card

215

数学 計算問題

問題 次の計算をしなさい。

▼解答と解説

1 ☐ $-11-3+9$
-5
$-14+9$

2 ☐ $5-16\div(-8)$
7
$5-(-2)=5+2$

3 ☐ $56\times\left(\dfrac{3}{8}-\dfrac{2}{7}\right)$
5
分配法則より、
$7\times3-8\times2=21-16$

4 ☐ $3\times(-2)^3-(-18)$
-6
$-24-(-18)=-24+18$

5 ☐ $\left(-\dfrac{8}{3}\right)\times\dfrac{5}{6}\div\left(-\dfrac{10}{9}\right)$
2
乗法の式にする。$\dfrac{8}{3}\times\dfrac{5}{6}\times\dfrac{9}{10}$

6 ☐ $(3x-2y)+(2x-5y)$
$5x-7y$
$3x-2y+2x-5y$

7 ☐ $2(a+4b)-3(2b-3a)$
$11a+2b$
$2a+8b-6b+9a$

8 ☐ $\dfrac{2x+y}{3}-\dfrac{x-2y}{5}$
$\dfrac{7x+11y}{15}$
通分する。 $\dfrac{5(2x+y)-3(x-2y)}{15}$

9 ☐ $(-7a)\times2ab$
$-14a^2b$
$(-7)\times2\times a\times a\times b$

10 ☐ $\left(-\dfrac{9}{4}a^3b^2\right)\div(-3ab)^2$
$-\dfrac{a}{4}$
$(-3ab)^2=(-3ab)\times(-3ab)$

11 ☐ $12x^2y\div(-16xy^2)\times8y$
$-6x$
$-\dfrac{12x^2y\times8y}{16xy^2}$

問題 $A=x^2+4x$、$B=-2x^2-3x+1$ のとき、次の計算をしなさい。

▼解答と解説

1 ☐ $A+B$
$-x^2+x+1$
$(x^2+4x)+(-2x^2-3x+1)$

2 ☐ $2A-3B$
$8x^2+17x-3$
$2(x^2+4x)-3(-2x^2-3x+1)$

3 ☐ $\dfrac{1}{2}(2A-4B)-\dfrac{1}{3}(6B+3A)$
$8x^2+12x-4$
式を整理すると、$-4B$

問題 次の式を展開して、整理しなさい。

▼解答と解説

1 ☐ $(x-4)(x+6)$

$x^2+2x-24$
$x^2+(-4+6)x+(-4)\times 6$

2 ☐ $(4x-3y)^2$

$16x^2-24xy+9y^2$
$(4x)^2-2\times 4x\times 3y+(3y)^2$

3 ☐ $(a-3b)(a+3b)$

a^2-9b^2
$a^2-(3b)^2$

4 ☐ $(2x+1)(2x-1)-(2x-1)^2$

$4x-2$
符号に注意して展開する。

5 ☐ $(3x+y-1)^2$

$9x^2+6xy+y^2-6x-2y+1$
$3x+y=A$とおき、展開する。

6 ☐ $(a+b-4)(a+b+4)$

$a^2+2ab+b^2-16$
$a+b=A$とおき、展開する。

問題 次の式を因数分解しなさい。

▼解答と解説

1 ☐ $x^2-13x+40$

$(x-5)(x-8)$
かけて40、たして-13となる2数をみつける。

2 ☐ $25a^2+30ab+9b^2$

$(5a+3b)^2$
$a^2+2ab+b^2=(a+b)^2$を利用する。

3 ☐ $16x^2-49y^2$

$(4x+7y)(4x-7y)$
$(4x)^2-(7y)^2$

4 ☐ $4x^2y-16xy+12y$

$4y(x-1)(x-3)$
共通因数$4y$でくくってから因数分解する。

5 ☐ $27a^3-b^3$

$(3a-b)(9a^2+3ab+b^2)$
$a^3-b^3=(a-b)(a^2+ab+b^2)$を利用する。

6 ☐ $x^2y+xy-2x-2$

$(x+1)(xy-2)$
$xy(x+1)-2(x+1)$
$x+1=A$とおく。

問題 次の計算をしなさい。

▼解答と解説

1. $\square$ $\sqrt{6} \times \sqrt{18} \div \sqrt{2}$

$3\sqrt{6}$
$\dfrac{\sqrt{6} \times 3\sqrt{2}}{\sqrt{2}}$

2. $\square$ $\sqrt{12} - 4\sqrt{3}$

$-2\sqrt{3}$
$2\sqrt{3} - 4\sqrt{3} = (2-4)\sqrt{3}$

3. $\square$ $\sqrt{(-7)^2}$

7
$\sqrt{(-7)^2} = \sqrt{49} = \sqrt{7^2}$

4. $\square$ $2\sqrt{2} - \dfrac{8}{\sqrt{2}} + \sqrt{50}$

$3\sqrt{2}$
$2\sqrt{2} - 4\sqrt{2} + 5\sqrt{2}$

5. $\square$ $\sqrt{3}(3\sqrt{5} - \sqrt{3})$

$3\sqrt{15} - 3$
$\sqrt{3} \times 3\sqrt{5} - \sqrt{3} \times \sqrt{3}$

6. $\square$ $(\sqrt{6} - \sqrt{2})^2$

$8 - 4\sqrt{3}$
$(\sqrt{6})^2 - 2 \times \sqrt{6} \times \sqrt{2} + (\sqrt{2})^2$

7. $\square$ $(\sqrt{7} + \sqrt{3})(\sqrt{7} - \sqrt{3})$

4
$(\sqrt{7})^2 - (\sqrt{3})^2$

問題 次の方程式を解きなさい。

▼解答と解説

1. $\square$ $9 - 3x = x - 7$

$x = 4$
$-3x - x = -7 - 9$

2. $\square$ $2(4 - 5x) = -8x - 12$

$x = 10$
$8 - 10x = -8x - 12$

3. $\square$ $\dfrac{1}{3}x - \dfrac{5}{6} = \dfrac{3}{2}(x+1)$

$x = -2$
両辺に6をかける。

4. $\square$ $5x^2 - 25 = 0$

$x = \pm\sqrt{5}$
$5x^2 = 25 \rightarrow x^2 = 5$

5. $\square$ $x^2 - 5x - 24 = 0$

$x = -3、8$
$(x+3)(x-8) = 0$

6. $\square$ $(x-3)^2 = 8$

$x = 3 \pm 2\sqrt{2}$
$x - 3 = A$ とおいて計算する。

7. $\square$ $2x^2 - 4x + 1 = 0$

$x = \dfrac{2 \pm \sqrt{2}}{2}$
解の公式を利用する。

問題 次の連立方程式を解きなさい。

▼解答と解説

1. $\begin{cases} x+y=2 \\ -3x+2y=9 \end{cases}$

   $x=-1、y=3$
   (上式)×2−(下式)より、
   $5x=-5 \to x=-1$

2. $\begin{cases} 2x-y=9 \\ 0.5x-0.3y=2.5 \end{cases}$

   $x=2、y=-5$
   下式に10をかけて、係数を整数にする。

3. $\begin{cases} 3x+4y=12 \\ \dfrac{x}{2}+\dfrac{y}{3}=0 \end{cases}$

   $x=-4、y=6$
   下式に6をかけて、係数を整数にする。

4. $\begin{cases} x-y+z=7 \\ 3x+y+2z=3 \\ 2x-3y-4z=6 \end{cases}$

   $x=1、y=-4、z=2$
   上式から①、②、③とする。
   ①より、$y=x+z-7$
   これを②、③に代入する。

問題 次の不等式を解きなさい。

▼解答と解説

1. $3x-5>7x-1$

   $x<-1$
   $3x-7x>-1+5$

2. $x^2-x-12<0$

   $-3<x<4$
   $(x+3)(x-4)<0$

3. $2x^2+11x-6\geqq 0$

   $x\leqq -6、\dfrac{1}{2}\leqq x$
   $(2x-1)(x+6)\geqq 0$

4. $\begin{cases} 2x-9<3-4x \\ -8-11x<-6(x-2) \end{cases}$

   $-4<x<2$
   上式より、$x<2$
   下式より、$-4<x$

問題 $A=\sqrt{3}-2、B=\sqrt{3}+2$のとき、次の値を求めなさい。

▼解答と解説

1. A^2-B^2

   $-8\sqrt{3}$
   $(A+B)(A-B)$に代入する。

2. $A^2-2AB+B^2$

   16
   $(A-B)^2$に代入する。

数学 文章問題

問題 次の問いに答えなさい。

▼解答と解説

1 鶴と亀が合わせて18羽（匹）おり、足の数は合計56本である。鶴と亀はそれぞれ何羽（匹）いるか。

鶴8羽、亀10匹

鶴をx羽、亀をy匹とすると、
$$\begin{cases} x+y=18 \\ 2x+4y=56 \end{cases}$$
$\rightarrow x=8,\ y=10$

2 50円切手と80円切手を合わせて13枚買ったところ、代金の合計が830円になった。50円切手と80円切手をそれぞれ何枚買ったか。

50円切手7枚、80円切手6枚

50円切手をx枚、80円切手をy枚とすると、
$$\begin{cases} x+y=13 \\ 50x+80y=830 \end{cases}$$
$\rightarrow x=7,\ y=6$

3 ノート3冊と鉛筆5本を買うと代金は570円になり、ノート6冊と鉛筆2本を買うと代金は660円になる。ノート1冊と鉛筆1本の値段はそれぞれ何円か。

ノート90円、鉛筆60円

ノート1冊x円、鉛筆1本y円とすると、
$$\begin{cases} 3x+5y=570 \\ 6x+2y=660 \end{cases}$$
$\rightarrow x=90,\ y=60$

4 240mある直線道路に沿って、8mおきに端から端まで木を植えるとき、木は全部で何本必要か。

31本

木と木の間の数は$240\div8=30$
木の本数は、木と木の間の数より1本多いから、$30+1=31$（本）

5 公園の周りに、長さ360mの円形の遊歩道がある。この遊歩道に15mおきに木を植えるとき、木は全部で何本必要か。

24本

木と木の間の数と木の本数は等しいから、
$360\div15=24$（本）

6 現在、父の年齢は42歳、子どもの年齢は16歳である。父の年齢が子どもの年齢の2倍になるのは今から何年後か。

10年後

今からx年後の父の年齢は$(42+x)$歳、子どもの年齢は$(16+x)$歳だから、
$42+x=2(16+x)\ \rightarrow x=10$

7 現在、花子さんの母の年齢は花子さんの年齢の5倍より4歳若い。今から20年後には、母の年齢が花子さんの年齢のちょうど2倍になるという。花子さんは現在何歳か。

8歳

花子さんの現在の年齢をx歳とすると、現在の母の年齢は$(5x-4)$歳と表せる。今から20年後の年齢について方程式をつくると、
$(5x-4)+20=2(x+20)\ \rightarrow x=8$

220

8 大小2つの整数があり、大きい数と小さい数の和は93で、大きい数から小さい数をひいた差は35である。このとき、大小2つの整数を求めなさい。

大64、小29
大きい数をx、小さい数をyとすると、
$$\begin{cases} x+y=93 \\ x-y=35 \end{cases}$$
$\rightarrow x=64,\ y=29$

9 一の位が8である2けたの正の整数がある。この整数の十の位の数と一の位の数を入れかえてできる整数はもとの整数より36大きくなる。もとの整数を求めなさい。

48
十の位の数をxとすると、もとの整数は$10x+8$、入れかえてできる整数は$80+x$だから、
$80+x=10x+8+36 \rightarrow x=4$
よって、$10x+8=10\times4+8=48$

10 ある仕事をするのに、Aさんだけですると15日、Bさんだけですると10日かかる。この仕事を2人ですると何日で終わらせることができるか。

6日
全体の仕事量を1とすると、
Aさんの1日の仕事量は$\frac{1}{15}$
Bさんの1日の仕事量は$\frac{1}{10}$
よって、$1\div\left(\frac{1}{15}+\frac{1}{10}\right)=6$

11 ある仕事をするのに、Aさんだけですると8日、Bさんだけですると12日かかる。この仕事をAさんが1人で最初に6日間した後、残りをBさんが1人ですると、Bさんは何日間働くことになるか。

3日間
全体の仕事量を1とすると、Aさんが6日間働いた後に残っている仕事量は、
$1-\frac{1}{8}\times6=\frac{1}{4}$
よって、Bさんが働いたのは、
$\frac{1}{4}\div\frac{1}{12}=3$（日）

12 ある仕事をするのに、Aさんだけですると20日、Bさんだけですると30日かかる。この仕事をBさんが1人で最初に5日間した後、残りを2人ですると、Bさんは何日間働くことになるか。

15日間
全体の仕事量を1とすると、Bさんが5日間働いた後に残っている仕事量は、
$1-\frac{1}{30}\times5=\frac{5}{6}$
よって、Bさんが働いたのは、
$5+\frac{5}{6}\div\left(\frac{1}{20}+\frac{1}{30}\right)=15$（日）

13 7時から8時までの間で、時計の長針と短針がちょうど重なるのは何時何分か。

7時$38\frac{2}{11}$分
1分間で回転する角度は、長針は6°、短針は0.5°。7時00分の時点で長針と短針の角度は、
$360\times\frac{7}{12}=210$（°）だから、
$210\div(6-0.5)=\frac{420}{11}=38\frac{2}{11}$

トレンド

最新時事

国語

社会

英語

数学

理科

文化

キーワード

14 原価600円の品物に3割の利益を見込んで定価をつけた。この品物の定価はいくらか。

780円
$600×(1+0.3)=780$

15 ある商品を定価800円の20%引きで売った。この品物の売値はいくらか。

640円
$800×(1-0.2)=640$

16 定価3000円の品物を3割5分引きで売った。この品物の売値はいくらか。

1950円
$3000×(1-0.35)=1950$

17 ある商品を定価の25%引きで買ったら、代金は1200円であった。この商品の定価はいくらか。

1600円
定価をx円とすると、
$x×(1-0.25)=1200$
$0.75x=1200 → x=1600$

18 ある品物の原価に1割5分の利益を見込んで定価をつけたところ利益が225円になった。この品物の原価はいくらか。

1500円
原価をx円とすると、
(定価)-(原価)=(利益)より、
$x×(1+0.15)-x=225 → x=1500$

19 ある品物に原価2000円の2割5分の利益を見込んで定価をつけたが、セール日に定価の300円引きで売った。このときの利益はいくらか。

200円
売値は、$2000×1.25-300=2200$(円)
だから、利益は、
$2200-2000=200$(円)

20 ある品物に原価の30%の利益を見込んで定価をつけ、定価の2割引きで売ったところ、利益は96円であった。この品物の原価はいくらか。

2400円
原価をx円とすると、
売値は、$1.3x×0.8=1.04x$
よって、$1.04x-x=96 → x=2400$

21 ある品物に原価の2割の利益を見込んで定価をつけたが、売れなかったので定価から200円値引きして売ったところ、利益は原価の1割6分であった。この品物の原価はいくらか。

5000円
原価をx円とすると、
売値は、
$1.2x-200$
利益は原価の1割6分だから、$0.16x$
となるので、
$(1.2x-200)-x=0.16x → x=5000$

22 弟が図書館に向かって家を出発してから6分後に、兄が自転車で同じ道を追いかけた。弟の歩く速さを毎分60m、兄の自転車の速さを毎分240mとすると、兄は出発してから何分後に弟に追いつくか。

2分後
兄が出発してからx分後に追いつくとすると、弟の進んだ道のりは$60(6+x)$m、兄の進んだ道のりは$240x$mだから、
$60(6+x)=240x \rightarrow x=2$

23 池の周りに1周2040mの遊歩道がある。この遊歩道をAさんとBさんが同じ地点から反対方向に歩く。Aさんの速さを毎分80m、Bさんの速さを毎分90mとすると、2人は出発してから何分後に出会うか。

12分後
x分後に出会うとすると、
Aさんの進んだ道のりは$80x$m
Bさんの進んだ道のりは$90x$m
2人の道のりの和が2040mだから、
$80x+90x=2040 \rightarrow x=12$

24 公園を1周する1800mのジョギングコースがある。このジョギングコースを同じ地点から同じ向きにAさんは毎分100m、Bさんは毎分150mの速さで出発すると、Bさんが1周遅れのAさんを追い越すのは出発してから何分後か。

36分後
x分後に追い越すとすると、
Aさんの進んだ道のりは$100x$m
Bさんの進んだ道のりは$150x$m
2人の道のりの差が1800mだから、
$150x-100x=1800 \rightarrow x=36$

25 5％の食塩水200gに水を加えて4％の食塩水をつくった。加えた水は何gか。

50g
加えた水をxgとすると、食塩の量に着目して、
$\dfrac{5}{100}\times200=\dfrac{4}{100}\times(200+x)$
$\rightarrow x=50$

26 8％の食塩水400gに20％の食塩水を加えて12％の食塩水をつくった。加えた20％の食塩水は何gか。

200g
加えた食塩水をxgとすると、
$\dfrac{8}{100}\times400+\dfrac{20}{100}\times x$
$=\dfrac{12}{100}\times(400+x) \rightarrow x=200$

27 4％の食塩水600gに食塩を加えて20％の食塩水をつくった。加えた食塩は何gか。

120g
加えた食塩をxgとすると、
$\dfrac{4}{100}\times600+x=\dfrac{20}{100}\times(600+x)$
$\rightarrow x=120$

数学 関数・グラフ

問題 次の条件を満たすとき、yをxの式で表しなさい。

▼解答と解説

1 yはxに比例し、$x=3$のとき、$y=-9$

$y=-3x$
比例の式$y=ax$に$x=3$、$y=-9$を代入して、$-9=a\times3 \to a=-3$

2 yはxに反比例し、$x=-4$のとき、$y=5$

$y=-\dfrac{20}{x}$
反比例の式$y=\dfrac{a}{x}$に$x=-4$、$y=5$を代入して、$5=-\dfrac{a}{4} \to a=-20$

問題 次の直線の式を求めなさい。

▼解答と解説

1 傾きが-2で、切片が3の直線

$y=-2x+3$
1次関数の式$y=ax+b$でaを傾き、bを切片という。

2 傾きが4で、点$(2, 7)$を通る直線

$y=4x-1$
傾きが4だから、$y=4x+b$
この式に$x=2$、$y=7$を代入して、$7=4\times2+b \to b=-1$

3 切片が-5で、点$(-2, 3)$を通る直線

$y=-4x-5$
切片が-5だから、$y=ax-5$
この式に$x=-2$、$y=3$を代入して、$3=-2a-5 \to a=-4$

4 傾きが$-\dfrac{1}{3}$で、点$(-6, -1)$を通る直線

$y=-\dfrac{1}{3}x-3$
傾きが$-\dfrac{1}{3}$より、$y=-\dfrac{1}{3}x+b$に$x=-6$、$y=-1$を代入してbの値を求める。

5 2点$(-4, 2)$、$(6, 7)$を通る直線

$y=\dfrac{1}{2}x+4$
$y=ax+b$にそれぞれ代入し、$2=-4a+b$、$7=6a+b$
これを解くと、$a=\dfrac{1}{2}$、$b=4$

6 $y=3x-5$に平行で、点$(-1, 3)$を通る直線

$y=3x+6$
平行な直線の傾きは等しいから、$y=3x+b$に$x=-1$、$y=3$を代入する。

7 $y=-\dfrac{1}{2}x+7$と垂直に交わり、点$(4, 3)$を通る直線

$y=2x-5$
2直線$y=m_1x+n_1$、$y=m_2x+n_2$が垂直に交わるとき、$m_1\times m_2=-1$より、直線の傾きは2となる。

8 $y=-4x+1$に平行で、$y=-\dfrac{2}{3}x-2$とx軸上で交わる直線

$y=-4x-12$
$y=-\dfrac{2}{3}x-2$とx軸との交点は$(-3, 0)$

問題 次の図について、答えなさい。

▼解答と解説

1 直線 l の式を求めなさい。

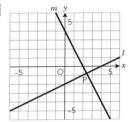

$y = \dfrac{1}{2}x - 2$

グラフより、傾き $\dfrac{1}{2}$、切片 -2 の直線である。

2 直線 m の式を求めなさい。

$y = -2x + 4$

グラフより、傾き -2、切片 4 の直線である。

3 直線 l と直線 m の交点 P の座標を求めなさい。

$\left(\dfrac{12}{5},\ -\dfrac{4}{5}\right)$

$y = \dfrac{1}{2}x - 2$ と $y = -2x + 4$ を連立方程式として解く。

問題 次の面積を求めなさい。

▼解答と解説

1 △OAB

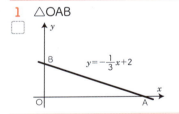

6

直線と x 軸、y 軸との交点はそれぞれ、
A(6, 0)、B(0, 2)
よって、面積は、
$\dfrac{1}{2} \times OA \times OB = \dfrac{1}{2} \times 6 \times 2 = 6$

2 △ABC

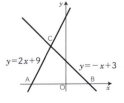

$\dfrac{75}{4}$

2直線 $y = 2x + 9$、$y = -x + 3$ と x 軸との交点の座標は、
A$\left(-\dfrac{9}{2},\ 0\right)$、B(3, 0)
2直線の交点の座標は C(−2, 5)
よって、面積は、
$y = \dfrac{1}{2} \times AB \times$(点Cの$y$座標)
$= \dfrac{1}{2} \times \dfrac{15}{2} \times 5 = \dfrac{75}{4}$

問題 次の条件にあてはまる2次関数を求めなさい。

▼解答と解説

1 $y=ax^2$ のグラフが、点 $(3, -18)$ を通る。

$y=-2x^2$
$y=ax^2$ に $x=3$、$y=-18$ を代入し、
$-18=a×3^2$ → $a=-2$

2 頂点の座標が $(2, -1)$ で、点 $(3, 4)$ を通る。

$y=5x^2-20x+19$
頂点の座標から、
$y=a(x-2)^2-1$ に $x=3$、$y=4$ を代入する。

3 3点 $(-2, 14)$、$(1, 5)$、$(2, 10)$ を通る。

$y=2x^2-x+4$
$y=ax^2+bx+c$ に3点の座標の値を代入し、
連立方程式として解くと、$a=2$、$b=-1$、$c=4$

4 軸の方程式が $x=-1$ で、点 $(-3、-2)$、$(0、4)$ を通る。

$y=-2x^2-4x+4$
軸の方程式が $x=-1$ だから、
$y=a(x+1)^2+q$ に2点の座標の値を代入する。

問題 2次関数 $y=3x^2-6x-9$ のグラフについて、次の問いに答えなさい。

▼解答と解説

1 頂点の座標を求めなさい。

$(1、-12)$
$y=3x^2-6x-9=3(x-1)^2-12$
頂点の x 座標から軸の方程式は $x=1$ となる。

2 x 軸との交点の座標を求めなさい。

$(-1、0)$、$(3、0)$
$y=0$ のときの2次方程式を解くと、
$3x^2-6x-9=0$ だから、
$(x+1)(x-3)=0$ → $x=-1、3$

問題 次の問いに答えなさい。

▼解答と解説

1 2次関数 $y=3x^2$ のグラフを x 軸方向に2、y 軸方向に -1 だけ平行移動して得られるグラフの方程式を求めなさい。

$y=3x^2-12x+11$
$y=ax^2$ を x 軸方向に p、y 軸方向に q だけ平行移動したグラフは $y=a(x-p)^2+q$ となるので、
$y=3(x-2)^2-1$

2 2次関数 $y=x^2-4x+7$ のグラフを x 軸方向に3、y 軸方向に1だけ平行移動して得られるグラフの方程式を求めなさい。

$y=x^2-10x+29$
$y=x^2-4x+7=(x-2)^2+3$ だから、平行移動すると、
$y=\{(x-2)-3\}^2+3+1$
$=(x-5)^2+4=x^2-10x+29$

3 2次関数 $y=2x^2-12x+12$ のグラフは2次関数 $y=2x^2-4x+3$ のグラフをどのように平行移動したものか。

x 軸方向に2、y 軸方向に -7
$y=2x^2-12x+12=2(x-3)^2-6$ より頂点は $(3、-6)$、
また、$y=2x^2-4x+3=2(x-1)^2+1$ より、
頂点は $(1、1)$。よって、
x 軸方向に $3-1=2$、y 軸方向に $-6-1=-7$

問題 次の関数の最大値・最小値を求めなさい。

▼解答と解説

1 $y = x^2$
$(-3 \leq x \leq 1)$

最大値9、最小値0

最大値、最小値の問題はグラフをかいて考えること。

2 $y = -\dfrac{1}{2}x^2$
$(-2 \leq x \leq 4)$

最大値0、最小値−8

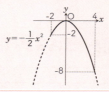

3 $y = x^2 + 4x + 1$
$(-3 \leq x \leq 1)$

最大値6、最小値−3

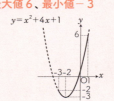

問題 次の不等式で表される領域をかきなさい。

▼解答と解説

1 $\begin{cases} y \leq \dfrac{1}{2}x + 3 \\ x \geq 0 \\ y \geq 0 \end{cases}$

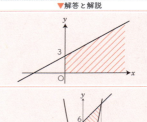

2 $\begin{cases} y \geq x^2 \\ y \leq x + 6 \end{cases}$

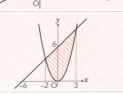

数学 図形・面積

問題 次の問いに答えなさい。

▼解答と解説

1. 六角形の内角の和を求めなさい。

   720°
   n角形の内角の和は、
   $180° \times (n-2)$

2. 正八角形の1つの外角の大きさを求めなさい。

   45°
   多角形の外角の和は360°だから、
   $360° \div 8 = 45°$

3. 1つの内角の大きさが144°である正多角形は何角形か。

   正十角形
   1つの外角の大きさは、
   $180° - 144° = 36°$
   正多角形の外角の大きさは等しいから、
   $360° \div 36° = 10$(角形)

問題 次の図で、∠xの大きさを求めなさい。

▼解答と解説

1.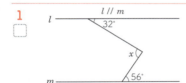

   88°
   ∠xの頂点を通る、直線lに平行な直線をひくと、平行線の錯角が等しいことから、
   $\angle x = 32° + 56° = 88°$

2.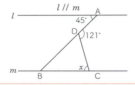

   76°
   平行線の錯角が等しいから、
   $\angle ABC = 45°$
   △BCDで内角と外角の関係より、
   $\angle x = 121° - 45° = 76°$

3.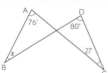

   31°
   三角形の内角と外角の関係より、
   $76° + \angle x = 80° + 27°$
   → $\angle x = 80° + 27° - 76° = 31°$

4.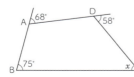

   51°
   ∠BADは、$180° - 68° = 112°$
   ∠ADCは、$180° - 58° = 122°$
   四角形の内角の和が360°であるから、
   $\angle x = 360° - (112° + 122° + 75°) = 51°$

5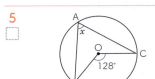

64°

円周角の定理より、
∠BAC=$\frac{1}{2}$∠BOC=$\frac{1}{2}$×128°=64°

6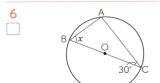

60°

半円の弧に対する円周角は90°だから、
∠BAC=90°
△ABCの内角の和に着目して、
∠x=180°−(90°+30°)=60°

7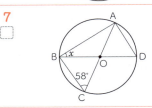

32°

半円の弧に対する円周角は90°だから、
∠BAD=90°
$\stackrel{\frown}{AB}$に対する円周角はすべて等しいから、
∠BDA=∠BCA=58°
△ABDの内角の和に着目して、
∠x=180°−(90°+58°)=32°

8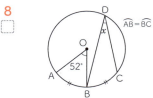

26°

$\stackrel{\frown}{AB}=\stackrel{\frown}{BC}$より、
∠AOB=∠BOC=52°
円周角の定理より、
∠BDC=$\frac{1}{2}$∠BOC=$\frac{1}{2}$×52°=26°

9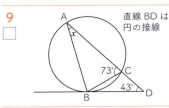

直線BDは円の接線

30°

△BCDで内角と外角の関係より、
∠CBD=73°−43°=30°
直線BDは円の接線だから、接弦定理より、
∠x=∠CBD=30°

10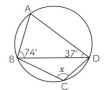

111°

△ABDの内角の和に着目して、
∠BAD=180°−(74°+37°)=69°
円に内接する四角形の対角の和は180°だから、
∠x=180°−∠BAD=180°−69°=111°

問題 次の問いに答えなさい。ただし、円周率は π とする。

▼解答と解説

1 底辺が4cm、高さが6cmの平行四辺形の面積を求めなさい。

24cm²
平行四辺形の面積は、
(底辺)×(高さ)=4×6=24(cm²)

2 半径が12cm、中心角が100°のおうぎ形の面積を求めなさい。

40π cm²
半径 r、中心角 $a°$ のおうぎ形の面積は、
$\pi r^2 \times \dfrac{a}{360}$ だから、
$\pi \times 12^2 \times \dfrac{100}{360} = 40\pi \,(\text{cm}^2)$

3 半径3cmの球の体積を求めなさい。

36π cm³
半径 r の球の体積は $\dfrac{4}{3}\pi r^3$
$\dfrac{4}{3}\pi \times 3^3 = 36\pi \,(\text{cm}^3)$

4 △ABCと△PQRが相似で、その相似比は2:3である。△ABCの面積が32cm²のとき、△PQRの面積を求めなさい。

72cm²
相似な図形の面積比は相似比の2乗に等しいから、面積は、$2^2 : 3^2 = 4 : 9$
△PQRの面積を x とすると、
$4 : 9 = 32 : x$ だから、
$4 \times x = 9 \times 32 \rightarrow x = 72\,(\text{cm}^2)$

5 下の図で、$l // m // n$ のとき、x の値を求めなさい。

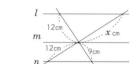

$x = 16$
l、m、n は平行だから、平行線と比の定理より、
$12 : 9 = x : 12$
よって、$9x = 12 \times 12 \rightarrow x = 16$

6 下の図で、△ABCの辺ABの中点をD、辺BCを3等分する点をE、Fとし、線分AFと線分CDの交点をGとする。AF=16cmのとき、x の値を求めなさい。

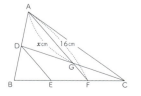

12cm
△ABFにおいて、D、Eはそれぞれ辺AB、BFの中点だから、中点連結定理より、
DE = $\dfrac{1}{2}$AF = $\dfrac{1}{2} \times 16 = 8\,(\text{cm})$
△CDEにおいて、F、Gはそれぞれ辺CE、CDの中点だから、中点連結定理より、
FG = $\dfrac{1}{2}$DE = $\dfrac{1}{2} \times 8 = 4\,(\text{cm})$
よって、$x = 16 - 4 = 12\,(\text{cm})$

問題 斜線部分の面積を求めなさい。ただし、円周率は π とする。

▼解答と解説

1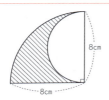

$8\pi \text{ cm}^2$

半径8cm、中心角90°のおうぎ形から半径4cmの半円の面積をひけばよいので、
$\pi \times 8^2 \times \dfrac{90}{360} - \pi \times 4^2 \times \dfrac{180}{360}$
$= 16\pi - 8\pi = 8\pi \text{ (cm}^2)$

2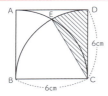

$3\pi \text{ cm}^2$

△BCEが正三角形になることに着目して、
∠DCE=90°−∠BCE=90°−60°=30°
半径6cm、中心角30°のおうぎ形の面積だから、
$\pi \times 6^2 \times \dfrac{30}{360} = 3\pi \text{ (cm}^2)$

問題 下の図の△ABCで、P、Qはそれぞれ辺AB、AC上の点で、AP:PB=AQ:QC=2:1である。次の問いに答えなさい。

▼解答と解説

1 △PBCと△PCQの面積比を求めなさい。

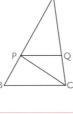

3:2

三角形と比の定理から、
BC:PQ=AB:AP=(2+1):2=3:2
△PBCと△PCQの底辺をそれぞれBC、PQとすると高さは等しいから、面積比と底辺の比が等しくなる。

2 △PCQの面積が40cm²のとき、△ABCの面積を求めなさい。

180cm²

△PBC:△PCQ=3:2より、
△PBCの面積は60cm²になる。
PB:AB=1:(2+1)=1:3だから、
△ABC=3△PBC=3×60=180(cm²)

問題 下の図の円錐について、次の問いに答えなさい。ただし、円周率は π とする。

▼解答と解説

1 側面積を求めなさい。

$60\pi \text{ cm}^2$

側面の展開図のおうぎ形の半径は10cm、弧の長さは12πcmになるので、面積は、
$\dfrac{1}{2} \times (半径) \times (弧の長さ)$
$= \dfrac{1}{2} \times 10 \times 12\pi = 60\pi \text{ (cm}^2)$

2 体積を求めなさい。

$96\pi \text{ cm}^3$

円錐の高さは、三平方の定理より、
$\sqrt{10^2 - 6^2} = 8 \text{ (cm)}$
体積は、$\dfrac{1}{3}\pi \times 6^2 \times 8 = 96\pi \text{ (cm}^3)$

数学 順列・確率・集合・数列

問題 1から100までの整数について次の問いに答えなさい。

▼解答と解説

1 4または5の倍数は何個あるか。

40個
4の倍数は、100÷4＝25(個)
5の倍数は、100÷5＝20(個)
4と5の最小公倍数20の倍数は、
100÷20＝5(個)だから、
(25＋20)－5＝40(個)

2 4でも5でも割り切れない整数は何個あるか。

60個
100－40＝60(個)

問題 次の問いに答えなさい。

▼解答と解説

1 38人のクラスで、兄弟のいる人は25人、姉妹のいる人は20人、両方ともいない人は7人であった。このとき、兄弟、姉妹両方ともいる人は何人か。

14人
両方ともいる人をx人とすると、
(25＋20)－x＋7＝38だから、
x＝52－38＝14(人)

2 海外旅行の経験について男女それぞれ50人を対象に調査したところ、次のような結果が得られた。

旅行経験		男性	女性
アジア	ある	29人	35人
	ない	21人	15人
ヨーロッパ	ある	18人	30人
	ない	32人	20人

アジアもヨーロッパもどちらも行ったことのない男性は9人、アジアまたはヨーロッパに行ったことのある女性は47人であった。
このとき、アジアもヨーロッパもどちらも行ったことのある人は男女合わせて何人か。

24人
男女別にベン図をかくと次のようになる。

ベン図より、
男性で、アジアもヨーロッパもどちらも行ったことのある人は、
(29＋18)－(50－9)＝6(人)
女性で、アジアもヨーロッパもどちらも行ったことのある人は、
(35＋30)－47＝18(人)
よって、男女合わせて、
6＋18＝24(人)

問題 1、2、3、4、5の5個の数字から異なる3個の数字を使って3けたの整数をつくるとき、次の問いに答えなさい。

▼解答と解説

1 3けたの整数は、全部でいくつできるか。

60個
5個の数字から3個を選んで並べるので、
$_5P_3 = 5 \times 4 \times 3 = 60$(個)

2 3けたの偶数は、いくつできるか。

24個
一の位が2のとき、
百の位、十の位は残りの4個から2個を選んで並べるので、
$_4P_2 = 4 \times 3 = 12$(個)
一の位が4のときも同様に12個だから、
$12 \times 2 = 24$(個)

問題 男子2人、女子4人が1列に並ぶとき、次の問いに答えなさい。

▼解答と解説

1 男子が隣り合う並び方は何通りあるか。

240通り
男子2人を1まとまりとみると、
$5! = 5 \times 4 \times 3 \times 2 \times 1 = 120$(通り)
男子2人の並び方が2通りだから、
$120 \times 2 = 240$(通り)

2 両端が男子である並び方は何通りあるか。

48通り
女子4人の並び方は、
$4! = 4 \times 3 \times 2 \times 1 = 24$(通り)
両端の男子の並び方は2通りだから、
$24 \times 2 = 48$(通り)

問題 次の問いに答えなさい。

▼解答と解説

1 男子5人、女子3人の中から3人の委員を選ぶとき、男子が2人、女子が1人選ばれる場合は何通りあるか。

30通り
男子5人の中から2人を選ぶ選び方は、
$_5C_2$通り
女子3人の中から1人を選ぶ選び方は、
$_3C_1$通り
よって、$_5C_2 \times _3C_1 = \dfrac{5 \times 4}{2 \times 1} \times 3 = 30$(通り)

2 次の図で、A地点からC地点を通りB地点に行くとき、最短経路は何通りあるか。

60通り
AからC地点への最短経路は、$_5C_2$通り
CからB地点への最短経路は、$_4C_2$通り
よって、
$_5C_2 \times _4C_2 = \dfrac{5 \times 4}{2 \times 1} \times \dfrac{4 \times 3}{2 \times 1} = 60$(通り)

問題 1、2、3、4の数字を1つずつ書いた4枚のカードをよくきって、1枚ずつ続けて2回ひき、ひいた順に並べて2けたの整数をつくるとき、次の確率を求めなさい。

▼解答と解説

1 できる2けたの整数が素数である確率

$$\frac{5}{12}$$

4枚から2枚を選んで並べるので2けたの整数は$_4P_2=4\times3=12$(個)できる。このうち、素数は13、23、31、41、43の5個。

2 できる2けたの整数が40より大きい確率

$$\frac{1}{4}$$

41、42、43の3個できるから、$\frac{3}{12}=\frac{1}{4}$

問題 男子3人と女子2人の中から、くじで図書委員を2人選ぶとき、次の確率を求めなさい。

▼解答と解説

1 2人とも男子が選ばれる確率

$$\frac{3}{10}$$

5人の中から2人を選ぶ選び方は$_5C_2$通り
男子2人の選び方は$_3C_2$通りだから、$\frac{_3C_2}{_5C_2}$

2 男女1人ずつ選ばれる確率

$$\frac{3}{5}$$

男女が1人ずつ選ばれるのは、$_3C_1\times_2C_1$(通り)だから、$\frac{_3C_1\times_2C_1}{_5C_2}$

問題 大小2個のさいころを同時に投げるとき、次の確率を求めなさい。

▼解答と解説

1 出る目の数の和が3以下である確率

$$\frac{1}{12}$$

目の出方は全部で$6\times6=36$(通り)
和が3以下になるのは、
(大、小)=(1、1)、(1、2)、(2、1)の3通り

2 出る目の数の和が4以上である確率

$$\frac{11}{12}$$

「和が3以下になる」という事象の余事象だから、$1-\frac{1}{12}$

3 出る目の数の積が奇数である確率

$$\frac{1}{4}$$

奇数の目が1、3、5だから、積が奇数になるのは、(奇数)×(奇数)のときで、$3\times3=9$(通り)

4 出る目の数の積が2で割り切れる確率

$$\frac{3}{4}$$

出る目の積が偶数である確率だから、$1-\frac{1}{4}$

問題 3枚の硬貨を同時に投げるとき、次の確率を求めなさい。

▼解答と解説

1 3枚とも裏である確率

$\dfrac{1}{8}$

表裏の出方は全部で$2^3=8$(通り)
3枚とも裏である場合は$_3C_3$通り

2 2枚が表で、1枚が裏である確率

$\dfrac{3}{8}$

2枚が表で、1枚が裏である場合は$_3C_1$通り

問題 赤玉3個と黒玉5個が入っている袋から、同時に4個の玉を取り出すとき、次の確率を求めなさい。

▼解答と解説

1 4個とも黒玉である確率

$\dfrac{1}{14}$

4個の玉の取り出し方は全部で$_8C_4$通り
4個とも黒玉である場合は$_5C_4$通り

2 赤玉と黒玉が2個ずつである確率

$\dfrac{3}{7}$

赤玉と黒玉が2個ずつである場合は$_3C_2\times_5C_2$(通り)

3 少なくとも1個は赤玉である確率

$\dfrac{13}{14}$

1−(4個とも黒玉である確率)を利用して求める。

問題 9本のくじの中に5本のあたりくじが入っている。このくじの中から同時に3本ひくとき、次の確率を求めなさい。

▼解答と解説

1 3本ともはずれる確率

$\dfrac{1}{21}$

9本の中から3本をひく場合の数は$_9C_3$通り
3本ともはずれる場合は4本のはずれくじから3本をひくので、$_4C_3$通り

2 2本以上あたる確率

$\dfrac{25}{42}$

2本以上あたるのは、あたりが2本のときと3本のときだから、$_5C_2\times_4C_1+_5C_3$(通り)

問題 次の問いに答えなさい。

▼解答と解説

1 1個のさいころを5回投げるとき、2回だけ奇数の目が出る確率を求めなさい。

$\dfrac{5}{16}$

さいころを1回投げて奇数の目が出る確率は$\dfrac{1}{2}$だから、$_5C_2\left(\dfrac{1}{2}\right)^2\left(\dfrac{1}{2}\right)^3$

問題 次の□にあてはまる数を求めなさい。

▼解答と解説

1 3、7、□、15、19、…

11
初項3、公差4の等差数列。

2 8、□、−4、−10、−16、…

2
初項8、公差−6の等差数列。

3 1、3、□、27、81、…

9
初項1、公比3の等比数列。

4 $-\dfrac{1}{16}$、□、−1、4、−16、…

$\dfrac{1}{4}$
初項$-\dfrac{1}{16}$、公比−4の等比数列。

問題 数列3、5、7、9、11、…について、次の問いに答えなさい。

▼解答と解説

1 この数列の一般項a_nを求めなさい。

$a_n=2n+1$
初項3、公差2の等差数列だから、
$a_n=3+(n-1)\times2=2n+1$

2 この数列の第20項を求めなさい。

41
$a_{20}=2\times20+1=41$

3 この数列の初項から第20項までの和を求めなさい。

440
初項3、末項41、項数20の等差数列の和
は、$\dfrac{1}{2}\times20\times(3+41)=440$

問題 等比数列−1、2、−4、8、−16、…について、次の問いに答えなさい。

▼解答と解説

1 この数列の一般項a_nを求めなさい。

$a_n=-(-2)^{n-1}$
初項−1、公比−2の等比数列だから、
$a_n=(-1)\times(-2)^{n-1}$

2 この数列の第8項を求めなさい。

128
$a_8=-(-2)^{8-1}=128$

3 この数列の初項から第8項までの和を求めなさい。

85
$\dfrac{-\{1-(-2)^8\}}{1-(-2)}=85$

コラム 役立つ定理・公式

数・式の計算

■ 乗法公式

① $(x+a)(x+b)=x^2+(a+b)x+ab$

② $(a+b)^2=a^2+2ab+b^2$

③ $(a-b)^2=a^2-2ab+b^2$

④ $(a+b)(a-b)=a^2-b^2$

■ 平方根の計算

a、bが正の数のとき

① $\sqrt{a}\times\sqrt{b}=\sqrt{ab}$

② $\sqrt{a}\div\sqrt{b}=\dfrac{\sqrt{a}}{\sqrt{b}}=\sqrt{\dfrac{a}{b}}$

③ $\sqrt{a^2b}=\sqrt{a^2}\times\sqrt{b}=a\sqrt{b}$

④ $m\sqrt{a}+n\sqrt{a}=(m+n)\sqrt{a}$

⑤ $\dfrac{b}{\sqrt{a}}=\dfrac{b\times\sqrt{a}}{\sqrt{a}\times\sqrt{a}}=\dfrac{b\sqrt{a}}{a}$

方程式

■ 2次方程式 $ax^2+bx+c=0$

① 左辺が因数分解できるとき

「AB＝0ならばA＝0またはB＝0」

② 左辺が因数分解できないとき

「解の公式」を利用する。

$$x=\frac{-b\pm\sqrt{b^2-4ac}}{2a}$$

■ 文章題

① 距離＝速さ×時間

② 代金＝単価×個数

③ 定価＝原価×（1＋利益率）

④ 売価＝定価×（1－割引率）

⑤ 食塩の重さ＝食塩水の重さ×$\dfrac{濃度（\%）}{100}$

関数

■ 1次関数

① $y=ax+b$

変化の割合＝$\dfrac{yの増加量}{xの増加量}=a$（一定）

② 平行な直線と垂直な直線

$y=m_1x+n_1$と$y=m_2x+n_2$において

平行なとき⇔$m_1=m_2$

垂直なとき⇔$m_1\times m_2=-1$

■ 2次関数

① $y=a(x-p)^2+q$において

頂点(p,q)、軸の方程式$x=p$

② $y=ax^2$のグラフをx軸の正の方向にp、y軸の正の方向にqだけ平行移動してできるグラフは、$y=a(x-p)^2+q$

図形

■ 角度

① 多角形の内角の和→$180°\times(n-2)$

② 多角形の外角の和→$360°$

③ 円に内接する四角形の対角の和→$180°$

■ 面積・体積

① 半径r、中心角$a°$のおうぎ形の面積S

$S=\pi r^2\times\dfrac{a}{360}$

② 半径rの球の表面積Sと体積V

$S=4\pi r^2$　　$V=\dfrac{4}{3}\pi r^3$

③ 底面積S、高さhの角錐・円錐の体積V

$V=\dfrac{1}{3}Sh$

数列

■ 一般項 a_n

初項a、公差d、公比rのとき、

① 等差数列 $a_n=a+(n-1)d$

② 等比数列 $a_n=ar^{n-1}$

■ 数列の和 S_n

初項a、末項l、項数n、公比rのとき、

① 等差数列の和

$S_n=\dfrac{1}{2}n(a+l)$

② 等比数列の和

$S_n=\dfrac{a(1-r^n)}{1-r}=\dfrac{a(r^n-1)}{r-1}=\dfrac{a-rl}{1-r}$

トレンド

最新時事

国語

社会

英語

数学

理科

文化

キーワード

237

理科 **物理**

問題 次の ☐ にあてはまる語句を答えなさい。

▼解答と解説

1 速さとは、[単位時間]あたりの[移動距離]である。時間0.5sの間に距離6.0m移動した物体の速さは、
$v=$ ☐ m/s

12.0
速さ[m/s]＝移動距離[m]÷時間[s]
6.0÷0.5＝12.0

2 ☐ 運動とは、[向き]も速さも変わらない運動である。速さ25m/sで等速直線運動する物体が4s間に移動する距離は ☐ m

等速直線、100
移動距離[m]＝速さ[m/s]×時間[s]
25×4＝100

3 ☐ とは、[単位時間]あたりの[速度]の変化量である。時間0.3sの間に速度が12m/s変化したときの加速度は、$a=$ ☐ m/s²

加速度、40
加速度[m/s²]＝速度の変化[m/s]÷時間[s]
12÷0.3＝40

4 質量m[kg]の物体にはたらく ☐ の大きさは[mg[N]]である。ただし、gは[重力加速度]を表す。

重力
重力加速度g＝約9.8m/s²

5 単位面積あたりの面に[垂直]にはたらく力を ☐ という。面積3.0m²の面に15Nの力がはたらくときの圧力は ☐ Pa

圧力、5.0
圧力[Pa]＝面を垂直におす力[N]÷面積[m²]
15÷3.0＝5.0

6 流体中の物体が受ける ☐ の大きさは、その物体が[押しのけた]流体の重さに等しい。これを ☐ の原理という。

浮力、アルキメデス
水中（密度0.001kg/cm³）における1cm³の浮力は0.001g[N]。

7 物体を20Nの力で、[力の向き]に5m動かしたときの仕事は、☐ Jである。

100
仕事[J]＝力[N]×移動距離[m]
20×5＝100

8 基準面から10mの高さにある30kgの物体のもつ[位置]エネルギーは、☐ Jである。

300g
位置エネルギー[J]＝mgh
m：質量[kg]、g：重力加速度[m/s²]、h：高さ[m]
30×g×10＝300g

238

9 質量500kgの物体が速さ20m/sで運動するときの[運動]エネルギーは、□Jである。

100000
運動エネルギー$(J)=\frac{1}{2}mv^2$
m：質量(kg)、v：速さ(m/s)
$\frac{1}{2}\times500\times20^2=100000$

10 [運動エネルギー]＋位置エネルギーが常に一定であることを、□の法則という。

力学的エネルギー保存
保存力以外の力（摩擦力など）がはたらくときは、この法則は適用されない。

11 [絶対零度]≒□℃を基準にし、摂氏温度と同じ目盛り間隔を用いたものを□という。

−273、絶対温度
絶対温度$T(K)＝$摂氏温度$t(℃)＋273$
T：絶対温度(K)（ケルビン）

12 物質[1]gの温度を[1]K上昇させるために必要な[熱量]をその物質の□という。

比熱
比熱の単位は$(J/g・K)$を用いる。水の比熱は$4.18J/g・K$（20℃）。比熱が大きいと温まりにくく冷めにくい。

13 温度が一定のとき、気体の圧力と体積は[反比例]する。これを□の法則という。

ボイル
$pV＝$一定
p：圧力(Pa)、V：体積(m^3)

14 圧力が一定のとき、気体の体積と絶対温度は[比例]する。これを□の法則という。

シャルル
$\frac{V}{T}＝$一定
T：絶対温度(K)、V：体積(m^3)

15 気体の体積は圧力に[反比例]し、絶対温度に[比例]する。これを□の法則という。

ボイル・シャルル
$\frac{pV}{T}＝$一定
p：圧力(Pa)、V：体積(m^3)、
T：絶対温度(K)

16 気温t〔℃〕における空気中を伝わる音の速さV〔m/s〕は、
$V＝[331.5]＋[0.6]\times t$
である。気温20℃のとき、音の速さは□m/sである。

343.5
音の伝わる速さは気温が高いほど速い。
$331.5＋0.6\times20＝343.5$

17 人の耳に聞こえる音の振動数は□Hz〜□Hzとされている。20Hz以下を[超低周波]、20000Hz以上を[超音波]という。

20、20000
コウモリは100000Hz以上の超音波を発したり聴いたりすることができる。

18 音源や[観測者]が動くことで、その音の振動数が大きくあるいは小さく観測される現象を音の□という。

ドップラー効果
身近な例では、「救急車のサイレンが、近づく＝音が高くなる、遠ざかる＝音が低くなる」などがある。

トレンド

最新時事

国語

社会

英語

数学

理科

文化

キーワード

19 花火の光が見えてから3秒後に音が聞こえるとき、花火を打ち上げた場所までの距離は約［　　　］mである。

1020
音が大気中を伝わる速さは約340m/s。
340×3＝1020

20 物体の中で流れずに［静止］している電気を［　　　］という。静電気どうしに［はたらく力］を［　　　］という。

静電気、静電気力
同種（正と正、負と負）の電気間にはたらく力を反発力、異種（正と負）の電気間にはたらく力を引力という。

21 ［電気］の流れを［　　　］といい、［電流］を流そうとするはたらきを［　　　］という。また、電流の流れにくさを［　　　］という。

電流、電圧、抵抗
電流の正体は電子である。電流の向きは電子の流れる向きと逆になる。

22 導体にかかる電圧は導体を流れる電流に［比例］する。これを［　　　］の法則という。

オーム
オームの法則…$V=R×I$
V：電圧〔V〕、R：抵抗〔Ω〕、I：電流〔A〕

23 2個以上の抵抗を［1］つの抵抗と見なした抵抗を［　　　］という。

合成抵抗
R_1、R_2を用いたときの合成抵抗Rは、
直列接続の場合、$R=R_1+R_2$
並列接続の場合、$\frac{1}{R}=\frac{1}{R_1}+\frac{1}{R_2}$

24 20Ωと60Ωの抵抗の合成抵抗は、直列接続のときは［　　　］Ω、並列接続のときは［　　　］Ωである。

80、15
直列接続：20+60＝80
並列接続：$\frac{1}{20}+\frac{1}{60}=\frac{4}{60}=\frac{1}{15}$

25 20Vの電圧で、回路に0.2Aの電流が流れる。この回路の電気抵抗は［　　　］Ωである。

100
オームの法則$V=R×I$より、
$R=20÷0.2=100$

26 単位時間あたりに電流がする［仕事］を［　　　］という。単位として［W］（ワット）を使う。

電力
抵抗線にV〔V〕の電圧を加え、I〔A〕の電流が流れたとき、
電力P〔W〕$=V×I$

27 抵抗で消費された［エネルギー］を［　　　］という。単位は［Ws］（ワット秒）や［Wh］（ワット時）を使う。

電力量
P〔W〕の電力で時間t〔s〕の間に消費されるエネルギーは、
電力量Q〔J〕$=P×t$

28 電流によって発生する熱量が電流の大きさの［2］乗と［抵抗］の大きさに比例することを［　　　］の法則といい、発生する熱を［　　　］という。

ジュール、ジュール熱
$Q=IVt=I^2Rt=Pt$
Q：発熱量〔J〕、P：電力〔W〕、t：時間〔s〕、I：電流〔A〕、V：電圧〔V〕、R：抵抗〔Ω〕

29 100Vで600Wの電力を消費する電気器具がある。この電気器具に5分間電流を流したときの[発熱]量は[　　]Jである。

180000
$Q=Pt$
$600×(5×60)=180000$
Q：発熱量〔J〕、P：電力〔t〕、t：時間〔s〕

30 [磁気]力がはたらく空間を磁場（磁界）といい、磁場の向きに沿って引いた曲線を[　　]という。

磁力線
地球の磁極は、北極がS極、南極がN極である。

31 磁場内を流れる電流は磁場から[力]を受ける。その向きは[　　]の[左手の法則]から知ることができる。

フレミング
フレミングの左手の法則
人差し指：磁場の向き
親指：電流が受ける力の向き
中指：電流の向き

32 コイルを貫く磁力線が変化するときに[誘導起電力]が発生し、[誘導電流]が流れることを[　　]という。

電磁誘導
発電機は電磁誘導の原理を利用している。

33 電流が[磁場]から受ける力を利用して電気的エネルギーを力学的な仕事に変える装置が[　　]である。

モーター
モーターには、超音波モーター（超音波振動を利用）や、リニアモーター（直線運動）などもある。

34 ある原子番号の[大き]な原子が、より安定した原子番号の[小さ]な原子に分裂する現象を[　　]という。

核分裂
原子力発電では、原子炉内で核分裂反応を起こし、エネルギーを取り出している。

35 [核分裂]が連続的に起こる反応を[　　]という。[軽]い原子核どうしが融合して[重]い原子核に変わる現象を[　　]という。

連鎖反応、核融合
太陽の中心部では、4個の水素原子核が、1個のヘリウム原子核になる核融合反応が起こっている。

36 [放射性同位体]は、[　　]を出しながら安定した原子核をもつ原子に変わる。もとの原子の数から半分になるまでの時間を[　　]という。

放射線、半減期
ヨウ素131の半減期は8日
セシウム134の半減期は2年
ウラン235の半減期は7億年など。

37 海面上の大気圧は、約1000hPaである。このとき、空気が1m²の海面を押す力の大きさは、約[　　]Nである。

100000
$1000hPa=100000Pa$
$=100000N/m^2$なので、
$100000N/m^2×1m^2=100000N$

38 光電池に光を当てたら、[光]エネルギーが[　　]エネルギーに変換され、電圧が生じて電流が流れた。

電気
エネルギーには、他に熱エネルギー、力学的エネルギー、化学的エネルギーなどがある。

理科 化学

問題 次の物質の元素記号を答えなさい。

1	水素	H	11	ニッケル	Ni
2	ヘリウム	He	12	鉄	Fe
3	リチウム	Li	13	金	Au
4	炭素	C	14	ヨウ素	I
5	フッ素	F	15	カルシウム	Ca
6	ナトリウム	Na	16	ネオン	Ne
7	酸素	O	17	ケイ素	Si
8	アルミニウム	Al	18	チタン	Ti
9	鉛	Pb	19	亜鉛	Zn
10	水銀	Hg	20	ウラン	U

問題 次の物質の化学式を答えなさい。

1	酸素	O_2	11	塩化カルシウム	$CaCl_2$
2	水	H_2O	12	水酸化ナトリウム	$NaOH$
3	塩化水素	HCl	13	酢酸	CH_3COOH
4	硫酸	H_2SO_4	14	硫化水素	H_2S
5	アンモニア	NH_3	15	オゾン	O_3
6	塩素	Cl_2	16	過酸化水素	H_2O_2
7	一酸化炭素	CO	17	二酸化硫黄	SO_2
8	二酸化炭素	CO_2	18	メタン	CH_4
9	食塩	$NaCl$	19	硫酸バリウム	$BaSO_4$
10	水酸化バリウム	$Ba(OH)_2$	20	炭酸水素ナトリウム	$NaHCO_3$

問題 各元素の原子量が、H=1、C=12、O=16、S=32、Cl=35.5、Ca=40 のとき、次の物質の分子量や式量を計算しなさい。

1	C_2H_8	32	5	$SO_4{}^{2-}$	96
2	O_3	48	6	CH_3OH	32
3	H_2S	34	7	$CaCl_2$	111
4	H_2O	18	8	CO_2	44

問題 次の ☐ にあてはまる語句を答えなさい。

▼解答と解説

1 ［2］種類以上の物質が混合したものを ☐ といい、その融点・沸点は一定で［ない］。また、混ざっている物質の性質をあわせもつ。

混合物
1種類の物質で成り立っているものは純物質という。純物質の融点・沸点は一定である。

2 ［1］種類の元素からできているものを ☐ 、［2］種類以上の元素からできているものを ☐ という。

単体、化合物
水素、酸素など…単体
水、二酸化炭素など…化合物

3 ヘリウムやネオン、アルゴンなどのように、単体が常温・常圧で［気体］である18族元素を ☐ という。

貴ガス
18族元素…貴ガス
17族元素…ハロゲン

4 原子の中心には、［正］電荷を帯びた原子核が存在し、原子核は、［正］電荷を帯びた ☐ と電荷のない ☐ からできている。

陽子、中性子
物質や粒子が帯びている電気を電荷という。

5 原子核のまわりには、［負電荷］を帯びた ☐ が存在している。陽子と電子が帯びている電気量の絶対値は［等しい］。

電子
1904年、日本の長岡半太郎は正電荷をもつ核のまわりを電子が回っている原子モデルを提唱した。

6 原子核中の陽子の数は ☐ と一致する。また、原子は全体として、電気的に ☐ なので、［陽子］の数と電子の数は等しい。

原子番号、中性
元素は、原子番号1の水素(H)、原子番号2のヘリウム(He)、原子番号3のリチウム(Li)、…と続く。

7 原子の質量は、そのほとんどが陽子と［中性子］によるものなので、それらの数の和を ☐ という。

質量数
原子番号6の炭素(C)は通常6個の陽子と6個の中性子をもっている。

8 元素を［原子番号］の順に並べて、［性質］の似た元素が縦に並ぶようにした表を、元素の ☐ という。

周期表
周期表は、1869年にロシアのメンデレーエフが提唱した。

9 ☐ は、電気的に［中性］な原子が、電子を［放出し］たり［受け取っ］たりして、電荷を帯びたものである。

イオン
（例）水素イオン…H^+
塩化物イオン…Cl^-
銅イオン…Cu^{2+}

トレンド

最新時事

国語

社会

英語

数学

理科

文化

キーワード

10 電子を放出して、[正]の電荷を帯びたものを□□□という。

陽イオン
陽イオン…Na^+、Zn^{2+} など
陰イオン…OH^-、Cl^- など

11 物質が[イオン]に分かれることを□□□といい、食塩や水酸化ナトリウムのように水に溶解して[イオン]に分かれる物質を□□□という。

電離、電解質
アルコールや砂糖のようにイオンに分かれない物質を非電解質という。

12 金属は、□□□や□□□が大きい。これは、金属結晶中を[自由電子]が移動することによって、電気や熱を伝えるためである。

電気伝導性、熱伝導性
電気をよく通す物質を導体、通さない物質を不導体という。

13 [$6.0×10^{23}$]個の粒子の集団を1 molといい、[mol]を単位にして表した物質の量を□□□という。

物質量
$6.0×10^{23}$/molをアボガドロ定数という。

14 □□□とは、[溶液]100 g 中に溶けこんでいる[溶質]の質量をいい、単位は[%]である。

質量パーセント濃度
$\dfrac{溶質の質量〔g〕}{溶液の質量〔g〕}×100$
溶液＝溶媒＋溶質

15 □□□とは、溶液[1]L中に含まれる[溶質]の量を物質量〔mol〕で表した濃度をいい、その単位は[mol/L]である。

モル濃度
溶媒 1 kgに溶解している溶質の量を物質量〔mol〕で表した濃度〔mol/kg〕を質量モル濃度と呼ぶ。

16 飽和溶液に溶けている溶質の量を□□□という。溶解度と温度の関係を表したグラフを[溶解度曲線]という。

溶解度
温度によって溶解度が変化することを利用して、溶液に溶かした物質の結晶を取り出すことを再結晶という。

17 次の化学反応式を完成させよ。
① □□□$H_2 + O_2 →$ □□□H_2O
② □□□$Al +$ □□□$HCl → 2AlCl_3 + 3H_2$

①2、2 ②2、6
左辺と右辺で、それぞれの元素の数が等しくなるようにする。

18 青色リトマス紙を□□□色に変色させ、鉄、亜鉛などの金属と反応して[水素]を発生する性質を□□□という。

赤、酸性
酸性の水溶液…塩酸、硫酸など

19 赤色リトマス紙を□□□色に変色させる性質を□□□という。

青、塩基性（アルカリ性）
塩基性（アルカリ性）の水溶液…水酸化ナトリウム水溶液、水酸化カルシウム水溶液など

20 次の指示薬の酸性のときの色を示せ。
①リトマス◻色
②〔BTB溶液〕黄色
③フェノールフタレイン溶液◻色

赤、無
塩基性ではリトマスは青色、BTB溶液は青色、フェノールフタレイン溶液は赤色である。

21 酸と塩基の水溶液を混ぜると、酸から生じる◻と塩基から生じる◻が反応して、〔水〕を生じる。この反応を◻反応という。

水素イオン、水酸化物イオン、中和
中和の反応式は、
$H^+ + OH^- \rightarrow H_2O$

22 物質が〔酸素〕を受けとるか、〔水素〕を失ったとき、物質は◻されたという。

酸化
逆に、物質が酸素を失うか、水素を受けとったとき、物質は還元されたという。

23 金属が水溶液中で、〔電子〕e^-を失って〔陽イオン〕になる傾向を◻と呼ぶ。

イオン化傾向
イオン化傾向がいちばん大きい金属はリチウム(Li)である。

24 ◻は、分子式が〔NH_3〕で表され、常温・常圧では無色の〔気体〕である。特有の強い〔刺激臭〕をもち非常によく水に溶ける。

アンモニア
アンモニアは水に溶けると、
$NH_3 + H_2O \rightleftarrows NH_4^+ + OH^-$
となり、塩基性を示す。

25 ◻は、分子式が〔H_2〕で表され、〔無色〕・無臭の気体であり、非常に燃焼・爆発しやすい性質をもつ。

水素
水素は水の電気分解や、亜鉛や鉄に希硫酸を加えると発生する。
$Zn + H_2SO_4 \rightarrow ZnSO_4 + H_2\uparrow$

26 ◻は〔二酸化マンガン〕にうすい〔過酸化水素水〕(オキシドール)を加えることで発生する。ものを〔燃やす〕はたらきがある。

酸素
酸化銀を加熱することによっても発生する。

27 ◻は、〔石灰石〕にうすい〔塩酸〕を加えて発生させる。〔石灰水〕を白くにごらせる性質がある。

二酸化炭素
炭酸水素ナトリウムを加熱することによっても発生する。

28 〔炭素〕を含む化合物を◻という（一酸化炭素、二酸化炭素、炭酸塩など単純なものを除く）。

有機化合物(有機物)
炭素以外の元素でできた化合物を無機化合物という。

29 摂氏温度で27℃は、〔絶対温度〕で◻K(ケルビン)である。

300
絶対温度〔K〕=摂氏温度〔℃〕+273

トレンド｜最新時事｜国語｜社会｜英語｜数学｜理科｜文化｜キーワード

245

理科 生物

問題 次の ☐ にあてはまる語句を答えなさい。

▼解答と解説

1 細胞の構造物で、[植物]細胞に特徴的なものは、☐、☐、☐である。

葉緑体、細胞壁、液胞（順不同）
動物細胞と植物細胞に共通なものは、核・細胞質基質・細胞膜・ミトコンドリアなどである。

2 植物は葉に運ばれた水分を☐から[水蒸気]として大気中に排出する。この現象を[蒸散]という。

気孔
光合成や呼吸によるガス交換（酸素や二酸化炭素の吸収・排出）も気孔を通して行われる。

3 エネルギーを用いて、[単純]な物質から[複雑]な物質を合成する過程を☐という。

同化
複雑な物質を単純な物質へ分解し、エネルギーを取り出す過程を異化という。

4 [光合成]のしくみ
　　　　[光]エネルギー
　　　　　　　　〰〰〰
　水 ＋ ☐ → ☐ ＋酸素

二酸化炭素、有機物
光合成は植物細胞内の葉緑体で行われる。

5 ☐は、遺伝について実験を行い、[顕性]の法則、[分離]の法則、[独立]の法則を発見した。

メンデル
メンデルは、エンドウの交配実験を行い、この法則を発見した。

6 [顕性]の純系と潜性の純系の親から生まれた雑種第一代（F1）を両親にもつ子（F2）には、顕性と潜性の形質が☐：1で現れる。

3
顕性の法則により、F1には顕性形質だけが現れる。

7 ヒトの体細胞の染色体は、☐対、合計[46]本あり、22対の[常染色体]と1対の☐からなる。

23、性染色体
常染色体：雌雄で共通にもつ。
性染色体：雌雄で異なる。

8 2回の連続する核分裂により、娘細胞のDNA量は母細胞のDNA量の[半分]になる。このような細胞分裂を、☐という。

減数分裂
減数分裂によって、雌の卵巣で卵が、雄の精巣で精子がつくられる。

9 ヒトの血液の液体成分は☐、有形成分は赤血球、[白血球]、[血小板]である。

血しょう
ヒトの血液は、液体成分は約55％、有形成分は約45％である。

246

10 ［　　］は直径 7 〜 8 μm の円盤状で、血液 1 mm³中に、［450〜500］万個含まれる。［ヘモグロビン］を含み、［酸素］を運搬する。

赤血球
ヘモグロビンは、酸素の多いところでは酸素と結びつき、酸素の少ないところでは酸素をはなす性質をもつ。

---

11 ［　　］は直径 5 〜20μm で、血液 1 mm³中に、［4000〜9000］個含まれる。［食菌］作用や［免疫］作用がある。

白血球
白血球には、好塩基球、リンパ球、好中球、好酸球などがある。

---

12 多くの生物では、心臓と血管からなる［血管］系をもつ。脊椎動物はそれ以外に［　　］系をもつ。

リンパ
血液中の血しょうが組織液になり、組織液がリンパ管にしみこんだものがリンパ液である。リンパ球を含む。

---

13 ヒトの血液の循環（体循環）
［心臓］→［動脈］→全身の［　　］血管→［静脈］→［心臓］

毛細
体循環において、特に、心臓から出る動脈を大動脈、心臓に入る静脈を大静脈という。

---

14 ［動脈］は筋肉の層が厚いが、［静脈］はそれに比べて筋肉の層が薄く、また、血液の［逆流］を防ぐ［　　］がある。

静脈弁（弁）
毛細血管は内皮細胞からなる細い血管で、血しょうを通して周囲の組織と物質交換を行う。

---

15 ［　　］は、［赤血］球中に大量に含まれる、［鉄］を含んだ色素タンパク質。［酸素運搬］の担い手である。

ヘモグロビン
ヘモグロビンの酸素との結合のしやすさは、酸素の分圧や二酸化炭素の分圧の影響を受ける。

---

16 ヒトの［　　］は、［口→食道→胃→十二指腸］→［　　］→［　　］→［肛門］である。

消化管、小腸、大腸
養分の吸収は小腸の柔毛で行われる。

---

17 ［　　］は、細胞の一種で、細胞体と 1 本の長く伸びた［軸索］、多数の短い突起である［樹状突起］からなる。［神経単位］とも呼ばれる。

神経細胞（ニューロン）
ニューロンとニューロンの連絡部をシナプスという。

---

18 生物には、生体内に侵入した異物や、異常な自己細胞などを排除する［生体防御］のしくみが備わっており、このはたらきを［　　］という。

免疫
免疫の機能が低下する病気にはエイズ（AIDS）などがある。

19 生物の[恒常性の維持]に重要なはたらきをするのが、内分泌腺でつくられる◻である。

ホルモン
1900年、高峰譲吉は副腎髄質ホルモンの結晶化に成功し、アドレナリンと命名した。

20 内臓などに分布し、[間脳]を中枢としてそれらのはたらきを調節する神経系を◻神経系という。

自律
自律神経系には、交感神経(興奮時にはたらく)と副交感神経(安静時にはたらく)の2種類がある。

21 生物集団からなる[生物的環境]と、それを取り巻く[非生物的環境]のまとまりを◻という。

生態系
生態系内では、さまざまな物質が循環しており、これを物質循環という。

22 自然界の生物どうしの[被食(食べられる)]・[捕食(食べる)]によるつながりを◻という。

食物連鎖
一般に食物連鎖は、網目のように複雑につながっており、これを食物網という。

23 水中の[有機物汚染]の程度を示す指標に[BOD]と◻がある。

COD
BOD…生物化学的酸素要求量
COD…化学的酸素要求量

24 環境中のある物質が生体内に[蓄積]され、周囲の環境よりも[高濃度]になる現象を◻という。

生物濃縮
生物濃縮は生体内で分解されにくく、排出されにくい物質で起こる。
(例)有機水銀、PCBなど

25 [人間活動]により本来の生息場所から別の場所に移され、その場所で定着した生物を◻という。

外来生物
生態系や人間の生活などに大きな影響を与える生物は、特に侵略的外来生物と呼ばれる。

26 日本では、生態系などに大きな影響を与える可能性がある[外来生物]を◻として、飼育・栽培などの取り扱いを禁止している。

特定外来生物
2005年に外来生物法が施行された。

27 [絶滅危惧種]のリストを◻という。それらをまとめた本を[レッドデータブック]という。

レッドリスト
レッドデータブックは、国際自然保護連合(IUCN)や環境省、各都道府県などが作成している。

28 ◻条約は、絶滅のおそれのある野生動植物の[国際取引を規制する]条約である。1973年に締結された。

ワシントン
この条約により、日本では象牙やべっ甲の輸入が禁止された。

29 [生物多様性]を維持するための世界規模の会議が行われ、◻条約が結ばれている。

生物多様性
地球上の生物の多様性を保全し、持続可能な利用を明記している。

30 pH[5.6]以下の雨を□□□といい、この雨による湖沼・河川・土壌の[酸性化]が生態系に影響を及ぼしている。

酸性雨
酸性雨の原因は、化石燃料の燃焼に伴う窒素酸化物や硫黄酸化物の大気中への放出と考えられる。

31 受けた刺激が[感覚]神経→[脊髄]→[運動]神経と伝わり、無意識に起こる反応を□□□という。

反射
意識して起こす反応は、感覚神経→脊髄(大脳を経由)→運動神経に伝わる。

32 [パブロフの犬]の実験で有名な□□□は、訓練や経験で[後天的]に獲得される[反射行動]である。

条件反射
パブロフ(ソ連)は、飼育係の足音で犬がだ液を出していることから、条件反射の実験を行った。

33 無脊椎動物は昆虫類や甲殻類などの[節足動物]や、タコやイカなどの□□□などに分類される。

軟体動物
その他ミミズなどの環形動物などもある。

34 [脊椎動物]は、魚類から両生類、両生類からハ虫類、ハ虫類から□□□類と□□□類が分かれて現れた。

ほ乳、鳥(順不同)
シーラカンスやカモノハシのように、異なる仲間の特徴をあわせもつ動物もいる。

35 植物は種子をつくる([種子植物])か種子をつくらないかで分類され、種子植物は□□□と[裸子植物]に分類される。

被子植物
被子植物は子葉の数で双子葉類・単子葉類に、双子葉類は花弁のつき方で離弁花類・合弁花類などにも分類される。

36 種子をつくらない植物は主に□□□で増え、[シダ植物]、[コケ植物]などに分類される。

胞子
胞子で増える植物には他に藻類などがある。

37 消化は消化液に含まれる□□□のはたらきで行われる。だ液に含まれる[アミラーゼ]は、デンプンを[糖]に分解する。

消化酵素
胃液に含まれる消化酵素ペプシンはタンパク質を分解する。

38 体内に取り入れられた養分は、[消化酵素]のはたらきによって細かく分解され、[小腸]の壁面にある□□□から吸収される。

柔毛
柔毛から吸収された養分は、ブドウ糖とアミノ酸は毛細血管、脂肪酸とモノグリセリドはリンパ管へ送られる。

39 血液中の尿素などの[不要物]は□□□でこし取られ、[尿]として排出される。

じん臓
じん臓には血液中の塩分濃度を一定に保つはたらきもある。

249

理科 地学

問題 次の ▢ にあてはまる語句を答えなさい。

▼解答と解説

1 地震や火山の分布など地球上で起こる現象を［プレート］の動きで説明する考え方を ▢ という。

プレートテクトニクス
日本周辺には、北米・ユーラシア・太平洋・フィリピン海の4つのプレートがある。

2 火山の山頂付近の大規模な陥没地形を ▢ という。［陥没カルデラ］、［爆発カルデラ］、［浸食カルデラ］などに分けられる。

カルデラ
熊本の阿蘇カルデラは南北25km、東西18km。

3 マグマが固まった［火成岩］のうち、ゆっくり冷えて固まったものを ▢ 、急激に冷えて固まったものを ▢ という。

深成岩、火山岩
深成岩…花崗岩、かんらん岩など
火山岩…安山岩、玄武岩など

4 風化された岩石は、河川によって ▢ 、 ▢ され、海底や湖底に ▢ する。

浸食、運搬、堆積
河川が山地から平野に出るところでは扇状地、海に出るところには三角州ができる。

5 土砂などが堆積し、それが固まってできた岩石を ▢ という。堆積物が固まって堆積岩になる作用を［続成作用］という。

堆積岩
れき…れき岩
砂…砂岩
泥…泥岩
生物の死骸…石灰岩・チャート

6 地層が堆積した当時の自然環境を知る手がかりになる生物の化石を ▢ という。代表的な化石は［サンゴ］や［シジミ］など。

示相化石
サンゴ…暖かく浅い海
シジミ…川の河口付近

7 地層のできた時代を決める基準になる化石を ▢ という。［三葉虫］やフデイシ、［アンモナイト］、［ビカリア］など。

示準化石
三葉虫、フデイシ…主に古生代
アンモナイト…主に中生代
ビカリア…新生代

8 大気は、大部分が ▢ （78％）と［酸素］（21％）からなり、［アルゴン］（0.9％）や［二酸化炭素］（0.04％）などをわずかに含む。

窒素
大気が存在する範囲を大気圏という。地表から高度約1000kmまで。

9 大気による圧力を □ という。海面上の気圧である1気圧は[1013]hPaであり、上空にいくほど[小さく]なる。

気圧（大気圧）
hPaの読み方は、ヘクトパスカル。

10 空気1m³に存在できる[水蒸気]の最大量を □ といい、これは気温が[高い]ほど大きい。

飽和水蒸気量
湿度[%] = $\dfrac{1m^3の空気中に含まれる水蒸気量}{同じ気温の飽和水蒸気量}$ ×100

11 湿度100％で大気中の水蒸気量が[飽和]となり、結露を生じる。このときの温度を □ という。

露点
雲は、空気が上昇して気温が下がり、空気の温度が露点に達すると発生する。

12 地表から放射された赤外線が大気中の[二酸化炭素]や[水蒸気]などに吸収され、大気圏内の気温が上がることを □ という。

温室効果
二酸化炭素やメタンなどの気体は温室効果ガスといわれる。

13 日本では冬には[北西]の風が吹き、夏には[南東]の風が吹く。このように、季節ごとに決まって吹く風を □ という。

季節風
冬に大陸から吹く季節風は、日本海を通る際に水蒸気を含むため、日本海側に大雪をもたらす。

14 一様な性質をもつ空気の塊を、□ という。日本付近には[シベリア気団]、[小笠原気団]などがある。

気団
日本付近には、その他にもオホーツク海気団、揚子江気団などがある。

15 暖気と冷気が接し、冷気の勢力が強いと[寒冷]前線、暖気の勢力が強いと[温暖]前線、勢力が均衡していると □ 前線となる。

停滞
梅雨前線や秋雨前線が停滞前線である。

16 初夏の頃、オホーツク海気団ができると、[東北地方]の太平洋側で冷たく湿った北東風が吹く。この風を □ という。

山背（やませ）
やませがつづくと低温や日照不足となり、冷害の原因となる。

17 水蒸気を含む空気が山を越えて吹き下りるとき、[風下]側で、気温が上がり、空気が乾燥することがある。この現象を □ 現象という。

フェーン
上昇する湿った空気の方が、下降する乾いた空気よりも温度変化が小さいために起こる。

18 ペルー沖の赤道太平洋東部の海水温が数か月以上数℃上昇することがある。これを □ 現象という。

エルニーニョ
この海域で海水温が低下する現象をラニーニャという。

19 月は自転の周期と公転の周期が同じ（約[　　]日）なので、常に地球に[同じ]面を向けている。

27（27.3）
火星や木星の衛星など、太陽系の惑星のほとんどすべての衛星は自転と公転とが同期している。

20 自ら光と熱を出す天体を[　　]という。この周りを公転する天体を[惑星]という。

恒星
惑星の周りを公転する天体を衛星という。

21 [金星]は最も明るく輝く惑星で、[　　]の明星、[　　]の明星として親しまれている。

明け、宵
金星は地球の内側を公転しているので、真夜中には見ることができない。

22 太陽の表面には[　　]と呼ばれる黒く見える部分があり、温度は約[4000]℃で、周りより温度が低い。

黒点
黒点は太陽表面を東から西へ移動して見える。これは太陽が自転していることを示している。

23 月によって、太陽が隠される現象を[　　]、[地球]の影に[月]が隠される現象を[　　]という。

日食、月食
皆既日食…太陽が完全に隠れる
金環日食…太陽が細い光輪状に見える

24 [　　]は地震によって海底で地殻変動が発生し、それに伴って海面が[上昇]または[下降]することによって発生する。

津波
2011年に発生した東日本大震災では沿岸部を襲った大津波により、多くの人命が失われた。

25 [石油]、石炭、天然ガスなどを[　　]という。これらが燃焼することによって大気中の[二酸化炭素]の量が増加してきている。

化石燃料
化石燃料に代わって、風力、太陽光、地熱などの再生可能エネルギーの活用が必要である。

26 大気中に二酸化炭素が増加すると、大気の[温室効果]がより強くはたらくようになり、地球が[　　]することが懸念される。

温暖化
地球温暖化の影響として、氷河や極地の氷がとけることによる海面上昇などが危惧される。

27 [二酸化炭素]やメタン、フロンガスなどの気体は[　　]と呼ばれ、[温室]効果を進めると考えられている。

温室効果ガス
これらの温室効果ガスは地表から放射される赤外線を吸収し、大気圏外への熱の放出を妨げる。

28 [　　]は、大気中に放出されると紫外線を浴び、分解して[塩素原子]を放出し、[　　]を破壊する。

フロンガス、オゾン層
オゾン層が破壊されることによって、人間に害のある紫外線が大量に地表に降り注ぐ危険がある。

コラム 科学史

年表 人類史の転機となる科学上の重要な発見や研究

年	発見や研究	人　名
前250頃	浮力の原理やてこの原理を発見。	アルキメデス
1543	天動説に代わる、地動説を提唱。	コペルニクス
1610	望遠鏡による天体観測によって木星の衛星を発見。	ガリレイ（ガリレオ）
1619	惑星の運動についての第3法則を発見。	ケプラー
1665	顕微鏡による観察によって細胞を発見。	フック
1687	万有引力の法則を発見。	ニュートン
1752	雷の正体が電気であることを証明。	フランクリン
1769	新方式の蒸気機関の発明。産業革命を導く。	ワット
1796	種痘法による、天然痘の予防法を発見。	ジェンナー
1833	電気分解の法則を発見し、電気化学を拓く。	ファラデー
1859	『種の起源』を刊行し、進化論を提唱。	ダーウィン
1865	エンドウマメの交配から遺伝の法則の発見を導く。	メンデル
1867	ダイナマイトの特許を取得。	ノーベル
1869	元素の周期表を作成。	メンデレーエフ
1877	蓄音機（1879：電球、1880：直流発電機）の発明。	エジソン
1882	結核菌（1884：コレラ菌）の発見。	コッホ
1889	破傷風菌の培養に成功し、血清療法の開発に進む。	北里柴三郎
1895	X線の発見。	レントゲン
1898	ラジウムの発見。	キュリー夫妻
1897	赤痢菌の発見。	志賀潔
1902	条件反射の発見。	パブロフ
1903	動力飛行機の発明。	ライト兄弟
1910	梅毒スピロヘータの研究、後に黄熱病に斃れる（1928年）。	野口英世
1916	一般相対性理論を発表。	アインシュタイン
1953	DNAの二重らせん構造を発表。	ワトソン、クリック
1961	世界初の有人宇宙飛行に成功。	ガガーリン
1969	アポロ11号が世界初の月面着陸に成功。	アームストロング

文学① 日本の文学

奈良時代	日本最古の歴史書	古事記
	日本最古の正史	日本書紀
	日本最古の漢詩集	懐風藻
	現存最古の和歌集	万葉集
平安時代	最初の勅撰和歌集	古今和歌集
	日本最古の物語文学	竹取物語
	平安前期の歌物語	伊勢物語
	紀貫之	土佐日記
	藤原道綱母	蜻蛉日記
	清少納言	枕草子
	紫式部	源氏物語
	菅原孝標女	更級日記
	平安後期の歴史物語	大鏡
	平安後期の説話集	今昔物語集
	後白河法皇（撰）	梁塵秘抄
	藤原俊成（撰進）	千載和歌集
	西行	山家集
鎌倉時代	鎌倉初期の勅撰和歌集	新古今和歌集
	鴨長明	方丈記
	源実朝	金槐和歌集
	鎌倉前期の説話集	宇治拾遺物語
	軍記物語	平家物語
	道元	正法眼蔵
	吉田兼好	徒然草
室町時代	全40巻の軍記物語	太平記
	世阿弥	風姿花伝
江戸時代	井原西鶴	日本永代蔵
	松尾芭蕉	奥の細道

江戸時代	近松門左衛門	曽根崎心中
	上田秋成	雨月物語
	本居宣長	古事記伝
	十返舎一九	東海道中膝栗毛
	式亭三馬	浮世風呂
	滝沢馬琴	南総里見八犬伝
	杉田玄白	蘭学事始
	小林一茶	おらが春
	鶴屋南北	東海道四谷怪談
	頼山陽	日本外史
明治時代	福沢諭吉	文明論之概略
	坪内逍遙	小説神髄
	二葉亭四迷	浮雲
	森鷗外	舞姫
	幸田露伴	五重塔
	樋口一葉	たけくらべ
	島崎藤村	若菜集
	正岡子規	歌よみに与ふる書
	泉鏡花	高野聖
	与謝野晶子	みだれ髪
	上田敏（訳）	海潮音
	伊藤左千夫	野菊の墓
	田山花袋	蒲団
	夏目漱石	三四郎
	永井荷風	ふらんす物語
	柳田国男	遠野物語
	石川啄木	一握の砂
	北原白秋	思ひ出

時代	作者	作品
大正時代	斎藤茂吉	赤光
	中里介山	大菩薩峠
	高村光太郎	道程
	芥川龍之介	羅生門
	萩原朔太郎	月に吠える
	志賀直哉	暗夜行路
	宮沢賢治	春と修羅
昭和時代（戦前・戦中）	川端康成	伊豆の踊子
	江戸川乱歩	パノラマ島綺譚
	小林多喜二	蟹工船
	井伏鱒二	山椒魚
	林芙美子	放浪記
	三好達治	測量船
	梶井基次郎	檸檬
	谷崎潤一郎	春琴抄
	室生犀星	あにいもうと
	中原中也	山羊の歌
	吉川英治	宮本武蔵
	堀辰雄	風立ちぬ
	横光利一	旅愁
	島木健作	生活の探求
	火野葦平	麦と兵隊
	太宰治	富嶽百景
	中野重治	歌のわかれ
	中島敦	山月記
戦後1	小林秀雄	無常といふ事
	坂口安吾	堕落論
	埴谷雄高	死霊
	竹山道雄	ビルマの竪琴
	大岡昇平	俘虜記
戦後1	三島由紀夫	仮面の告白
	木下順二	夕鶴
	谷川俊太郎	二十億光年の孤独
	壺井栄	二十四の瞳
	野間宏	真空地帯
	石原慎太郎	太陽の季節
戦後2	開高健	裸の王様
	松本清張	点と線
	大江健三郎	飼育
	安岡章太郎	海辺の光景
戦後3	島尾敏雄	死の棘
	北杜夫	どくとるマンボウ航海記
	安部公房	砂の女
	山崎豊子	白い巨塔
	柴田翔	されどわれらが日々――
	遠藤周作	沈黙
	野坂昭如	火垂るの墓
	司馬遼太郎	坂の上の雲
	清岡卓行	アカシヤの大連
	有吉佐和子	恍惚の人
	村上龍	限りなく透明に近いブルー
	中上健次	枯木灘
	宮本輝	泥の河
	村上春樹	風の歌を聴け
	つかこうへい	蒲田行進曲
	田中康夫	なんとなく、クリスタル
	井上ひさし	吉里吉里人
	沢木耕太郎	深夜特急
	俵万智	サラダ記念日
	吉本ばなな	キッチン

文化 文学② 世界の文学

B.C.8世紀頃	ホメロス	イリアス、オデュッセイア
B.C.1世紀頃	司馬遷	史記
772〜846年	白居易	長恨歌
1265〜1321年	ダンテ	新生、神曲
1313〜1375年	ボッカチオ	デカメロン
1340頃〜1400年	チョーサー	カンタベリ物語
1533〜1592年	モンテーニュ	随想録
1547〜1616年	セルバンテス	ドン・キホーテ
1564〜1616年	シェイクスピア	ヴェニスの商人、ハムレット、オセロ
1622〜1673年	モリエール	人間嫌い、守銭奴
1660〜1731年	デフォー	ロビンソン・クルーソー
1667〜1745年	スウィフト	ガリヴァー旅行記
1712〜1778年	ルソー	告白
1749〜1832年	ゲーテ	若きウェルテルの悩み、ファウスト
1783〜1842年	スタンダール	赤と黒、パルムの僧院
1799〜1850年	バルザック	谷間の百合
1802〜1885年	ユーゴー	レ・ミゼラブル
1802〜1870年	アレクサンドル・デュマ（父）	三銃士、モンテ・クリスト伯（巌窟王）
1805〜1875年	アンデルセン	即興詩人、絵のない絵本
1809〜1852年	ゴーゴリ	外套
1812〜1870年	ディケンズ	クリスマス・キャロル、二都物語
1818〜1848年	エミリー・ブロンテ	嵐が丘
1818〜1883年	トゥルゲーネフ	猟人日記、父と子
1821〜1867年	ボードレール	悪の華
1821〜1881年	ドストエフスキー	罪と罰、悪霊、カラマーゾフの兄弟
1824〜1895年	アレクサンドル・デュマ（子）	椿姫
1828〜1906年	イプセン	人形の家
1828〜1910年	トルストイ	戦争と平和、アンナ・カレーニナ、復活
1832〜1898年	ルイス・キャロル	不思議の国のアリス
1835〜1910年	マーク・トウェイン	トム・ソーヤーの冒険

1840～1902年	ゾラ	居酒屋、ナナ
1850～1893年	モーパッサン	脂肪の塊、女の一生
1860～1904年	チェーホフ	かもめ、桜の園
1862～1910年	オー・ヘンリー	最後の一葉
1866～1944年	ロマン・ロラン	ジャン・クリストフ、魅せられたる魂
1868～1918年	ロスタン	シラノ・ド・ベルジュラック
1868～1936年	ゴーリキー	どん底、母
1869～1951年	ジッド	狭き門、田園交響楽
1871～1922年	プルースト	失われた時を求めて
1874～1942年	モンゴメリ	赤毛のアン
1874～1965年	モーム	人間の絆、月と六ペンス
1875～1955年	トーマス・マン	ヴェニスに死す、魔の山
1881～1936年	魯迅	狂人日記、阿Q正伝、故郷
1883～1924年	カフカ	変身、審判、城
1885～1930年	ローレンス	息子と恋人、チャタレー夫人の恋人
1890～1960年	パステルナーク	ドクトル・ジバゴ
1898～1970年	レマルク	西部戦線異状なし
1899～1961年	ヘミングウェイ	武器よさらば、誰がために鐘は鳴る、老人と海
1900～1944年	サン・テグジュペリ	夜間飛行、星の王子さま
1900～1949年	マーガレット・ミッチェル	風と共に去りぬ
1901～1976年	マルロー	王道、人間の条件
1902～1968年	スタインベック	怒りの葡萄、エデンの東
1905～1980年	サルトル	嘔吐、出口なし、自由への道
1905～1984年	ショーロホフ	静かなドン
1913～1960年	カミュ	異邦人、ペスト
1918～2008年	ソルジェニーツィン	イワン・デニーソヴィチの一日、収容所群島
1919～2010年	サリンジャー	ライ麦畑でつかまえて
1927～2014年	ガルシア・マルケス	百年の孤独
1929年～	ミラン・クンデラ	存在の耐えられない軽さ
1932～2016年	ウンベルト・エーコ	薔薇の名前

文化 芸術① 日本の芸術

問題 次の ▢ にあてはまる語句を答えなさい。

▼解答と解説

1 〔縄文〕時代には ▢ と呼ばれる土人形が作られた。

土偶
女性像が多く作られ、呪術的な意味合いをもつと考えられている。

2 〔古墳〕時代には ▢ と呼ばれる土器が作られた。

須恵器
朝鮮半島の陶質土器の影響を受けた土器。日常用に使われたとみられる。

3 ▢ 古墳の壁画は〔白鳳〕時代後半のものである。

高松塚
藤原京期につくられ、石室内部の極彩色壁画は国宝に指定されている。

4 〔法隆寺〕金堂の ▢ は国宝である。

釈迦三尊像
釈迦如来を中心にして、左右に菩薩を配した仏像。

5 正倉院の〔鳥毛立女屏風〕は ▢ 文化の代表作。

天平
平城京を中心として花開いた仏教色の強い貴族文化。代表的な作品に東大寺法華堂がある。

6 〔平安〕時代に成立した貴族の住居の建築様式を ▢ という。

寝殿造
高位の貴族の邸宅で、寝殿を中心にコの字形につくられている。

7 〔平安〕時代には風景や人物などを描いた ▢ が生まれた。

大和絵
『源氏物語絵巻』などの絵巻物にみられる日本的な絵画。唐絵に対してこう呼ばれる。

8 足利〔義満〕は京都北山に鹿苑寺 ▢ を建てた。

金閣
鹿苑寺の舎利殿。東山の慈照寺の観音殿・銀閣は義政が建てた。

9 〔室町〕時代に確立した ▢ は、畳敷きや床の間が特徴の建築様式である。

書院造
慈照寺東求堂の同仁斎や、西本願寺白書院が有名。

10 室町時代の〔雪舟〕は墨一色で描く ▢ を大成した。

水墨画
中国・唐代に成立した。日本には、鎌倉時代に禅宗とともに伝わったとみられる。

11 狩野派は〔室町〕時代の狩野 ▢ 父子を始祖とする。

正信・元信
狩野派は江戸時代末期まで常に日本画壇の中心的存在であり続け、数々の名匠を生んだ。

12 ▢ は、〔洛中洛外図屏風〕で京都の町の様子を描いた。

狩野永徳
桃山時代を代表する画家の1人。狩野派の黄金期をもたらした。

258

13 桃山時代は茶の湯が好まれ、[千利休]は_____を大成した。

侘茶（わびちゃ）
四畳半以下の簡素な茶室で営まれる。娯楽性（茶の湯）より精神性を追求。

14 _____は装飾画法を生み出し[琳派]の始祖となった。

尾形光琳（おがたこうりん）
江戸時代の絵師。京都の町衆を顧客として、装飾的な大画面の絵画を得意とした。代表作に「燕子花図屏風」など。

15 江戸初期、_____は[浮世絵]の技法を確立した。

菱川師宣（ひしかわもろのぶ）
代表作に「見返り美人図」。江戸中期には鈴木春信が錦絵という技法を生み出した。

16 浮世絵の美人画では_____、風景画では葛飾北斎・[歌川広重]らが活躍した。

喜多川歌麿（きたがわうたまろ）
代表作は「寛政三美人」。北斎は「冨嶽三十六景」、広重は「東海道五十三次」。

17 江戸時代中期、_____は[円山]派といわれる様式をつくった。

円山応挙（まるやまおうきょ）
写生を重視した画風を確立。「雪松図屏風」など。幽霊の絵でも知られる。

18 _____は明治の[文明開化]の風俗を歌舞伎の演目に取り入れた。

河竹黙阿弥（かわたけもくあみ）
世話物を得意として、「三人吉三廓初買」など白浪物というジャンルを確立。

19 明治時代、_____は[フランス]の画風に学んで西洋画を描いた。

黒田清輝（くろだせいき）
「湖畔」「読書」「智・感・情」などが代表作。貴族院議員に選出された。

20 明治大正期、_____や竹内久一らが[木彫]の近代化に貢献した。

高村光雲（たかむらこううん）
西洋の写実主義を取り入れた。上野の「西郷隆盛像」、皇居外苑の「楠公像」など。

21 明治期の建築では、[日本銀行]本店などを設計した_____が有名。

辰野金吾（たつのきんご）
中央停車場（東京駅）や各地の日銀支店など、煉瓦造の頑丈な西洋風大建築を設計した。

22 明治から昭和期の日本画家、[鏑木清方]が_____で活躍。

文展（ぶんてん）
文部省美術展覧会の略。帝展、新文展を経て現在は「日展」。いわゆる官展である。

23 大正時代、「生々流転」などの_____らが[日本美術院]を再興。

横山大観（よこやまたいかん）
岡倉天心の影響を受けた日本画家。同時代に下村観山、橋本雅邦など。

24 明治の言論人[岸田吟香]を父にもつ_____は人物画を描いた。

岸田劉生（きしだりゅうせい）
黒田清輝に師事した。娘・麗子の肖像画を多数描いたことでも知られる。

25 美術団体・[二科会]から「紫禁城」の_____らが出た。

梅原龍三郎（うめはらりゅうざぶろう）
二科会の設立にもかかわった。同会からは「金蓉」の安井曾太郎らも出た。

26 演劇では、[小山内薫]らが_____を興して新劇を確立した。

築地小劇場（つきじしょうげきじょう）
大正末期に設立された劇場・劇団。千田是也、滝沢修らを輩出した。

文化 芸術② 世界の芸術

問題 次の〔 〕にあてはまる語句を答えなさい。

▼解答と解説

1 フランスの〔 〕には［クロマニョン］人の洞窟壁画がある。

ラスコー
先史時代の芸術としては、スペインのアルタミラも知られている。

2 古代［エジプト］の〔 〕には死後の審判が描かれている。

死者の書
パピルスなどに、死後の審判を経て楽園に入るまでが書かれている。

3 最も古い古代［ギリシア］建築の柱の形式は荘重な〔 〕式である。

ドーリア
他には時代順に優雅なイオニア式、華麗なコリント式がある。

4 彫刻家〔 〕は［パルテノン］神殿のレリーフを制作した。

フェイディアス
古代ギリシアではアフロディテ像のプラクシテレスも知られる。

5 〔 〕大王の東方遠征は［ヘレニズム］文化を生んだ。

アレクサンドロス
アケメネス朝ペルシアを滅ぼしギリシアの影響を東方に広げた。

6 円形闘技場〔 〕は古代［ローマ］時代につくられた。

コロッセウム
土木建築に優れ、パンテオン神殿、クラウディア水道などがつくられた。

7 〔 〕は古代［ローマ］時代のキリスト教徒が集会に使用した。

カタコンベ
地下墓地であり聖書をテーマにした壁画が数多く残されている。

8 仏像などの〔 〕美術は［ヘレニズム］文化の影響を受けている。

ガンダーラ
発祥の地にちなんで名づけられた。日本でも飛鳥時代の作品にその影響がみられる。

9 〔 〕石窟寺院の壁画の多くは古代インド［グプタ］朝時代のもの。

アジャンター
壁画で知られる石窟寺院。古代インド文明の黄金期につくられた。

10 〔 〕には中国の［五胡十六国］時代の巨大石窟寺院がある。

敦煌（とんこう）
仏教は4世紀後半から中国に広まり雲崗や龍門なども巨大石窟寺院・仏像で有名。

11 円蓋をもつ〔 〕様式はヨーロッパ中世の［教会］建築様式である。

ビザンツ
ビザンツ帝国の勢力下で広まった建築様式。

12 〔 〕大聖堂やケルン大聖堂は［ゴシック］様式でつくられている。

ノートルダム
14世紀中頃に完成した。その窓はステンドグラスで飾られている。2019年の火災で尖塔などを焼失した。

13 中世[イタリア]に端を発した芸術の再生は◯◯と呼ばれる。

ルネサンス
14〜16世紀ヨーロッパ各地に広がった古典文化を再生しようとする芸術活動。

14 ◯◯は[アッシジ]の聖フランチェスコ聖堂の壁画を描いた。

ジョット
13世紀中頃フィレンツェの生まれでルネサンス絵画の先駆者といわれる。

15 ◯◯の「ヴィーナスの誕生」は初期[ルネサンス]の代表的絵画。

ボッティチェリ
フィレンツェ生まれ。「春(プリマヴェーラ)」などたくさんの作品がある。

16 ◯◯は、ルネサンス期の[万能人]の典型などと呼ばれる。

レオナルド・ダ・ヴィンチ
「モナ・リザ」「最後の晩餐」などの絵画の他、科学技術に業績を残した。

17 彫刻[ダヴィデ]像やフレスコ画「最後の審判」は◯◯の作品。

ミケランジェロ
ルネサンス期の万能人。絵画・彫刻・建築・詩などにその才能を発揮した。

18 ◯◯はローマの[ヴァチカン]宮殿の壁画や聖母画を描いた。

ラファエロ
ダ・ヴィンチ、ミケランジェロとともにルネサンス期の三大巨匠といわれる。

19 [絶対王政]や反宗教改革を背景として◯◯文化が花開いた。

バロック
ルネサンスの後、ヨーロッパ各地の絵画・彫刻・建築・音楽などの領域に影響を及ぼした。

20 フランス・ブルボン朝の◯◯は[ヴェルサイユ]宮殿を造営した。

ルイ14世
ブルボン朝最盛期に王権神授説を掲げ絶対王政を確立した。太陽王と呼ばれた。

21 [フランドル]派の◯◯はバロック絵画の代表者といわれる。

ルーベンス
スペインとイギリスとの外交的関係を修復するためにも活躍した。

22 オランダの◯◯は「夜警」などの集団[肖像画]を描いた。

レンブラント
生涯を通じて自画像を描き続けた。独特の油彩技法を生み出した。

23 ◯◯は16世紀ヨーロッパ中世の[農村]風景を写実的に描いた。

ブリューゲル
16〜17世紀に多くの画家を輩出した一族の名称。農民画家はピーテル・ブリューゲル(父)。

24 ◯◯は17世紀の[スペイン]宮廷で活躍した代表的画家である。

ベラスケス
「ブレダの開城」「鏡のヴィーナス」「女官たち」などでスペイン絵画の黄金時代を築いた。

25 ◯◯は[バロック]的傾向の音楽を確立した。

バッハ
18世紀に活躍したドイツの音楽家。ベートーヴェン、ブラームスとともに三大Bといわれる。

26 美術や建築では[バロック]様式に続き◯◯様式が流行した。

ロココ
18世紀、曲線を多用した繊細、優美、官能的な表現が特徴。家具もつくられた。

トレンド

最新時事

国語

社会

英語

数学

理科

文化

キーワード

261

27 18～19世紀の[ギリシア・ローマ]にならった様式は◯◯主義。

新古典
芸術全般にわたり古典古代をクラシックとして規範とする。均整・調和を特徴とする。

28 ◯◯は新古典主義を代表する[ナポレオン]時代の宮廷画家。

ダヴィッド
18～19世紀、フランス新古典主義を確立した。ナポレオンの「アルプス越え」など。

29 オーストリアの作曲家◯◯は[古典]派音楽の代表といわれる。

モーツァルト
「アイネ・クライネ・ナハトムジーク」「フィガロの結婚」「魔笛」「トルコ行進曲」などを作曲。

30 「英雄」を作曲した◯◯は[楽聖]といわれる。

ベートーヴェン
ハイドン、モーツァルトと並んで古典派音楽の三大巨匠。

31 [古典]主義に対抗する芸術的傾向として◯◯主義が生まれた。

ロマン
理性や合理性、教条的考え方に対抗して感性や主観的な考え方に重きをおく芸術的傾向。

32 ◯◯は19世紀のフランス[ロマン]主義を代表する画家。

ドラクロア
1830年のフランス七月革命を題材とした「民衆を導く自由の女神」で知られる。

33 歌曲の王◯◯は古典派に続く[ロマン]派の音楽家である。

シューベルト
オーストリアの作曲家。ベートーヴェンに認められた。「冬の旅」「野ばら」「ます」など。

34 ピアノの詩人◯◯は故郷[ポーランド]をこよなく愛した。

ショパン
ロマン派音楽を代表するピアニスト・作曲家。「英雄ポロネーズ」「子犬のワルツ」など。

35 19世紀中頃に[自然]主義や◯◯主義の芸術的傾向が生まれた。

写実
ロマン主義に対して農村や自然の風景、都市住民の生活をありのままに描こうとした。

36 「落穂拾い」を描いた農民画家[ミレー]は◯◯派に属する。

バルビゾン
フォンテーヌブローの森に近いフランスの地名。風景画家たちが集まった。

37 「波」を描いた◯◯は[ロマン]派的傾向を強く批判した。

クールベ
コロー、ミレーとともにフランス写実主義絵画を牽引した。「石割り人夫」「オルナンの埋葬」など。

38 19世紀後半、[マネ]は◯◯派の画家たちの先駆となった。

印象
印象派の画家たちはパリでグループ展を開き、主観的な感覚で光と影で事象を描いた。

39 ◯◯の「印象・日の出」は[印象]派の名前の由来となった。

モネ
自らの感覚に基づいた光と色彩の画家。「睡蓮」の連作、「日傘をさす女」など。

40 パリの踊子を描いた◯◯は[古典]主義の手法を用いた。

ドガ
印象派に属し都会生活を描いたが、ルネサンスや新古典主義画家アングルに学んだ。

41 人物を多く描いた 〔　〕 も晩年 〔**古典**〕主義を研究した。

ルノワール
「ムーラン・ド・ラ・ギャレット」など。次男ジャンは著名な映画監督となった。

42 点描画法で表現した 〔　〕 は〔**新印象**〕主義を生み出した。

スーラ
「グランド・ジャット島の日曜日の午後」など。夢幻的印象を与える詩情あふれる作品を描いた。

43 後期印象派の 〔　〕 は20世紀の〔**キュビスム**〕に影響を与えた。

セザンヌ
独自の絵画様式を確立して、20世紀の画家たちに多くの影響を与えた。

44 現代文明に失望した 〔　〕 は〔**タヒチ**〕に楽園を探し求めた。

ゴーギャン
フランスの後期印象派の画家。「タヒチの女たち」など。

45 「ひまわり」を描いた 〔　〕 は〔**表現**〕主義の先駆者となった。

ゴッホ
オランダ出身の後期印象派の画家。ゴーギャンと短期間ではあるが共同生活を送った。

46 「〔**叫び**〕」はノルウェーの国民的画家 〔　〕 の代表作である。

ムンク
孤独や不安、生と死などを、強烈な色彩表現と流れるようなタッチで人物画に表現した。

47 「考える人」を制作した 〔　〕 は近代〔**彫刻**〕の父といわれる。

ロダン
「考える人」はダンテ『神曲』地獄篇の『地獄の門』をモチーフにした作品の一部である。

48 〔　〕は「新しい〔**芸術**〕」を意味する美術運動である。

アール・ヌーボー
19世紀末にヨーロッパで起こった。

49 〔　〕やラリックはアール・ヌーボーの〔**ガラス**〕工芸家である。

ガレ
アール・ヌーボーは工芸、建築、グラフィックデザインなど多岐にわたる。

50 〔**第1次**〕世界大戦中、既成概念を否定した 〔　〕 が生まれた。

ダダイスム
大正時代の日本の芸術や思想に影響を与えた。1960年代には運動として復興した。

51 〔**マティス**〕は 〔　〕 といわれる芸術運動のリーダー的存在。

フォービスム
「野獣派」ともいわれ、原色を多用した華やかな色彩が特徴である。

52 〔**ピカソ**〕を中心とする 〔　〕 は多様な角度から事物を描いた。

キュビスム
ピカソとブラックによって生み出された芸術概念。建築や写真にも影響を与えた。

53 ドイツ 〔　〕 主義は映画の名作「〔**カリガリ**〕博士」を生み出した。

表現
表現主義は作者の内面的な感情を作品中に反映させる芸術的傾向をいう。

54 〔　〕は〔**超現実**〕主義と訳される前衛芸術運動である。

シュルレアリスム
アンドレ・ブルトンらはダダイスムから分かれてシュルレアリスムを興した。

文化 思想・哲学・宗教

問題 次の□にあてはまる語句を答えなさい。

▼解答と解説

1 □と対立した職業弁論家はソフィストと呼ばれる。

ソクラテス
ソフィストたちの相対主義に反対して普遍的な真理を追究した。

2 □はイデア論を展開した。

プラトン
ソクラテスの教えを受けて真理を追究し、イデア論を説いた。

3 □はポリスを人間社会の理想のあり方とした。

アリストテレス
プラトンに学んだ。ポリスとは家族も含め共同体を意味する。

4 □派は精神的快楽を、ストア派は[禁欲]を主張した。

エピクロス
前者は精神的快楽を善とし、後者は禁欲による平穏を主張した。

5 □は、一神教、[メシア](救世主)思想などを特色とする。

ユダヤ教
古代中東で始まったユダヤ人の民族宗教で、唯一神を崇め旧約聖書を聖典とする。

6 □は神の意志による魂の救済を説いてメシアとなった。

イエス
歴史的には紀元前4年頃、パレスティナで生まれたと考えられている。

7 仏教は□によって開かれ[アジア]一帯に広まった。

ゴータマ・シッダールタ(釈迦)
紀元前5世紀頃、ネパールの釈迦族の王子として生まれた。

8 イスラム教は□によって開かれた。

ムハンマド(マホメット)
7世紀初め、唯一神アッラーを奉ずる一神教としてイスラム教を開いた。

9 □は、[キリスト教]を理論的に神学として組み立てた。

アウグスティヌス
4世紀中頃に生まれ、教父・哲学者としてキリスト教神学をまとめた。

10 □はスコラ哲学の代表的存在である。

トマス・アクィナス
13世紀に活躍した。中世の哲学はスコラ(学校)において発展した。

11 11世紀に□からギリシア正教会が分裂した。

ローマカトリック教会
ギリシア正教会の分裂後も、キリスト教の中心的存在であった。

12 ルターなどの□を経てプロテスタンティズムが成立した。

宗教改革
代表的人物としてはルターの他、ツヴィングリとカルヴァンがいる。

13 フランシス・ベーコンは□に基づく経験論的合理主義を唱えた。

帰納法
個別的な事柄から一般的な法則を導き出す推論方法。

14 デカルトは□□に基づく数学的な合理主義を唱えた。

演繹法（えんえきほう）
一般的な法則から個別的な事柄を導き出す推論方法。

15 □□は「国際法の父」といわれる。

グロティウス
人が守るべき普遍的な法としての自然法に基づく合理的な国際関係を主張した。

16 □□は、『リヴァイアサン』を著し[社会契約説]を主張した。

ホッブズ
自然状態では「万人の万人に対する闘争」となるとして、社会契約説を主張した。

17 □□は『統治二論』などを著し[革命]に理論的根拠を与えた。

ジョン・ロック
王権神授説を否定して抵抗権に基づく人民による政府改廃を容認した。

18 フランスでは非合理的なものを排する□□思想が広まった。

啓蒙
イングランドにおこり18世紀ヨーロッパでは主流の考え方となった。

19 啓蒙思想家□□はロックやニュートンに影響を受けている。

ヴォルテール
理性的・合理的な考え方に基づきニュートン思想の流布に一役買った。

20 □□は『法の精神』を著し[三権分立]論を主張した。

モンテスキュー
フランス絶対王政を批判して立法・行政・司法の「三権分立論」を主張した。

21 □□は『人間不平等起源論』で[自然法]と不平等を論じている。

ルソー
不平等が存在しなかった自然人の状態から不平等がいかに生まれたかを論じている。

22 □□主義者のケネーは富の源泉は農業であると主張した。

重農
経済学説として重商主義と対立した。レッセフェール（自由放任）を主張した。

23 『百科全書』を執筆した[啓蒙]思想家たちを□□派という。

百科全書
ディドロやダランベール、ヴォルテールやルソー、ケネーなどがいる。

24 □□は古典派経済学の基礎を築いた。

アダム・スミス
『諸国民の富』で「（神の）見えざる手」によって市場は調整されるとした。

25 地動説を支持した□□は物理学・[天文学]の父といわれる。

ガリレオ・ガリレイ
コペルニクスの地動説を支持し、裁判にかけられた。「それでも地球は動く」。

26 万有引力の法則を発見した□□は科学的思考の礎を築いた。

ニュートン
主著『プリンキピア』において、万有引力の法則について述べている。古典力学の祖。

27 □□は『純粋理性批判』などによって[観念]論を打ち立てた。

カント
認識論における「コペルニクス的転回」をもたらし、ドイツ観念論哲学の祖ともされる。

28 □□は弁証法という事物の展開・発展の法則を主張した。

ヘーゲル
ヘーゲルの弁証法はマルクスの唯物弁証法へと受け継がれ、革命を正当化した。

29 ☐	［　］は社会全体の幸福に関する量的［功利］主義を説いた。	ベンサム
		「最大多数の最大幸福」という言葉で有名。J.S.ミルはベンサムの考えを修正・発展させ、質的功利主義を説いた。
30 ☐	［　］の「神は死んだ」は［ニヒリズム］を表す言葉とされる。	ニーチェ
		『ツァラトゥストラはかく語りき』などの中で人間を人間たらしめる超越的存在を考察した。
31 ☐	ハイデッガーは「存在とは何か」を問い［　］哲学を築いた。	実存主義
		ヤスパースやサルトル、文学者のカミュも実存主義の後を継いだ。
32 ☐	アメリカで生まれた［　］は行動の有用性に重きをおいた。	プラグマティズム
		イギリス経験論を受け継いで19世紀末に生まれた。ジェームズやデューイなど。
33 ☐	古代［中国］において、［　］は儒教を生み出した。	孔子
		諸子百家の1人。孔子と弟子たちの思想は『論語』にまとめられている。
34 ☐	［　］は性善説を唱え、［荀子］は性悪説を唱えた。	孟子
		性善説は儒教の主流的考え。性悪説では人間は後天的に善を身につけると考える。
35 ☐	［　］・荘子は［無為自然］を唱え、道家を形づくった。	老子
		道家は儒教や法家に対抗して「無為」の政治を唱えた。禅宗にも影響を与えている。
36 ☐	［平安］時代、［　］は天台宗、［　］は真言宗を広めた。	最澄、空海
		最澄は比叡山延暦寺、空海は高野山金剛峯寺や京都の東寺を中心に活動した。
37 ☐	鎌倉時代には、以下のような新たな仏教が勃興した。 ア［　］…南無阿弥陀仏。専修念仏。［浄土］宗 イ［　］…悪人正機説。［浄土真］宗 ウ［　］…踊念仏。［時］宗 エ［　］…『興禅護国論』。［臨済］宗 オ［　］…『正法眼蔵』。［曹洞］宗 カ［　］…南無妙法蓮華経。『立正安国論』。［日蓮（法華）］宗	ア　法然 イ　親鸞 ウ　一遍 エ　栄西 オ　道元 カ　日蓮
38 ☐	徳川家康は儒学者［　］を重用した。	林羅山
		江戸初期の儒学・朱子学者。「林家」を形成した。儒学諸派は封建社会の教学となった。
39 ☐	朱子学者［　］は自叙伝『折たく柴の記』を著した。	新井白石
		幕政を担当した江戸幕府6・7代将軍の時期を「正徳の治」という。

40 〔南学（海南学派）〕の山崎闇斎は □ を唱えた。

垂加神道
儒学を学んだ山崎闇斎が神道各派をひとつにまとめた。天照大神を敬い天皇への帰依を説いた。

41 中江藤樹、〔熊沢蕃山〕らは明の王陽明の □ を信奉した。

陽明学
中国の明代におこった儒教の一派で、孟子の性善説の系譜に連なるとされる。

42 山鹿素行らの □ は〔孔子〕・孟子の教えにかえることを主張した。

古学
後世の解釈によらず『論語』などを直接研究する。国学などに影響を及ぼした。

43 本居宣長は〔古事記〕などを研究し □ を大成した。

国学
蘭学と並ぶ江戸時代の学問。荷田春満、賀茂真淵、平田篤胤、塙保己一など。

44 □ は、前野良沢らとともに医学書を翻訳し、『〔解体新書〕』を出版した。

杉田玄白
ドイツ人医師の医学書のオランダ語訳『ターヘル・アナトミア』を江戸時代に翻訳した。

45 □ は『文明論之概略』を著し日本と西洋の文明を比較した。

福沢諭吉
啓蒙思想家、慶應義塾の創立者。他に『学問のすゝめ』『脱亜論』『福翁自伝』など。

46 〔中江兆民〕は日本にルソーを紹介し □ の理論を構築した。

自由民権運動
憲法の制定、議会の開設、地租の軽減、言論・集会の自由などの要求を掲げた。

47 □ は民友社を設立し「〔国民之友〕」を創刊した。

徳富蘇峰
平民主義を掲げ、貴族階級の欧化主義を批判した。民友社には山路愛山もいた。

48 □ 主義の三宅雪嶺らの結社〔政教社〕は「日本人」を創刊した。

国粋
性急な西洋化を国粋主義の観点から批判した。

49 明治時代末、女性解放運動の指導者、□ らは青鞜社を結成した。

平塚らいてう
女流文学者。機関誌創刊号の巻頭言に「元始、女性は太陽であった。……」を執筆。

50 □ は天皇機関説を唱えて批判され貴族院議員を辞職した。

美濃部達吉
「天皇は国家における一機関である」とした。長男・亮吉は元東京都知事。

51 □ は民本主義の思想家として知られる。

吉野作造
大正デモクラシーの代表的思想家。大日本帝国憲法下でデモクラシーを追究した。

52 □ は民間伝承などを研究して日本の民俗学を確立した。

柳田国男
明治～昭和にわたり各地の民間伝承などを渉猟した。『遠野物語』『海上の道』など。

53 □ は『善の研究』を著し日本独自の哲学体系を構想した。

西田幾多郎
明治から昭和戦前にかけての日本の代表的哲学者。京都学派を形成した。

トレンド／最新時事／国語／社会／英語／数学／理科／文化／キーワード

コラム

マナー・教養

長寿の祝い	数え61歳：［還暦］ 数え70歳：［古稀］ 数え77歳：［喜寿］ 数え80歳： 傘寿	数え88歳：［米寿］ 数え90歳： 卒寿 数え99歳：［白寿］ 数え100歳： 百寿（上寿、紀寿）
六　　曜	午後から凶とされる：先勝 午後から吉とされる：先負 すべてに吉とされる：［大安］	昼間は凶とされる：［友引］ すべてで凶とされる：［仏滅］ 正午のみ吉とされる：赤口
節　　句	1月7日：人日の節句 3月3日：上巳の節句 5月5日：［端午］の節句	7月7日：七夕の節句 9月9日：［重陽］の節句
二十四節気	2月4日ごろ：［立　春］ 2月19日ごろ： 雨　水 3月6日ごろ：［啓　蟄］ 3月21日ごろ：［春　分］ 4月5日ごろ： 清　明 4月20日ごろ： 穀　雨 5月6日ごろ：［立　夏］ 5月21日ごろ： 小　満 6月6日ごろ： 芒　種 6月21日ごろ：［夏　至］ 7月7日ごろ： 小　暑 7月23日ごろ：［大　暑］	8月8日ごろ：［立　秋］ 8月23日ごろ： 処　暑 9月8日ごろ： 白　露 9月23日ごろ：［秋　分］ 10月8日ごろ： 寒　露 10月23日ごろ： 霜　降 11月7日ごろ：［立　冬］ 11月23日ごろ： 小　雪 12月7日ごろ： 大　雪 12月22日ごろ：［冬　至］ 1月5日ごろ： 小　寒 1月20日ごろ：［大　寒］
名　　数	三 大 歌 集：［万葉集］、古今和歌集、新古今和歌集 三　　　　筆：［空海］、嵯峨天皇、橘逸勢 三　　　　蹟：小野道風、藤原佐理、藤原行成 日本三大河川：信濃川、［利根］川、石狩川 日本三大急流：［最上］川、富士川、球磨川 日 本 三 景：天橋立、松島、［宮島］（厳島） 日 本 三 名 園：［兼六園］、後楽園、偕楽園 日 本 三 大 祭：神田祭、［祇園］祭、天神祭 世界三大瀑布：［イグアス］の滝、ヴィクトリアの滝、ナイアガラの滝 世界三大珍味：フォワグラ、トリュフ、［キャビア］ 世界三大料理：［フランス］料理、中国料理、トルコ料理 世界三大聖地：［エルサレム］、バチカン、メッカ

第4章

業界別キーワード

業界別キーワード 商社・物流

サプライチェーン	原材料の調達から生産、流通、販売まで、商品・サービス提供のために行われる業務の一連の流れ。
アンチ・ダンピング関税	ダンピング（[不当廉売]）価格で輸入される商品に対して、正常な価格と不当輸入価格との差額を限度として、通常の関税とは別に徴収する関税。
ファームオファー	確定売り申し込みのこと。契約承諾の期限を指定し、その期限内に承諾されればその契約が有効となり、一方的な変更や取消ができない。
マーチャンダイジング（MD）	市場の需要に適合した商品・サービスを、適正な時期・場所・価格で流通させるための企業活動。
バルチック海運指数	イギリスの海運取引所が算出、公表する、鉄鉱石や穀物など原材料を運ぶ外航不定期船の運賃の総合指数。
ロジスティクス	単に商品を保管し運ぶというだけでなく、原材料調達から生産・販売に至るまでの物流を戦略的にとらえ、合理化するために行うマネジメント。
クロスドッキング	入荷されてきた商品を、すぐに小売店舗別、方面別などに仕分けし、個別トラックで配送するしくみ。
B／L	[船荷証券] のことで、船舶会社が輸送を引き受け、指定港で荷受人に貨物を引き渡すことを明示した有価証券。これがないと、船舶会社から貨物を受け取ることはできない。
L／C	信用状のこと。代金支払いを確約する書類で、輸入業者から依頼を受けて取引銀行が発行する。
FOB	貿易取引条件の一種で、売り主が輸送する船舶に商品を荷積みした時点で、その商品の所有権が買主に移転するという取引。
ASN	商品の納入業者から、納品データをあらかじめオンラインで受信する事前出荷情報通知のこと。荷受・検品作業の簡素化・効率化を図ることができる。
3PL	サード・パーティー・ロジスティクスのこと。輸送・保管といった個別業務だけでなく、受発注、ピッキング、最適在庫、配車、配送など包括的な物流業務を一括して請け負うビジネス。

業界別キーワード　保険

ソルベンシー・マージン比率	通常予測しえない事態が発生した場合に、保険会社にどれだけ保険金支払能力があるかを示す「保険金支払余力」のこと。保険会社の経営の健全性を図る指標の１つ。
第三分野保険	第一分野（[生命] 保険）と第二分野（[損害] 保険）の中間的な保険。医療保険、がん保険など。
ノンフリート契約	自動車保険の契約のうち、９台以下の自動車を対象とする契約。10台以上の契約はフリート契約という。
リビング・ニーズ特約	被保険者が余命 [6] か月以内と判断された場合、生存中に被保険者が死亡保険金などの一部を前払いで受け取れる特約。
終身保険	生命保険のうち、契約締結時に期間を限定しない保険。被保険者が死亡あるいは高度障害状態になった場合、受取人に死亡保険金が支払われる。
養老保険	貯蓄と保障の機能を兼ねた生命保険。一定の保険期間が設けられており、死亡保険金と [満期] 保険金が同額になっている。
新価（再調達価額）保険	[火災保険] に関して、被災を受けた物件について値段が上がっていても再調達価額を基準として保険金が支払われるもの。
約款	自動車保険などにおいて、保険料や保険金支払額といった保険契約の内容が文書にまとめられているもの。
特約	生命保険や損害保険において主契約に付加するもの。主契約とセットでなければ契約することができない。
コンバインドレシオ（合算率）	保険会社の収益力を端的に表す重要な指標の１つで、[損害率] と事業費率を合計したもの。数値が少ないほど収益力が高いことを示す。
ロスレシオ（損害率）	収入保険料に対して支払った保険金の割合のこと。保険会社の経営分析や保険料率の算出の際に用いられる。
純保険料	将来、事故が発生したときに保険会社が支払う保険金に充てられる保険料。事故の発生頻度や損害額など過去のデータに基づいて算出される。

271

業界別キーワード　金融

コミットメントライン	銀行と企業があらかじめ設定した期間・融資限度枠の範囲内で、企業の請求に基づき銀行が融資を実行することを確約する契約。銀行（特定）融資枠とも呼ばれる。
テイク・プロフィット（プロフィット・テイク）	株式取引などにおいて含み益が出ているときに利益を確定させる取引のこと。
金融ADR制度	金融商品やサービスに関するトラブルの早期解決を目的に行われる、裁判以外の紛争解決手続。
オーソリゼーション	クレジットカードの加盟店が、利用者の信用照会をカード発行会社にすること。カード発行会社は、利用者の限度枠やカードの有効性などを確認する。
アクチュアリー	主に保険会社や信託銀行、官公庁などに所属し、保険・年金の料率設定、リスク管理分析、資産運用などに携わる数理業務の専門職。
ナンピン買い	保有している株式の株価が下がったときに、さらに買い増しをして、1株あたりの平均購入単価を下げること。
BIS規制	日本を含む多くの銀行で採用されている、自己資本比率や流動性比率等に関する国際統一基準。［バーゼル銀行］監督委員会が公表している。
コールレート	金融機関どうしが短期資金の融通を行う市場において適用される金利のこと。借り入れた翌日に返済するものを［オーバーナイト物］と呼ぶ。
ペイオフ	金融機関が破綻した際に、預金者を保護するための保険制度。1金融機関につき預金者1人あたりの保護される元本の上限は［1000］万円。
インターバンク市場	金融機関のみに参加が限定された、資金の運用と調達を行う市場のこと。［銀行間取引］市場とも呼ばれる。
バルクセール	［不良債権］の処理方法の1つで、大量の債券と担保不動産を抱き合わせるように一括して第三者に売却すること。
IPO	未上場企業が、自社の株式を証券取引所に新たに上場させる新規株式公開の略称。一般に初値で利益を出せる場合が多い。

業界別キーワード 食品・外食

オーガニック	有機栽培のこと。化学肥料や [農薬] といった化学物質を使用せず、有機肥料などにより土壌のもつ力を生かして栽培する農法。
ADI	食品の残留農薬基準や食品添加物の使用基準設定のもととなる1日摂取許容量のこと。
スマートアグリ	ICT（情報通信技術）やロボット農機を活用して、生産管理の省力化、品質・生産効率の向上を目指す、新しい農業の形。
リスク分析	食品中に含まれる [ハザード]（危害要因）を摂取することによって人の健康に悪影響を及ぼす可能性がある場合に、その発生を防止し、またはそのリスクを低減するための考え方。リスク管理、リスク評価、[リスクコミュニケーション] の3つの要素からなる。
FSSC22000	食品安全管理手法の国際認証規格。より厳密な手法が設定され、追加要求事項により、食品安全対策等についても補完された。
ポジティブリスト制度	食品添加物などについては、「ヒトの健康を損なうおそれのない」場合として厚生労働大臣が指定するもの以外は、原則として販売等が認められない制度。
ノロウイルス	冬季を中心に、急性胃腸炎を引き起こすウイルス。手指や食品などを介して経口で感染する。
腸管出血性大腸菌（O-157など）	腸管内で毒素を産生し、出血を伴う腸炎や溶血性尿毒症症候群を起こす病原性大腸菌。動物の腸管内に生息し、糞尿を介して食品、飲料水を汚染する。
ア・ラ・カルト	自由に選んで注文できる一品料理。
グランドメニュー	常に提供できるように用意されている料理や飲料。
プリフィクス	前菜、主菜、[デザート] などを各自好みで選択でき、総額は一律という営業形態。
セントラルキッチン	集中調理施設のこと。常に大量の料理を提供するレストランのチェーン店や病院、学校などの調理を一手に引き受ける施設。
アイドルタイム	飲食店で、朝食と昼食の間や昼食と夕食の間など客数の少ない時間帯のこと。[ピークタイム] の反意語。
FLコスト	食材費と人件費を表す指標。2つのコスト合計は、売上高の60%以下が目安とされている。

業界別キーワード 交通・運輸

燃油サーチャージ
航空機を利用する際、燃料とする油の価格に追随して、通常運賃とは別に上乗せされて徴収される料金。正式名称は〔燃油特別付加運賃〕。

自動化ゲート
事前に登録しておいた指紋とパスポートの照合により本人確認を行い、自動的に手続を行うことができる出入国審査システム。成田、〔羽田〕、中部、関西の4空港に設置されている。

MLS
マイクロ波着陸装置のこと。着陸する航空機に対し、マイクロ波を用いて進入から着陸までを誘導する。

ATS
自動列車停止装置のこと。運転士が赤信号を見落とすなどして列車が停止しない場合、自動的に停止させる装置。JR線、大手私鉄のほとんどに設置。

フリーゲージトレイン
レールの幅に合わせて、自動的に車輪の間隔を変える電車。線路幅の異なる新幹線区間と在来線区間を直通運転することを目指し、研究が続けられている。

COSMOS
東北・上越・〔北陸〕・山形・秋田の各新幹線で運用しているニュー新幹線総合システム。列車の運行や制御機器の監視などを集中的・総合的に行う。

ハブ空港
航空ネットワークの中核として機能し、乗り継ぎをする際の拠点となるような空港。

バス高速輸送システム（BRT）
専用道路をつくり、バスのみを運行させる交通システム。他の車は走らないため、定刻運行が可能。

EMS
エコドライブ管理システムのこと。自動車の運行において、エコドライブを計画的・継続的に行うしくみ。

モーダルシフト
輸送をトラックや航空機から、省エネ・低公害の大量輸送機関である〔鉄道〕や船舶に切り替えること。

パークアンドライド
都心周辺部の公共交通機関のターミナルに近接して駐車場を設け、自家用車から鉄道や〔バス〕への乗り継ぎを図るシステム。

シームレス化
交通機関の乗り継ぎ、駅内の歩行、車両の乗降などに関して、円滑な移動を確保すること。

リダンダンシー
自然災害などで交通網の一部区間が通行不可となった場合でも、交通網全体が機能不全に陥らないよう、交通ネットワークを多重化すること。

業界別キーワード　情報・IT

フィンテック	「finance（金融）」と「technology（技術）」を組み合わせた造語で、金融とIT技術が融合した新しい技術革新のこと。
ＳＳＬ／ＴＬＳ	インターネット上で情報を暗号化して送受信するプロトコル（通信手順）の1つ。データを安全にやりとりすることができる。
テザリング	スマートフォンをはじめとする携帯電話などの通信機能を用い、パソコンや他のモバイル端末をインターネットに接続させること。
フリーミアム	ネットを活用し、基本的なサービスは無料、付加的なサービスは有料で提供するビジネスモデル。無料のサービスを広く提供して見込み客を集め、追加された有料サービスによって収益を上げる。
イーサネット	ネットワークケーブルの規格の1つで、LANを構築する際に一般的に使用されている技術規格。
シンクライアント	企業において、社員が使うコンピュータには最低限の機能しかもたせず、資源の管理や情報処理は［サーバ］が集中的に行うシステムの総称。
5G	第5世代移動通信システム。次世代携帯電話サービスのことで、超高速・低遅延通信が可能となった。
ローミング	携帯電話やインターネット接続サービスなどを、利用者が契約している通信事業者のサービスエリア外でも、他の事業者の設備を通じて利用できるしくみ。
パケット通信	コンピュータ通信において、デジタル化された情報を小さなまとまりに分割して、1つひとつ送受信する通信方式。
MP3	音声データを圧縮するファイル形式。映像データ圧縮方式である［MPEG-1］で利用され、最も広く普及している。
SaaS（サース）	インターネットを通じて、必要な機能のみを必要なときにサービスとして利用できるようにしたソフトウェア。サービス型ソフトウェアとも呼ばれる。
LTE	携帯電話の［高速通信］規格の1つで、「ロング・ターム・エボリューション」の略。大量のデータをやりとりすることができ、動画配信などがしやすい。

業界別キーワード マスコミ・広告

出版取次	書籍・雑誌の卸売業者。出版社から卸された商品を書店に配本し、返品を管理する。
再販売価格維持制度	書籍、新聞、音楽CDなどについて、供給先が販売店に対して定価販売することを義務づける制度。著作権保護のためのもので、［独占禁止］法で認められている。
ロイヤルティー	書籍や音楽、映像などといった著作物などを利用する際、その権利者に対して支払う対価のこと。
クレジット	書籍、新聞、写真、映画などの著作物に表示された著作者の名前のこと。
メディアミックス	広告効果が上がるよう、テレビ、雑誌、ネットなど異種・複数の媒体（メディア）で展開する販促活動。
クロスメディア広告	ネットや［マスメディア］（新聞・雑誌広告、テレビなど）の他、交通広告、イベントなどを複合的に利用し、相乗効果のある広告を展開する手法。
ラッピング広告	バスや電車の車両、航空機のボディー全体をラッピングするように広告で覆う手法。
ステマ	ステルスマーケティングの略。消費者に特定の商品の宣伝であると気づかれないように行う宣伝行為。
ノベルティ	企業などが販売促進を目的として、社名や商品名などをつけて無料で配布する記念品。
ネーミングライツ	スポーツ施設や文化施設の名称に、スポンサー企業の企業名やブランド名をつけることができる権利。
パブリシティ	政府や企業などが、新聞記事やテレビ番組に事業内容や製品に関する情報が取り上げられるよう、マスメディアに対して働きかける広報活動。無料のため、取り上げられた場合、費用対効果がかなり高い。
サムネイル	多くの画像や複数ページの印刷物の全体像を表示するため、縮小させた見本のこと。
プライムタイム	1日のテレビ放映時間帯のうち、最も視聴率の高い時間帯のこと。［ゴールデンアワー］と同義で、日本では午後7時から［11］時までの時間帯をさす。

業界別キーワード 電子・精密機器

インバータ	直流（DC）を交流（AC）に変換したり、電圧や周波数を変換したりする装置。
DC／DCコンバータ	直流電圧を別の電圧に変換する機器。携帯電話やノート型パソコンなどの［モバイル］機器にも、小型のものが多数搭載されている。
サーモスタット	一定温度を保つための自動温度調節装置。一定の温度になると自動的に加熱を停止する。
サーマルリレー	モーターを保護するため、定格電流以上の過大な電流が流れた場合、過負荷を検出する機器。
リチウムイオンバッテリー（リチウムイオン電池）	繰り返し充電可能な二次電池の一種で、リチウムイオンが電気伝導に使われるもの。軽量・小型だが起電力が大きく、電子機器の小型化・高性能化に貢献。
システムLSI（高密度集積回路）	多数の機能を1つのチップ上に集積した［半導体］。付加価値が高く、携帯電話やパソコン、デジタルカメラ、自動車などに組み込まれている。
ファウンドリ	半導体の製造を専門に行う企業。製造設備をもたない複数のメーカーから、大量に生産を請け負う。
PSEマーク	［電気用品安全］法に基づき、電気製品が安全性を満たしていることを示すマーク。電気製品の製造・輸入業者には表示することが義務づけられている。
DRAM	記憶保持動作を必要とする、随時読み出し書き込み半導体メモリー。パソコンやスマートフォンなどの電子機器に幅広く使われている。
SRAM	記憶保持動作を必要としない、随時読み出し書き込みができる半導体メモリー。［フリップフロップ］回路で構成。
PDP（プラズマディスプレイ）	薄型ディスプレイ装置の種類の1つで、高圧ガスを電気で発光させ画像を表示するもの。大画面化が可能だが、消費電力や発熱量が多い。
8K	フルハイビジョンの約16倍の解像度をもつ、次世代の高解像度規格。
MEMS	半導体の製造技術を応用した微細加工技術を用いてつくられた、超微小構造の電子機器システム。
EMS	自社ブランドをもたず、他メーカーから受注した電子機器の製造や設計を専門的に担うサービス。

業界別キーワード　建設・不動産

プリツカー賞	「建築業界のノーベル賞」とも呼ばれる賞。原則として1年に1人の建築家を表彰している。2019年には日本人の［磯崎新］氏が受賞。
ゼネコン	建築工事から土木工事まで一式を発注者から直接請け負い、工事全体のとりまとめを行う総合建設業者。［ゼネラル・コントラクター］の略。
パワービルダー	建売住宅を低価格で大量に分譲する、地域密着型の住宅業者。住宅を規格化し、住宅資材や設備機器を大量発注するなどしてコストダウンを図る。
ジョイント・ベンチャー	大型建設工事を施工する場合などに、複数の企業が共同で事業を受注し施工するための共同企業体。
建ぺい率	敷地面積に対する建築面積の割合。［建築基準］法により、用途地域に応じて上限が指定されている。
公示地価	［国土交通］省が毎年公表する、1月1日時点の地価。土地取引の指標とされる。
含み益	保有する不動産の［時価］（現在の価格）と［簿価］（購入時の価格）の差額。現時点で売却した場合に得られる理論上の利益額を表す。
スマートハウス	IT（情報技術）などを使い、家庭内の電力エネルギーを管理・制御する次世代省エネ住宅。
リバースモーゲージ	所有する不動産を担保に融資を受け、死亡時にその不動産を売却して一括返済するしくみ。
コンバージョン	建物の用途変換・転用のこと。日本では、オフィスビルをマンションへ転用する例が多い。
i-Construction	ICT（情報通信技術）の全面的な活用などを建設現場に導入することで、生産性全体の向上を図り、魅力ある建設現場を目指す取り組み。
コレクティブハウス	独立した居住スペースとは別に、食堂や託児所などの共用スペースを備えた共同居住型集合住宅。
サニタリー	浴室・トイレ・洗面所など、衛生のための設備をもつスペースの総称。
ユーティリティ	洗濯やアイロンがけなど、家事作業のための設備が集約的にまとめられているスペースの総称。
DEN	［書斎］や隠れ家という意味で用いられる、間取りの一種を意味する略語。6畳間以下のスペースが多い。

業界別キーワード エンターテインメント

ACジャパン	広告を通じて社会と公共の福祉に貢献することを目的とし、公共広告活動を行う公益社団法人。
JASRAC	日本音楽著作権協会。作曲者・作詞者・編曲者などの委託を受け、音楽著作権を管理する団体。
フィルムコミッション	映画やテレビドラマ、CMなどの撮影を誘致し、ロケをスムーズに進めるため撮影支援をする非営利公的機関。地域活性化のため、地方公共団体や観光協会の一部署が事務局を担当している場合が多い。
スピンオフ	既存の映画やドラマ、ゲームなどから派生してつくられた作品。脇役を主役とする、場所設定を変更するなどといった形でつくられる。
トレーラー	映画の上映前に、映画館で上映されたり、テレビCMとして放映されたりする宣伝用の予告編。
インディーズ	ワーナー・ブラザース、20世紀FOXなど［メジャー］系以外の映画製作会社、配給会社が製作した作品。
カットバック	場面や時間の異なるシーンを交互に見せ、緊迫感を出したりする編集技法。
スーパーハイビジョン	NHKが開発した超高精細映像システム。高精細映像と高高質、広い視野角での視聴が可能。
ドルビーサラウンド	アメリカの音響研究会社が開発した音声符号化方式。デジタル放送やDVDの他、ゲームソフトなどにも使用されている。
サンプリング	楽曲をつくる際、既存の楽曲の音源の一部を引用して利用する音楽製作方法。［ヒップホップ］などでよく使用される。
コンピレーション・アルバム	複数のアーティストの曲について、ある一定の編集方針に基づき収録したアルバム。
リミックス・アルバム	すでに発表されている曲について、第三者が編集し、新たにつくった音源を中心に構成されるアルバム。
ゲネプロ	クラシック音楽やミュージカルといった舞台芸術において、本番と同じように行われる稽古のこと。
東京ゲームショウ（TGS）	日本最大規模のコンピュータエンターテインメントの総合展示会。2022年の来場者数はのべ13万人を超えた。

業界別キーワード 旅行・レジャー

ビジット・ジャパン・キャンペーン	観光立国推進のため、国土交通省が中心となって官民一体で進めているキャンペーン。
FIT	個人手配の海外旅行。
ESTA	電子渡航認証システムのこと。アメリカに短期滞在する場合に、インターネットで事前に認証を受ける。
トランジット	経由地のある飛行機に乗り、経由地で24時間未満の滞在をする乗り継ぎ。経由地で24時間以上の滞在をする場合は［ストップオーバー］という。
オープンジョー	往復または周回旅行で、行きの到着地と帰りの出発地が異なるもの。行きの到着地と帰りの出発地が同じ往復旅行は［ラウンドトリップ］という。
FIXチケット	購入時に往路と復路の日時と便が指定され、変更することができない航空券。
オープンチケット	購入時に復路の日時や便を指定しない航空券。
リコンファーム	航空会社や宿泊施設などに対して行う、予約再確認。
ホールセラー	パッケージツアーや航空券などを、他の旅行会社に卸売りする業者。
コミッション	航空券、宿泊、各種ツアーなどの販売に対して支払われる仲介手数料。
オーバーブッキング	ホテルや旅館の客室について、客室数以上に予約の受けつけを行うこと。
ルーミング	部屋割りのことで、フロント・クラークが担当する。
ブレイクダウン	総額表示された宿泊料金を、室料、朝食代、サービス料、税金などに分けること。
オキュパイドルーム	ホテルにおいて、宿泊客が滞在中の客室。
ベイカントルーム	ホテルにおいて、新たに宿泊客を迎え入れる準備のできた客室。
コネクティングルーム	隣り合った2客室の間に扉があり、続き部屋としても利用できる客室。
アクセシブルルーム	車椅子利用の宿泊客も快適に過ごせるよう配慮された客室。
パブリックビューイング	特設会場に大型スクリーンを設けて、他会場で行われている試合を観戦するイベント。主にオリンピックやサッカーW杯などで開催される。

業界別キーワード　小売り・卸

アウトレットモール	売れ残りや旧モデルの在庫品、傷ものなど、通常の価格では売れなくなった商品を安い価格で販売する店舗が集積したショッピングセンター。
セレクトショップ	メーカーやブランドにこだわらず、オーナーやバイヤー独自のセンスで商品を仕入れ、販売する小売店。
ディスカウントストア	日用品や衣料品、食品、家電製品などを、継続的に低価格で販売する小売店。特に、玩具など特定分野の商品を集中的にそろえる小売店を［カテゴリーキラー］という。
アンテナショップ	ある程度採算を度外視し、マーケティングを目的として設置される実験的な小売店のこと。
ドミナント戦略	コンビニエンスストアなどチェーン店を、特定の地域に絞って集中的に出店する戦略。
プライベートブランド（PB）	スーパーのような小売業者が、独自のブランドで販売する商品のこと。
ナショナルチェーン	全国に数多くの店舗を展開し、チェーンストア網を複数の地域で確立した小売・飲食企業。
プロパー価格	値下げしない商品の［正規］価格のこと。
オープン価格	メーカー側が希望小売価格を設定せず、小売業者が独自に決める商品価格。家電製品、カメラなどの業界で採用している。
POS（ポス）	販売時点情報管理のこと。バーコードで商品情報を読み取り、瞬時に会計や売上の把握をするシステム。
ゴールデンゾーン	店舗の陳列棚で最も目にとまりやすく、手に触れやすい高さのこと。［粗利益］率の高い商品が置かれる。
ロングテール	多品種少量販売で売上を上げられるという理論。グラフ化すると長い尾のような形になる。
ライン・ロビング	あるカテゴリの商品に特化することで専門性を高め、他店との差別化を図る商品戦略。
スーパーバイザー	スーパーやコンビニエンスストアなどのフランチャイズにおいて加盟店の指導を行う担当者。担当店舗の業績向上とブランドイメージの維持という役割をもつ。

トレンド　最新時事　国語　社会　英語　数学　理科　文化　キーワード

業界別キーワード　アパレル・繊維

ファストファッション	最新の流行をとり入れながらも低価格に抑えた衣料品を、短いサイクルで大量に生産し、販売するブランドや専門店のこと。
RFID	「radio frequency identification」の略。商品などに埋め込んだRFタグのデータを、スキャナーを用いて接触せずに読み取るシステム。
エシカルファッション	地球環境や社会に配慮した方法でつくられた衣料品などによるファッション。ethicalは、「倫理的な」「道徳上の」という意味。
セカンドライン	高級ブランドやデザイナーズブランドの普及版として開発されたブランドのこと。
ビンテージ	ファッション業界で、完成度が非常に高い年代物のアイテムのこと。
オーガニックコットン	農薬や化学肥料を使わずに有機栽培された綿。下着を中心に各種衣料品に使用されている。
再生繊維	化学繊維の一種で、天然繊維の原料を一度溶かして繊維に再生した繊維。[レーヨン]、キュプラなど。
合成繊維	化学繊維の一種で、石油や水などを原料とし、化学的に合成して作った繊維。ポリエステル、ナイロン、[アクリル]が三大合繊と呼ばれる。
織物の三原組織	糸の交錯の仕方（織物組織）の基本となる組織。[平織]、斜文織（綾織）、朱子織のこと。
ドロップ	[チェスト]（胸囲）とウエスト（胴囲）との差のこと。スーツなどは、これによって体型が区分される。
マストアイテム	そのシーズンのファッションに必要な要素。そのアイテムがあれば、流行のファッションになる、というような絶対的に必要な要素をいう。
ディテール・デザイン	衣服の構成における細部のデザインのこと。
ピンワーク	服地や製品を、ピンを用いて形づけること。
SPA	素材調達、企画、生産、物流、販売までの工程を一貫して自社で行う業態。[製造小売]業とも呼ばれる。消費者のニーズや流行をダイレクトに商品に反映させることを目的とする。

業界別キーワード　製造

デファクトスタンダード	市場競争の結果として、「事実上の基準」となった規格や製品のこと。パソコンOS市場のWindowsなど。
ライフサイクルアセスメント（LCA）	原材料の採取から［製造］、流通、使用、廃棄に至るまでの製品の一生涯で、環境に与える影響を分析し、総合評価する手法。
ジャスト・イン・タイム	在庫をもたず、「必要なものを、必要なときに、必要なだけ」の部品が、部品工場から納められる方式。
リコール	設計・製造上の過誤などによる欠陥が判明した製品について、メーカーが無償で回収・修理すること。
アローワンス	メーカーが取引先に対して広告目的で支払う協賛金。広告掲載や商品の陳列手段などに支払われる。
モジュール生産方式	部品メーカーなどがあらかじめ機能ごとの複合部品を組み立て、最終組立ラインに組み入れる方式。
ベアリング（軸受）	軸の回転部分を支え、軸を円滑に回転させる部品。自動車の車軸、ハンドルの他、家電製品、工作機械、鉄道、航空機など幅広い分野で使われ、必需品であることから「産業の［コメ］」とも呼ばれる。
ファブレス	自社工場を全く保有せず、生産を完全に外部委託により行うメーカー。
OEM	製造を発注した相手先のブランド名で販売される製品を製造する委託生産方式。
BTO	注文を受けてから、必要な部品を組み立てる生産方式。自動車や特殊な産業用機械などでは従来から行われていたが、情報化の進展により、パソコンのような大量生産による製品でも可能になった。
DSD	配送センターや倉庫などを経由せず、製品をメーカーから直接、小売店舗に納品する手法。
QR（クイック・レスポンス）	メーカーと小売業が、需要の変動に迅速に対応できるよう生産・供給システムを整備する経営手法。在庫切れの削減や在庫の最少化が主な目的である。
CIM	生産の効率化を図るため、製造情報・技術情報・管理情報といった生産現場での各種情報を、コンピュータシステムによって統括する生産管理システム。

トレンド　最新時事　国語　社会　英語　数学　理科　文化　キーワード

業界別キーワード コンサルティング・派遣

アライアンス	複数の企業が提携関係や協力体制を構築すること。
ドメイン	その企業が選択する事業領域のこと。
ロジックツリー	問題解決や課題遂行のため、物事の原因や結果をツリー状に分解整理し、論理的に分析、検討する手法。
コア・コンピタンス	企業が保有している能力、技術や経営資源のうち、他社では真似できない核となる要素のこと。
セグメンテーション	市場細分化のこと。自社の事業または製品の市場を、ニーズや特性などの視点から分類する。
バリューチェーン	企業活動全体を、製品、サービスが顧客に届くまでの一連の価値の連鎖としてとらえる考え方。
シナジー効果	経営資源の共有による相乗効果のこと。
プロダクト（製品）ライフサイクル	製品が誕生して消滅するまでの需要の成長率を測定したもの。導入期、成長期、[成熟]期、衰退期の4段階に区切り、時期ごとに戦略を変化させる。
PPM（プロダクト・ポートフォリオ・マネジメント）	複数の事業あるいは製品に対する資源配分を決定するための手法。ある事業の資金の流出入は、市場成長率と市場占有率の高低によって決定される。
SWOT分析	企業の成長戦略を創出するため、内部要因である強み・[弱み]・外部要因である機会・[脅威]の4つの面から評価する手法。
マーケティングの4P	プロダクト（製品）、[プライス]（価格）、プロモーション（広告宣伝）、[プレイス]（流通）の4つ。
ルーティンワーク	突発的、一時的なものでなく、定型的な業務のこと。
派遣元	派遣スタッフが雇用関係を結ぶ派遣会社のこと。実際に労働する際には、派遣先の指揮命令を受ける。
紹介予定派遣	正社員や契約社員として雇用されることを前提に、一定期間、派遣の形態で就業した後、双方の希望が一致すれば直接雇用に切り替わるシステム。
労働者派遣事業	2015年より、労働者派遣事業を行う場合は、厚生労働大臣の「許可」が必要となった。
フレックスタイム制	出退社の時間は自由で、所定の時間数を勤務する制度。必ず勤務しなければならない時間帯（[コアタイム]）が設けられている場合もある。

業界別キーワード　医薬品・化粧品

ドラッグ・ラグ	欧米で開発、発売された新薬が、厚生労働省で承認され国内で使えるようになるまでの時間差のこと。
オーファンドラッグ	難病などのように、患者の数が少なく治療法も確立されていない病気に対して、医療上の必要性が高いことから、開発が必要とされる薬のこと。希少疾病用医薬品とも呼ばれる。
ゲノム創薬	病気や体質の特徴の元となる遺伝情報（ゲノム）を突き止め、それを標的として新しい医薬品を研究・開発しようという創薬の方法。
登録販売者	2009年の旧薬事法改正によって新設された、一般用医薬品を販売する資格。風邪薬や鎮痛剤などの〔第2類〕医薬品、整腸薬やビタミン剤などの〔第3類〕医薬品などをコンビニやスーパーなどで販売できる。
モイスチャーバランス	角質層の〔水分〕、皮脂、天然保湿因子（NMF）のバランスのこと。これら生体由来成分に相当する物質を化粧品によって補い、肌のうるおいを保たせる。
ウォータープルーフ	汗や涙、水などに強く、落ちにくい効果。日やけ止めやファンデーション、マスカラなどで導入されている。
グリセリン	保湿・湿潤剤や保水剤として、化粧品や医薬品などに配合される成分。
パラベン	防腐剤として、化粧品や医薬品などに配合される成分。
フェノキシエタノール	防腐・殺菌剤として、化粧品やシャンプーなどのヘアケア製品に配合される成分。アルコールの一種で、パラベンよりも皮膚への刺激は少ない。
エチレン	反応性に富み、プラスチックや合成ゴム、合成洗剤、塗料原料など石油化学製品の基礎となる原料。〔ナフサ〕（粗製ガソリン）などを熱分解して製造する。
メタノール	主に天然ガスから製造されるアルコールの一種。ホルマリン、アクリル樹脂、化粧品、農薬などの原料。
形状記憶樹脂	温度変化によって形状を変えることができる機能を付加した樹脂。形状記憶ネジや形状記憶糸も登場。

	業界別キーワード	医療・福祉

バイタルサイン	「生命維持に必要な徴候」という意味で、呼吸、脈拍、血圧、[体温] などのこと。
CP（クリニカルパス）	入院中に受ける治療、検査やケアなどを縦軸、時間を横軸にして作成される治療計画書。
プロセスレコード	看護の現場において、患者や看護者の言動、考察事項などを経時的に記録したもの。
ICU	集中治療室のこと。重篤な急性機能不全の患者を収容し、24時間体制で集中的に治療、看護を行う。
MRI	磁気共鳴画像診断のこと。磁気共鳴という物理現象を応用し、磁場と電波を用いて身体の断層像などの画像を撮影する検査。
ブロックバスター	従来の治療・薬品を上回る効果を持ち、他商品との競争を圧倒し、新市場の開拓、巨額の売上によって開発費の回収以上の利益をあげる新薬。
地域包括支援センター	市町村において、地域住民の保健・福祉・医療の向上、介護予防に関するマネジメントなどを総合的に担う中枢機関。保健師や [社会福祉士]、主任ケアマネジャーといった専門職種が配置されている。
ケアプラン	個々の要支援者、要介護者の心身状態や生活環境などに応じて、サービスの種類や内容、スケジュール、実施者などを決めた計画書。作成費用は無料である。
介護認定審査会	市町村に設置された、介護認定の審査判定を行う機関。聞き取り調査に基づくコンピュータによる一次判定の結果とかかりつけ医の意見に基づいて判定。
デイサービス（通所介護）	施設に通い、入浴、排泄、食事などの日常生活上の援助を受け、機能訓練を行うこと。
ショートステイ	特別養護老人ホームなどに短期間入所し、入浴などの日常生活上の援助を受け、機能訓練を行うこと。
グループホーム	認知症などの高齢者が、少人数で共同生活をしながら、介護や生活援助などが受けられる施設。
盲導犬	視覚障害者に対し、安全で快適な歩行を援助する犬。
介助犬	肢体不自由者に対し、日常の生活動作を援助する犬。
聴導犬	聴覚障害者に対し、音を聞き分けて必要な情報を伝え、必要に応じて音源へ誘導する犬。

業界別キーワード エネルギー・金属

一次エネルギー	自然から直接得られるエネルギーのこと。石油・石炭・天然ガスなどの［化石燃料］や水力、地熱など。
二次エネルギー	一次エネルギーを変換したり加工したりして得られるエネルギー。ガソリンや［電気］、都市ガスなど。
LNG	液化天然ガスのこと。メタン（CH_4）を主成分とする天然ガスを精製後、加圧、冷却して液化したもの。
LPG（プロパンガス）	液化石油ガスのこと。［プロパン］、ブタンを主成分とするガスを、加圧、冷却して液化したもの。
GTL	天然ガスを原料にして、灯油・軽油などの液体の燃料に変換させる技術。天然ガスを一酸化炭素と水素に分解後、分子構造を組み換えてつくる。
シェールガス	頁岩（シェール）という泥岩の地層から採掘される天然ガス。2000年ごろに採掘技術が向上し、アメリカの天然ガス生産を飛躍的に高めた。
バイナリー発電	地熱発電の発電方式の1つ。温泉水などの熱を使い、沸点の低いアンモニアなどの液体を沸騰させ、タービンを回して発電する。
コンバインドサイクル発電	火力発電の発電方式の1つ。ガスタービンと蒸気タービンを組み合わせたもので、同じ量の燃料でより多くの電力をつくることが可能である。
ガスコージェネレーション	都市ガスによる発電で発生する廃熱を、冷房・暖房・給湯・蒸気などのために供給するシステム。
重金属	比重が4〜5以上の金属の総称。金、白金、銀、銅、水銀、鉛、鉄、クロム、マンガン、ニッケルなど。
軽金属	比重が4ないし5以下の金属の総称。アルミニウム、マグネシウム、カルシウムなど。
アクアマテリアル	化学物質により水を閉じ込めたゼリー状の物質。
ベースメタル	比較的埋蔵量・産出量が多く、精錬が簡単な金属。鉄、銅、亜鉛、錫、アルミニウムなど。
LME価格	世界最大の非鉄金属取引所である、ロンドン金属取引所で取引される銅、亜鉛、ニッケルなどの価格。
アモルファス	結晶構造をもたない非晶質物質のこと。この合金は、磁気特性や硬度、耐食性などに優れ、電気・電子部品、スポーツ用品などに応用されている。
ハイテン（HTSS）	高張力鋼の略称。薄くても強い鋼材のこと。

監修者紹介
unistyle（ユニスタイル）

株式会社ネオキャリアが運営する累計登録者数60万人以上の就職活動支援サイト。自己PRや志望動機といった面接・エントリーシート対策をはじめ、内定を取るための就活情報が充実している。有名企業の内定者や選考通過者のエントリーシート・選考レポートが6万枚以上見放題であり、大手企業の内定を目指す就活生たちから好評を得ている。

〈STAFF〉
構成・編集	：エディット（古屋雅敏・山崎加奈）
本文・カバーデザイン	：ウエイド（土屋裕子）
DTP	：中央制作社
校正	：駒沢珠里・中川順子・名越由実・麦秋アートセンター

2025年度版　速攻！ 直前対策　最新時事・一般常識

2023年2月10日　第1刷発行

監修者　unistyle
発行者　永岡純一
発行所　株式会社永岡書店
　　　　〒176-8518　東京都練馬区豊玉上1-7-14
　　　　03-3992-5155（代表）
　　　　03-3992-7191（編集）
製版　　センターメディア
印刷　　誠宏印刷
製本　　ヤマナカ製本

ISBN978-4-522-46015-3 C2000
落丁本・乱丁本はお取替えいたします。本書の無断複写・複製・転載を禁じます。